湘西非物质文化遗产丛书

湘西土家族还土王愿

◇张子伟 著

湖南师范大学出版社

湘西非物质文化遗产丛书

鸣泰题

总　序

把文化遗产划分为物质文化遗产和非物质文化遗产两种类型，并将两者同等看待和重视，这无疑有利于深化人们对文化遗产的认识。然而，这种划分其实并不是科学的，因为从哲学的层面来说，宇宙间的万事万物都是客观的、物质的，而物质又是不灭的、第一性的。如果我们人为地把原本是物质的文化遗产分为物质的和非物质的，其结果只能引起人们对文化问题的新的纷争。不过，客观地说，近些年来，政府部门越来越关注本属物质文化遗产的那些非物质文化遗产的保护、开发、利用和宣传，这确实是值得额手称庆的。因为这样，我们就不会让那些由我们的祖先所创造的如今又濒临灭绝的“文化遗产”在我们这一代人的手中消失，这也是一件功在千秋的好事。正是在这样的背景下，湖南师范大学出版社出版“湘西非物质文化遗产丛书”，这也是具有重大意义的。

湘西土家族苗族自治州（以下简称湘西自治州或湘西州）是我省少数民族聚居的地方。这里历史悠久，人杰地灵，民族文化源远流长，物质的和非物质的文化遗产资源非常丰富。湘西自治州也是国家民族民间文化遗产保护工程的综合试点单位，其民族民间文化遗产的保护工作一直得到党和政府的高度重视和大力支持。2006 年，经过国家的严格评审，在湘西自治州众多的非物质文化遗产中，有 7 个项目进入首批国家级非物质文化遗产名录，有 22 个项目进入首批省级非物质文化遗产名录。此时此刻，湘西自治州顺应时势和民意，及时用文字的形式，将众多的易于流失的非物质文化遗产完整地保存下来，留下永恒的记忆，这无论在当前还是在将来都是远见卓识之举，可喜可贺。

众所周知，文化是观照历史、洞见未来的镜子。非物质文化遗产蕴涵着一个民族特有的精神价值和思维方式，体现着一个民族的生命力和创造力，影响着一个民族的生存方式和生活方式，可以毫不夸张地说，非物质文化遗产是人类文明的瑰宝。同时，非物质文化遗产是不可再生的珍贵资源，保护和宣传优秀民族文化遗产既是各级政府的历史责任，又是一代又一代文化人的神圣使命。值得注意的是，随着经济全球化趋势和现代化进程的加快，非物质文化生态正在发生巨大变化，其生存环境受到严重威胁，许多重要文化遗产面临着消亡或失传的危险。面对此情此景，如果我们不及时加以抢救，那我们将上愧对祖先、下愧对子孙，留下千古遗憾。因此，无论是从对国家和历史负责的角度，还是从维护国家文化安全的高度，抓紧保护非物质文化遗产都是刻不容缓并非做不可的紧迫要务。

即将面世的"湘西非物质文化遗产丛书"，计划用五年的时间，将湘西的非物质文化遗产分调查报告、资料汇编、研究专著三大块，列民俗、文学、戏剧、舞蹈、音乐、语言、建筑、工艺美术、传统体育等九个系列，从中精选有代表性的项目进行整理，汇编成书，逐年分批出版。这套丛书的编纂，重在对非物质文化遗产资料的抢救和整理，它所记录的文化遗产是原生态的、不可复制的。丛书资料的采集、整理、编纂者们，是一批有识有志之士，民族的图腾深深地烙印在他们的心灵上，民间的灵性源源地流淌在他们的血液里。他们坚信：全球化、现代化进程与非物质文化遗产的保护是并行不悖的，决不能在这一进程中让祖先创造和传承下来的文化就此断裂，更不能让民族千百年来的记忆瞬刻抹掉。现代社会快节奏的发展，特别是世俗化和功利性的盛行，极大地破坏了人们宁静的心态，浮躁、非理性、急功近利、终极关怀缺失等"时代病症"愈来愈明显。就是在这样的情势下，虽然我们有的学者也失去了昔日的斯文，对学理的关注远不如过去那么执着、钟情，但在湘西自治州却有一批研究非物质文化遗产的本土专家，他们远离功名利禄，保持平常心态，怀着一种强烈的责任感，奔走在荒山野岭，穿梭于偏远乡村，苦读史志典籍，埋首于收集整理，积数年、十数年甚至数十年之艰辛，终于为广大读者奉献出这一套饱含着大量第一手珍贵资料的非物质文化遗产丛书，真是难能可贵。当前，非物质文化遗产的研究还刚刚起步，尚属冷门话题，因而湘西自治州的这套丛书难免挂一漏万，难免存在这样或那样的不足与纰漏，但其中所具有的原创性、开拓性价值却很能让人深思、耐人寻味。我相信，这套丛书的出版必将扩大人们对非物质文化遗产的了解，加深人们对非物质文化遗产的认识，也必将为保护和宣传湘西自治州的非物质文化遗产起到很好的引导和推动作用。

我曾经说过，张家界是一幅画，永州是一部书。因为当时在我看来，张家界之所以是一幅画，是因为张家界有黄石寨、天子山、黄龙洞等闻名于世的自然风光，而自然风光则是上苍的恩赐，不是人类的创造，从本质上说，自然奇观不属于文化的范畴；而永州则不仅有诸多的自然美景，而且还因为有柳宗元、周敦颐等流芳千古的文化大家而使自己的文化底蕴格外厚重，所以我认为永州是一部书。现在看来，我的这个说法失之偏颇，有些片面。因为不论过去和现在，张家界和永州一样，同样拥有秀丽的自然景观和厚重的人文底蕴，所以，张家界也好，永州也罢，都应该既是一幅画，也是一部书。湘西自治州拥有里耶秦简、土司王城、凤凰古城等历史文化名城，拥有沈从文、黄永玉、宋祖英等文化艺术名人，拥有南方长城、猛洞河、齐梁洞、德夯、小溪等自然风景名胜，因此，湘西自治州也应该既是一幅画又是一部书。特别是近些年来，湘西自治州的文化旅游和旅游文化快速发展，知名度和美誉度越来越高，正在铸造神秘湘西游品牌。湘西自治州的神秘就在文化之中，特别是神秘在非物质文化遗产方面。湘西的文化与旅游紧密结合，浑然天成。文化成为旅游的灵魂，旅游成为文化的载体。今天的文化就是明天的经济，要想文化经济化，必须经济文化化。湘西自治州对非物质文化遗产的挖掘梳理和公开出版，必将从一定程度上光扬灿烂的文化，推进可持续发展的经济，使文化的研究释放经济的潜能，让经济的发展更具文化的含量，为建设社会主义先进文化作出新的更大的贡献。我们坚信，湘西自治州的明天一定会更加美好！

寥寥数语，权且为序。

文选德

（原湖南省委副书记、湖南省政协副主席）

序　言

湘西是一块神秘的土地，横贯版图的酉水流域有无数文化冲积原，多处发掘出旧石器、新石器时期遗址，证明自古以来这里就有土著民族生存繁衍。五千多年前，以蚩尤为首的九黎苗蛮集团在江汉一带活动期间，这里就已跨进了稻作农耕期。禹时“三苗”徙入，成为有史可查的主体民族之一。周代辟荆州，湘西被纳入版图；先秦时巴蜀五子入主五溪，属最早迁入的土家族巴人祖先。待江汉流域的濮人进入湘西之后，即奠定了土家、苗、汉和土著民族相依邻、相融合的民族社区分布格局。

多元的古老民族创造着多元的神秘文化。这些文化遗韵深蕴在“不与中国（中原）通”的蛮荒之地，流淌在湘西民众的血脉之中，融汇在各个层面的精神生活领域里，成为荆楚文化不可或缺的有机体。时代的进步，思想的进化，汉族文化的濡染与熏陶，虽使得它随步换形，移风易俗，但是从根蒂上看，其遗传基因依然固守着民族的个性与特质。那些与民族的命运胶着在一起的种种民俗与信仰，文学与艺术，仍以卓尔不群的风姿存活在民族土壤与植被中。

文选德同志在总序中指出：“湘西自治州的神秘就在文化之中，特别是神秘在非物质文化遗产方面。”真可谓一语破的，慧眼独具。湘西境内确实保存着许多鲜为人知、深邃久远、揣摸不透而又不见经传的文化现象。

就说民俗吧，土家族的毛古斯、摆手活动、梯玛跳神、跳马，苗族的椎牛、吃猪、接龙、蚩尤戏等祭祖仪式，实为外地所罕见。那么多种让成百上千的村民祖祖辈辈、夜以继日地积极参与的群体活动缘何形成？恐怕谁也难三言两语说个透彻。但至少与湘西先民的历史、境遇、观念、信仰有着千丝万缕的联系。这些仪式扎根在浓重的崇祖意识里，与民族的生死存亡休戚相关。仪式的执掌者，一直居于神圣地位。氏族部落时期，酋长兼任巫师，到了近代，仍然由寨首、族长与祭师共同主持，以致形成长达数千年的传承机制。这些仪式成为湘西神秘文化的种种载体是不言而喻的。

只要稍稍涉猎，人们就不难发现：这些被迷信色彩尘封了几千年的神奇仪式，竟然是一道道令人目不暇接的民俗奇观，饱含着历代祖先匠心独具的艺术创造。这些神话般的瑰宝家珍放之四海而毫不逊色。我们和我们的子孙万代将引以为荣，无比自豪。苗族椎牛祭保留了盘瓠崇拜的遗风，苗族的“吃猪”再现了五千多年前蚩尤与黄帝激战后的和谈仪式。被称为中国戏曲前身的蚩尤戏在中原一带已经绝迹，却被湘西苗族巴代（祭师）保留在自己的坛班里，至今可以搬演。被誉为中国傩坛第一个方相氏的蚩尤，我们仍然可以在州内苗区一睹尊容。土家族的毛古斯是中国史前稻作文化的活化石，摆手活动、梯玛跳神等也不都是一幅幅色彩古朴、风姿绰约的民俗画卷吗？遗存在土家族、苗族祭师口头上和经书中的科仪资料长达数千万言。这些世代传诵的经典，既是恢弘浩瀚的民间文学巨著，又保留了湘西人文史上各个历史阶段曾经拥有而在外地已被现代文化淹没了的种种精神符号。

湘西“非遗”项目涵盖民俗、文学、戏剧、舞蹈、音乐、语言、建筑、工艺美术、传统体育等九个方面。我们将祭祖习俗作为探秘的切入点，除了上述它所固有的神秘属性外，还有三种原因：其一，包括土家族祭师梯玛、苗族祭师巴代在内的历代先民，以睿智与劲勇创造文明，又以虚怀与恭谦吐故纳新。仪式中的神秘色彩不是单一的、浅薄的，它们具备多元性、玄虚性品格。其二，服从传承规则，这些仪式厚古薄今，切忌变异。广大的读者正可因此而鉴赏到最具有本质意义、最是原汁原味的民俗。此其原创性、真实性。其三，祭祖仪式是古代的文化产物，是人类蒙昧童年的智慧。然而时过境迁，现代人凭借自己的双手和智慧，把握命运，开创未来，不再会乞怜于祖先的神赐。那些曾经与民众的精神、生命息息相通的民间信仰，失去了生存的环境与土壤。此其濒危性和时代局限性。从这个意义上说，今后呈现在诸位面前的景观都将是展演品、复制品。那种拥有成千上万人参与的盛典，也许在不久的将来便会消失。

十一届三中全会以来，面对这一批批濒于灭亡的瑰宝家珍，湘西州文化主管部门和相关委局一直从事着文化遗产的抢救、整理与研究工作。仅州民族文艺创作研究所汇集的资料便有两千多万字，录像磁带数十盘，彩照上万张。大量科研成果推出，让人咂舌瞠目——原来在湘西州民族文化原野上还有那么多内涵丰富的“中华古文化之遗”！

然而，很多口述的祖传珍贵资料正保留在年事已高的传承人手中。大部分传承人相继作古，将“六耳不传”的神秘文化或精粹技艺带进了坟墓。

目睹一批批国宝、省宝、传家宝稍纵即逝，永不再生，我们的紧迫感和责任感与日俱增。近些年来湘西州正通过各种渠道、采取各种措施对各类濒危的“非遗”品种进行有效保护。一批本土专家、学者和文化人深入土寨苗村，对遗存千年、不可再生的文化资源正进行实地考察、资料搜集和潜心研究，已先后出版了几十种资料性或学术性著作。

湘西非物质文化遗产的多样性、丰富性和神秘性也引起了国家各级文化主管部门、国内外专家学者、读者和广大民众的普遍关注。2004 年文化部将湘西州列为中国“非遗”保护工程第二批综合试点。从那以后，有几十个“非遗”代表品种分别被列为国家级、省级名录的项目；有一批人被评为国家级、省级传承人；出版“湘西非物质文化遗产丛书”亦被国家“非遗”保护中心列进了给湘西州下达的《责任书》中。这是千载难逢的极好机遇，为我们的抢救工作带来了信心、希望和保障。

深蕴在我州民族文化原野上的宝藏，品类繁多，内容广泛，远不止民俗这一块。我们从中挑出一批被列为国家级、省级“非遗”名录的项目进行研究和著述，首批推出十种专书，约 300 万字，旨在为大家走进湘西、品读湘西提供一些路标或索引。“湘西非物质文化遗产丛书”的面世，分批将科研成果与学习心得奉献给社会，这的确是功德一件，可喜可贺！如果这些专书获得了大家的关爱与支持，那就说明作者们的心血没有白费——因为读者是作品的最公正的裁判。

抢救和保护文化遗产是历史赋予我们的神圣职责！我们将加倍努力，不辱使命，有效实施《保护条例》，精心守护精神家园，也期待各部门和全社会的积极参与。

叶红专

（中共湘西土家族苗族自治州州委书记）

前　言

——湘西祭祖习俗考

湖南湘西州的版图被横贯中部的酉水分为南北两半。北部为土家族聚居区，主要祭祖仪式有毛古斯、摆手活动、还土王愿、跳马等；南部为苗族聚居区，主要祭祖仪式有椎牛、吃猪、接龙、跳香等。

这些仪式的流布呈现出三种类型：一是菌集型。酉水沿岸拥有数十、上百个大小码头，这里既是土特产和人们生活必需品的集散地，又是所在县、镇的经济文化中心。各种祭祖仪式在这里获得必要的生存空间，如蘑菇一样混生繁衍，世代传承，此为菌集型。二是史前型。近些年考古发现，不少古老的祭祀圣地附近，如龙山县清坪乡，保靖县拔茅乡、东洛、驼背等地就是旧石器、新石器时期的遗址。盛行椎牛的花垣县排碧乡被中国地质考古部门确定为寒五纪“金钉子”地区，大约形成于两亿年以前。与这些史前的考古遗址相对应的祭祖仪式亦显得十分古朴。毛古斯保留了土家先民从砍火畲、种小米、种野生稻到种培植稻这一漫长的生产演变历程，成为中国史前稻作文化的活化石。椎牛祭中的独乐（汉语即跳鼓）来源于苗族部落立鼓立社的鼓社初建时期，于是形成鼓社节。土家族“还土王愿”和苗族“吃猪”都将女祖的神位列在正堂，置放女人衣裙。苗族祭师的祭词以物代人，直呼为“古老衣裙”。三是连锁型。从酉水上游至下游，凡是有村庄的地方都有主持祭祖仪式的职业坛班，有的村甚至有三五个行坛组织，他们的香脚遍及湘鄂渝黔边区。每逢年节，村村祭祖，“家为巫史”。据有关史载，这种“连锁店”越开越旺，一直延续至明清时期。

从祖先信仰来考察。举办祭祖活动起码有五种动因：一是每逢过年或重大节日，需请祖神回到村里或户中，接受后代供奉。如土家族“调年”、苗族“过小年”等。二是遇上天灾人祸，即向祖先许愿，叩请保佑，若后来如愿以偿，则择吉日酬祖还愿。如土家族“还土王愿”、苗族“吃猪”等。三是本民族在迁徙、征战、寻根等重大活动中发生过值得世代铭记的事件，则规定在某一天或某几天中举行纪念活动。例如苗族的“四月八”，有一种传说是：大祖先蚩尤在这一天被黄帝擒杀，苗民以此为忌日，每年在这一天均举办祭蚩尤的活动。古丈县断龙乡田家洞村关于“四月八”来源的传说则是另一种，说是本村田氏九兄弟古时逃避战乱，临别之际，将一支牛角锯为九节，各持一节，各奔一方。几十年之后，战乱平息，九家房族后代寻根回村，凭借这九节牛角于四月八日相会在田家洞里——这一天便成为这一家族的祭祖之日。四是借用传统的祭祖活动求财求子。如“椎牛”，原本为苗族祭祀盘瓠的盛典，后人为求赐钱财或生育，亦以户为单位举办椎牛活动。五是祭祀其他神祇时一并祭祀祖神。如苗族的“太阳会”，苗语称“洗乃洗那”，汉语即“敬日敬月”，原本祭祀太阳神，属自然崇拜的遗存。其场面浩大，耗资甚巨，历时半月以上，参祭者人数成千上万。开祭之日，敬请的神除了月神日神，尚有大祖先柳斗柳庆及户主的列祖列宗。

以上五种动因集中反映了土家族、苗族从来就有浓厚的崇祖意识。早在初民时期，这两个民族就曾有过祖先崇拜阶段。他们依赖的对象从自然万物、凶禽猛兽转移到人的自身，认为已故先祖具有一种神力，可以为后代赐福纳吉、驱邪消灾。这种观念比之愚昧时期的自然崇拜、图腾崇拜是大大地跨进了一步。初民以种种手段和方式祭祀他们的祖先，留下了依稀可辨的胎记。由于土家族、苗族自古无文字，这些胎记便成为祖先崇拜断代鉴定的重要依据，凭借它我们可以检索出历史演进的种种信息。毛古斯主祭土家族毛人祖先，大量的男根渲染和群婚场面为它打上了父系社会初期的历史烙印。“椎牛祭”有大段的椎牛歌话，记载了母系氏族社会末期到父系氏族社会初期的蜕变。“吃猪”是对大祖先蚩尤的缅怀与祭奠，须请一对中年男女扮蚩尤夫妇“坐尸”，接受供奉，祭祀的宗旨是祈求蚩尤赐福禳灾。

这些胎记的价值是多样的。一是历史学价值。土家族、苗族的整个民族历史进程大都保留在祭师专用的祭词里，由法师在祭祖“讲古根”的法事中宣讲出来，昭示后人。这些古老祭词是这个民族唯一的历史见证。① 二是文化人类学价值。从文化的视角去探索人类的自然进程，“开天辟地”、“洪荒故事”、“渔猎农耕”、“民族迁徙”等，这些传科演艺几千年的口传祭词，在仪式中得到完整保留。三是艺术发生学价值。大部分遗存至今的艺术品种都可以从祭祖仪式中找到原根。戏剧史学家张庚、郭汉城在《中国戏曲通史》中指出，“中国戏曲的起源可以上溯到原始时代的歌舞”，这种观点很有见地。湘西土家族苗族的祭祀歌舞在祭祖仪式中不但成分很重，而且已具备了戏曲的基本品格，应该是中国戏曲源头上遗存下来的活化石。苗祭师装扮成大祖先蚩尤为村民驱鬼的仪式，苗族称为“恰相”，即“赶伤亡鬼”。另有一种祭蚩尤仪式，表演者双方各用一对牛角戴在头部，以角相觝，表演与轩辕斗的故事。先秦时期在冀州一带流行，后入宫廷，故《史记·李斯传》称：“是时，二世在甘泉方作角觝优俳之观。”宋人陈踢《乐书》也有具体的记载。不过，陈氏关于“角觝戏本六国所造”的论断尚欠准确。其实，这是苗族最古老的丧葬习俗。以上两种形态的蚩尤戏都是在蚩

① 永顺县志办公室：《永顺县志》，湖南人民出版社1995年版，第97页。

尤殁后，苗族后裔兴起的“穿亡人衣服，演亡人身前故事”的一种丧葬仪式，它们基本具备了上述戏曲的四大特征。

从仪式过程来考察。祭祖仪式是民俗的一种载体，睿智的先民假法师之口，借坛堂之地将大量的民间习俗包容在仪式进行之中，世代相传。一堂仪式就是一座动态的民俗大观园。土家族的“还土王愿”是梯玛为户主酬谢土王（祖先）的大型仪式，三十二堂法事，包括以长凳当马，下达阴司给土王解三钱（给三位土王各解送一次阴钱）；飞上天庭，为户主求子；让幼子赤脚踩刀，以此为之度关解煞；最后，为户主驱赶白虎。这场仪式成为人的一生所经过的生、老、病、死各个生命流程的缩影。苗族的“接龙”有成百上千个村民踊跃参与，所表演的偷龙、颂龙、迎龙、祈龙、安龙等仪式，形象地再现了苗族女祖与龙子相恋、成亲、生子、回娘家认亲的全过程，透析出苗族崇龙习俗的根源。土家族跳马、苗族跳香虽同属跳神仪式，但仪式程序不同，所反映的民俗事象也迥然不同。“跳马”以闯堂、竞技、献祭为贯穿线，跳香则以“吃新”祭五谷神为宗旨。它们皆是持续几昼夜的祭祖神仪式，集中反映了土家族、苗族生产习俗、生活习俗、饮食习俗、岁时节令、禁忌与信仰等多方面内容，为民俗学家提供了鲜活的第一手资料。

从坛堂规范来考察。祭祖坛堂被视为圣地，从扎坛到祭祀内容、仪式程序都有着严格的规范。首先，掌坛师须得通过“藏体变己”、“藏魂隐魄”，化身为“行坛弟子”（进入角色），以取得执行法事的资格。其次，须得焚香念咒，罩化坛堂，不让邪神野鬼觉察滋扰。第三，请师、降神、呈供、祈福，让祖先们获得感观愉悦，须有很强的动作性和歌舞性。第四，按仪式程序规定，演绎达两三个昼夜的情节，还需不超出三面墙的镜框式祭坛。欲得适应这四条规范，初民时期的法师进行了艺术的创造：①在模拟表演祖先的生活、形体、行动方面，创造了写意性，包括原始生态的模仿、形体的模仿、步履语气的模仿、性器的模仿等。②在规定情境的设置上创造了虚拟性，包括凭借动作、道具、音响、语言虚拟出种种物象与情境，突破了坛堂（舞台）的局限。③祭祀中采用歌舞念做杂糅，创造了综合性。④在坛堂时空的构建上创造了假定性。时间的假定使祖先、祖师、祭师（演员）、观众得以汇聚一堂，进行交往；空间的假定，使坛堂变为天、地、阴“三合一”境界。

从时空通道的构建来考察。初民把祖先视为族人的保护神，法师运用神歌、巫舞、祭词、法术与祖先打交道，所设计的时空通道满足了人们与祖神通灵、互动共乐的愿望。

通神术有五种：一是凭借蜡烟。法师认为蜡烟形成的“烟灶”是梯是道，可以凭此与神交通；如云如雾，可以用来罩化坛场，借此防止邪教作祟。二是凭借手诀。法师认为以双手掌指组成数十种手势，配合相应口诀会形成一种特异功能，达到某种意念或目的。如使出“上界”的手诀、掌诀，可以上达天庭与神沟通；使出“收魂”的手诀、掌诀，可以将自己的魂魄隐藏起来，与神鬼打交道才不会出危险等。三是凭借歌话、咒语。用祭词诵出，是通用的一种表达手段。如“化堂咒”曰：“香烟好像三层大雾/宝烟好像三层大云/千神他也不见/百鬼他也不明……”四是凭借歌舞。祭师认为用舞蹈模拟祖先能把自己身体变为祖先的凭依物，从而降临坛场。古时的猎户敬梅嫦（或称梅山），是让漂亮女子文身裸体，舞于祭坛。梅嫦女神之魂则被认为降临在女子体内，女子的口变成了梅嫦之口，女子的手变成了梅嫦之手，女子的一切便具备了梅嫦的灵性和神力。五是凭借音响。锣鼓、牛角是常用的响器，被认为具有通神的功能。

从传承机制来考察。坛师被崇敬为神人之间的使者，坛班便成为阴阳两界的当然传媒。坛师坛班在祭祖活动和其他社会实践中均占有极为重要的位置，这就无可避免地产生了坛班之间的竞争甚至斗法。为了保持坛班自身的个性特征和竞争优势，法师在度关、度执、度亡等人生重大仪礼中建立了一系列传承法规，通过演教仪规戒律来加强队伍自身建设。

坛师从少年到老死须度“三关”。12 岁前要做“度关煞”法事，包括过关、度桥、踩刀解邪等。跟班学习到青年时期，须熟背《法坛秘籍》，准备接任掌坛师者要接受严格的“度执”（或称“度职”）仪式考试。传度师须是另一坛的掌坛师，另由两三个坛班的掌坛师担任监考官，参加观摩的坛班多达二三十个，好友达数百人。考试内容是三天三夜的祭祖法事科仪和文武场技能。“度亡”同样是一种严考。掌坛师辞世时坐化在法坛上，由接坛弟子为他主持举办“送亡师”仪式。仪式获得成功，接坛弟子便取得了“资格证书”，继任该坛掌坛师。

由于千百年来多种文化的交往、碰撞与融合，祭祖仪式的内容程式与品格亦发生着变异。例如苗族的法坛教派分化为苗祀与客祀。一百零八堂仪式中，三十六堂为苗祀，七十二堂为客祀。前者搬请的全系苗族的大神，使用的全是苗语；后者多数为客神，融进了儒、释、道的内容，用的全是汉语。土家族的梯玛坛班分化出梯玛坛与傩愿坛，两者并存，其香脚（行坛区域）分野明显。如龙山县从中部横断，以北为傩愿坛香脚，以南为梯玛坛香脚。法事内容当然各有不同了。

纯苗、纯土的正宗教派，其品格保持得比较纯净，对相关专题研究确有正本清源之效。

湘西祭祖仪式历史悠久，特色浓郁，品类多样。酉水作为交通主动脉为它的流布与传承提供了必要的生存环境；浓烈的崇祖意识在它身上打下了诸种历史的胎记；仪式过程实录了各种民俗事象，坛堂的规范法则使它逐步孕育成熟了原始戏剧的品格，严格的传承机制存续了各自教派的特性。为了生存和发展，它在文化交融中潜移默化，有的已经面临“艺绝人亡”的濒危处境。这类厚重的文化遗产，已被列为湘西州“非遗”工程重点抢救对象。

诚然，由于时代的局限，几乎所有的仪式都掺和着迷信的渣滓和封建的色调，设若全部剔除，又唯恐破坏了原生态状貌，失却了原汁原味。作为古代先民精神与文化的种种符号，亦不便从中进行分割与剥离。我们权且从“文化遗产”这个特殊的理念出发，进行了谨慎的局部的处理。敬请读者去粗取精，去伪存真，慧心甄别与过滤。

张子伟

目　录

第一章

生存环境概述

第一节　地理位置及人口组成

湘西土家族苗族自治州（以下简称湘西州）位于湖南省西北部，地处湘、鄂、渝、黔边陲。东北、东南临近张家界市、怀化市，西南与贵州省铜仁地区相连，西北与湖北省恩施地区毗邻。经常出现在伟大文学家沈从文笔下的酉水，长达220多公里，横贯湘西州中部，流经龙山、保靖、古丈、永顺、花垣等五县。

龙山县位于湘西州西北部，东与张家界市接址，南与保靖县相连，西部紧靠重庆市酉阳地区的秀山县，北与湖北省宣恩县毗邻。龙山县辖20乡、11镇、434个村，总人口54.55万人，其中土家族人为28.91万人。

仪式调查基地内溪乡位于龙山县南部（图1－1），东邻贾市、水坝，南接岩冲、长潭，西与八面山高台地接壤，北靠咱果乡。

图1－1　内溪乡地理位置图

岩力村位于内溪乡东南方十里处，四面相邻的村有双坪、瓦场、双科、洞坎、五官等。它由上、中、下三个自然寨组成，海拔五百公尺左右。①

全村总人口 819 人，其中男性 429 人，女性 390 人。从族别上看以土家族为主体，土家族 655 人，苗族 25 人，汉族 139 人。

全村的三个自然寨呈一直线连缀，第一寨为两河口组，240 人，其中男 126 人，女 114 人。粮食年总产量约 18 万斤，人平 600 斤。第二寨为岩力寨组（本报告调查之仪式村），寨中心所住 385 人，只有两户苗族计 9 人，9 户汉族，计 53 人，其余全是土家族。第三寨为夕宝洞组，土家族 169 人，汉族 25 人，无苗族。全村人口土家族占 80%，汉族占 17%，苗族占 3%。

详见一览表：

类别 / 人数 / 寨名	人口			族别			姓氏					
	总数	男	女	土家	汉	苗	彭	田	向	其他姓氏	石	吴
两河口	240	126	114	163	61	16	138	47	25	14	7	9
岩力村	385	201	184	323	53	9	231	65	42	38	4	5
夕宝洞	194	102	92	169	25	0	87	24	21	62		
全村合计	819	429	390	655	139	25	456	136	88	114	11	14

（以上数据系该乡政府提供的 1992 年年底统计数字）

第二节 开发史略及基本生计

据考古资料发现，龙山县在新石器时代便有土著先民在这里劳动、生活和繁衍。唐虞、夏、商、周时代为荆州地域，春秋战国时为楚地，秦汉至唐，先后属黔中、武陵、沅陵等郡州，五代、宋、元、明到清初属土司统治。1729 年（清雍正七年）置龙山县，属永顺府。民国时期先属第四行政督察区，后改为第八行政督察区。1949 年初期属湘西行署永顺专员公

① 自治州革委会编绘：《湘西自治州地图册》（内部版），“龙山县行政区圈”，1979 年 7 月，第 50 页。

署，后属湘西土家族苗族自治州。①

据清光绪版《龙山县志》载，内溪原名内夕棚，属四甲里，位于距县南一百八十里处。②

全村以务农为本，有少数人员出外打工。

全村总耕地589亩，其中水田228亩，旱土361亩。全年总产量（粮食）为267吨，其中水稻46吨，小麦58吨，红薯32吨，马铃薯32吨，玉米92吨，大豆5吨，高粱、绿豆2吨。

经济作物的总产值是395200元（其中含油菜25吨、烟叶33吨、花生42吨），农作物收入为99000元，林业收入为5900元，养殖业收入为64500元。全村人均收入为387元。（数据来自该乡政府1992年年底统计表）

第三节　家庭及宗族

一、家庭婚姻的演变

湘西土家族在古代实行群婚制。进入封建社会以后便逐步向单体制③过渡，西汉时期落实这种家庭体制。宋元以后单体制逐步解体，并朝向一夫一妻制进化。

内溪乡岩力村土家梯玛彭昌顺在进行还土王愿“解钱”这堂法事时一定要唱兄妹成亲的神歌。土家人认为他们的祖先远古洪荒时，雍尼、补所（相当于汉人的伏羲兄妹）藏身葫芦瓜内得以存活，后经图介公（龟神）的指点，结为夫妻，繁衍其族。雍尼生下的是一个肉球，用刀割为若干块。这个故事反映了土家族“族内婚”制的原始状态。

土家族先民的婚姻和家庭经历过原始社会由母系氏族过渡到父系氏族的过程。我国《世本》、《搜神记》、《后汉书》等史籍有土家先祖廪君（即巴氏务相）计杀盐神的记载。廪君征服了居住在黑穴的四姓部落后乘

① 龙山县修志办公室编：《龙山县志》（内部版），“概述”，1985年，第5页。

② 《龙山县志》卷一，“地舆”，光绪戊寅秋七月刊本，第63页。

③ 单体制系指男女双方以单独结合的临时性方式组成婚姻关系。双方均可随时择偶，不受约束。

船沿古夷水（今清江）而上，被盐阳的一个盐水女神（部落酋长）挽留，廪君谢绝了，盐水女神便夜来投宿，日化飞虫，遮天蔽日。廪君用计杀死盐神德济娘娘，成了夷城之王。①

土家族俗语“姑家女，伸手取，舅舅要，隔河叫”，这种由族内婚制转变到族外婚制的姑表优先婚配形式在湘西传袭，直到20世纪40年代。

凡土家男女在舍巴堂的歌舞场相爱后，须请梯玛领二人于婚前去土王庙虔诚叩拜，敬以猪头香纸，祈求土王豁免初夜权，不必再陪土王睡三夜。新娘在新婚前得在娘家堂屋内用布围成方形如宫墙供土王，并呈上将要穿上的新嫁裳、露水鞋及金银首饰，表示已经还了土王的初夜权。这种婚俗是清雍正七年改土归流废除了土司王初夜权以后，才兴起的一种象征性仪式。在封建婚姻制度的形成期里，仍然长期保留着古代婚俗与礼仪。从请媒求亲到新婚夫妇转脚，其间经过放话、合八字、定亲、打嫁奁、接亲等，共有二十道程序。仪礼繁杂，道道讲究。其中，“唱媒”、“哭嫁”、“拦门”可将民间歌才充分展示；接亲、找摸米、闹洞房是青年男女交往相恋的极好机会；合八字、去轿煞、背亲、拜土王庙、跨土星灯，属古老婚俗制的遗存。

在“还土王愿”的许多仪式中仍然可以看到婚姻与家庭的演变轨迹，流传至近代的“扁担亲”、“连环婚”、“还骨种”及“兄弟转房坐床”等现象都是群婚制的残余形式。这种亲属婚制直到20世纪40年代仍未改变。

在持续了一千多年一夫一妻制的家庭里，父亲是一家之长，凡家庭重大决策都须由父亲作最后定夺。子承父业，而女子一般都不能享有财产的继承权，认为女生外向。父无子，可收继子继承香火和产业。目前县城一带已逐步改变这种传统伦理关系，儿女均可享有继承权，子女可从母姓，也可从父姓。但在乡村，包括内溪岩力村仍不允许这种继承方式与选择。

二、宗族支派的维系

宗族是巩固血缘的社会组织。正宗五服的伦理观念对社会的巩固与发展有十分重要的作用。

彭姓为龙山、永顺等县的强宗大姓。维系权威的方法有三：其一，龙山从五代历经唐、宋、元、明、清，均系彭氏土司的辖区。彭氏世袭，又

① 张雄：《廪君蛮的发源地及迁徙走向考》，载于《土家族研究论文选集》，湘西州图书馆编印（内部版），1985年，第52页。

受历代王朝的封赏，在政治上享受了优厚的待遇。其二，土司王实行初夜权，彭氏土司亦然。许多异姓人为了逃避初夜权而改姓彭（因同姓不能开亲）。其三，彭姓原本属旺族，支系因此不断扩大。有的寨子（如内溪乡岩力村）80% 的人姓彭，加上土司王有赐异姓人改姓的权力，故彭姓较多。

在土家山寨，同姓人即使不同宗，或出了五服也能和睦相处。姓氏单薄的异姓常常依附于彭姓。除彭姓以外，田、向、王、尚、张等姓氏的人亦颇多。其中不乏有功于当朝的名臣后裔，如向老官人的后代、田好汉的后代等。他们虽然大都世代穷困潦倒，但仍然没有忘却祖宗的功德与荣耀。几乎每一姓都有自己的宗祠，每年正月举行祭祖仪式，甚至几个村寨联合组织报赛。“舍巴日”便是其中一项隆重的祭祀联盟。

第四节　相关习俗及信仰

据《龙山县志》载，该县并存有道教、佛教、天主教、耶稣教。①

佛教，相传于公元前六至五世纪中，为古印度迦地罗卫国王子释迦牟尼所创立。在汉明帝永平十年（公元 67 年）传入中国。据嘉庆《龙山县志》载：佛潭，在县城北二十五里（今湖北省来凤县境内，与该县只一河之隔），为东晋成帝时建。可见，在公元 420 年前，佛教就在县内提倡。清嘉庆年间全县共有大寺庙六十六座，同治年间有寺庙八十五座。天主教，民国十四年四月传入龙山。开始由沅陵教区永顺总团派美籍神父李振球来龙山传教，信仰者只三十多人。

耶稣教，1926 年永顺石堤西陈仪成来龙山传教。

道教，据《史记·秦始皇本纪》载，秦以前就有道教了。但正式的道教是东汉末年张道陵所创，追随者出五斗米，故又称五斗米教，称张道陵为张天师。

一、祠庙

《龙山县志·祠祀》载：“楚俗多信鬼，一邑之地其祠宇率百数十，大

① 《龙山县志》，第五章第二节“宗教组织”，第 72 页。

都出国朝祀典之外。虽或有史册所传事迹彰具，非尽淫昏之比然，而逾分者甚矣。”

（一）祀典所载诸祠庙

先农坛。雍正四年修建。

社稷坛。每岁春秋仲月上戊日举行坛祭。

风云雷雨、山川、城隍三神共一坛，每岁春秋仲月上戊日合祭。

雩祭。乾隆七年议准直省各府州县孟夏择日行常雩礼，或有亢旱，每七日先祭界内山川，次祭社稷。或淫潦为灾则伐鼓用牲，萦祭城门，以祈晴霁。

圣庙。每岁春秋上丁日致祭。其前一日，委官补服省牲监视宰牲并瘗毛血。正殿设孔子神位，另设四圣位、十二哲。配合祭仪有不同的迎神乐章，有固定的箫谱、笛谱及佾舞规则。

此外，还设崇圣祠、关帝庙、火神庙、龙神祠、吕祖庙，各祠庙各有固定的祝文。

（二）地方祠庙

南岳宫（图1－2）。祭祀雷将军，每年正月二日赛会者常千余人迎其像于城内外，数小时后才返回庙里。出迎时，“旗帜斧钺前后拥簇”，皆赤足裸腰背，仅不去袴而已。甚至稚男女亦褫衣袜由其父兄抱于怀而随之。习俗相沿不知如何而起。

图1－2 南岳宫

轩辕宫。

天王庙。据严如煜《苗防备览考》载曰："五溪蛮所祀白帝天王神，三人面白、红、黑各异，报赛甚丰。"对此神来历有多种传说，其一言"辰州人姓杨名濑者兄弟三人皆为宋骁将"，平苗后"遂开九溪十八洞"，"后反命人忌其功，馈以药酒，同时俱殒，乃小暑节也，此节为苗中所最重"。此白帝天王在土家族地区亦被隆重祭祀。

彭公祠。全县境内有两座，一座在隆头司（距内溪乡约十五里地），一座在农车塘。

此外，还有寺观如观音阁、迎龙寺、龙凤观、水灵山寺、灵光庙、镇风山寺、望香阁、回龙庵、尖山寺（内溪所在的大喇里）、回龙阁（在内溪所辖地，称"四里内夕棚"）。

二、祠祀方式

1. 村民自发祠祀

土王祠。有的将八部大神、彭公爵主、向老官人或是彭公爵主、向老官人、田好汉等分为两组，分别行祭，有的则单独祭祀。主持者多为村寨中德高望重之人。

吴著祠（厅）。在龙山各乡皆有。土酋吴著冲乃龙山县境内颇有号召力的部落首领，故有"土庙吴著厅，阎王老子数不清"的俗话谚语。

宗族宗祠。各大姓大寨均设有宗族祠庙。内供奉宗族历代祖宗，香火甚旺。

梅山堂。这类神堂设于猎户后院或住房之隐蔽处。在土家族地区有三种情况需设梅山堂：

一是猎户狩猎，请梅山神佑助。1949 年以前，几乎绝大部分村寨设有此堂。据说梅山堂越老越旺，越老越灵。这类神堂是绝对不能让生人进入的。出猎前夕，猎人需焚香纸求梅山并许愿道：若此行颇丰，狩猎归来，将先以猎物敬奉云云。

二是梯玛还愿。梯玛（土巫）认为梅山兵马十分威武灵验，且易团拢，超过了八洞神的兵马。因而在度职的"团兵"仪式中，被度弟子必纵身丈余夺取悬挂在屋梁上的梅山旗。夺得此旗者不但行法事灵验顺利，就是进山打猎亦将满载而归。

三是举办舍巴日敬土王，上演毛古斯“赶肉”的村寨，再现祖先狩猎的生活，必得咬断雄鸡血管，以血毛涂满神座，祈求梅山显灵。

梅山神像有木雕，有泥塑，甚或以三炷香压三张纸钱虚拟。其他尚有土地堂等。①

2. 官方祠祀。

属朝廷列入各州县祭祀的祠庙寺观，由各地方官员组织各班人员按规定的步骤和仪式进行祭祀。例如祭先农坛。此坛为雍正四年奉上谕设立，皇帝降旨之后“各州县衙所于各该地择洁净之地”，“率属员耄老农夫恭敬”。祭品包括农具一件（赤色）、牛一头（黑色）、籽种一碗（青色）等农耕器物。耕耘场景为一个耆老牵牛，一个农夫扶犁，六名农童唱歌。又如祭厉祭坛，于每年清明、七月望、十月朔祭无祀鬼神。先一日，由主祭官督促准备工作。祭官由坊里选出，还有陪祭官亦偕同前往。其祝文概有规定。

3. 地方祠祀。

属地方性祠庙堂庵，则由地方乡绅组织每年的活动。如土王祠由土司之后裔组织祭祀。最大的团体性敬土王，要算每年春节的“舍巴日”。每个村的主祭人是该村的村长。富绅、掌坛师则由耆老或梯玛担任。村内各姓氏皆携带祭品呈献。

4. 宗族祀祠。

宗族宗祠祭祀由该宗族的年长者组织，宗族成员均踊跃参加。祠堂的维修或改建亦由族长牵头，将任务（资金、材料）分派到户。

三、年节祭祀

《龙山县志》载：“邑人鲜宗祠，多供本家龛上。岁节外，凡有喜庆事祭若祖父母，父母其近者则并生忌日祭之。”② 祭祀的方式是清明前两三日，垒土扫墓，道标纸钱在树枝上，谓之“挂白”、“挂清”。社日则煮社饭（将野蒿、腊肉、糯米合煮），族戚男女并往作“社饭祭”。祭后给族戚分享。中元日封纸钱为包，焚而祭之。敬宗祠在冬至这天，宰羊豕盛馔醴大小宗男女集于一堂。

如果是在还土王愿时敬家先，概由梯玛主祭，主人只托盘陪祭，其法

① 《龙山县志》卷一，“祀典”、“祠祀”，卷十六，长沙：岳麓书社，第 302 页。

② 《龙山县志》卷一，“祀典”、“祠祀”，卷十六，长沙：岳麓书社，第 302 页。

事见有关仪式。

年中节序及仪式如下：

立春。先一日得于寨口迎春，祀勾芒神。出土牛，散春花结彩亭。扮台阁故事，男妇集观并挂长鼓随彩仗击而起舞，且以土牛色占水旱疾疫，以芒神帽鞋占春来的迟早及晴雨。当日鞭牛，叫“打春”。村民取牛身上土块归置牲圈，叫“蕃蔷牧”。

正月元旦祀祖。先放爆竹，启门出先择方向吉者，走出距门数十步远，向拜而返。日出行观云色，占年谷登耗，西北有红云气则稔诣神祠，拜祝亲友往来相贺皆作吉祥语，禁扫除三日。

元宵，束草为女人形，立而祝之。则自身俯仰若拜然，或请紫姑道出一年之吉凶祸福。

二月二日祭方社，祈谷。

三月三日，扫墓挂清，女童摘地菜花簪首曰辟疫气或和作饭，插柳叶于门，童男童女以柳圈首，叫作辟疫。

谷雨节种谷，亦有请梯玛占卜年岁之丰歉。

四月十八日祭祖，此为土家族的大节日。常作粢宰豕脱为大脔掺糯米蒸之，敬祖后环坐啖之。

五月初五端午节，悬艾草饮菖蒲酒，研雄黄点小儿头上及手足心，云辟疫。采百草煎汤沐浴，云辟疮疥。县城河边亦跟汉族一样有赛龙舟活动。

六月六日，过此节有三说。一说过六月六节是为纪念元末明初安抚史、土家族领袖覃垕，湖广慈利县（含今大庸）茅岗人。其因反抗朱洪武，于洪武四年（1371）被剥皮处死。据说覃垕王被杀死后，狗不吠、鸡不叫、日月不明、朝夕不分，皇帝方知错杀了“真龙天子”（传说覃垕出生时，背上有两条龙）。故在六月六这一天，皇帝不登位，让覃垕（阴魂）穿上皇帝脱下的龙袍坐一天朝位，做一天皇帝，覃垕因此被称为“一日皇帝”。后人每年六月六便摆香案，隆重祭奠。家家户户还得晒衣服，叫作“晒龙袍”。妇女们得洗衣服、洗头发，这是因皇帝杀覃垕王时，嫂嫂抱着覃垕大哭，被溅满了鲜血。① 二说是一支土家先民于六月初六这一天从远地迁来，在湘西砍草为业，繁衍子孙，后人定此日纪念。三说是嬷妈节，

---

① 彭勃：《永顺土家族》（内部版），“信仰・节日”，第171页。

是接出嫁在外的姑娘回娘家过伏天的日子。即使做了祖母的老姑娘也不例外。土家族常在这一天“吃和新”，即以村寨或祠堂为单位，以新粮办炊聚餐。有违反村规寨教族例者，当场处分。扒窃者剁手指，通奸者双双沉潭（详见笔者另一报告《湖南省永顺县和平乡双凤村土家族的毛古斯仪式》）。

七月七日以酒馔祭先祖，祭祀男女按顺序于门口拜迎，如先祖生归般，十四日焚纸钱拜送之。

八月初二祭坊社，报土功。

九月九日重阳节，土家人捣米粉为糕曰“重阳糕”。是日携酒、糕登高，祭而食之。乡俗以九月十九日为大重阳节。

十月祭冬。朔日，土家人户户宰豕作米粢，设筵宴宾如过年。因前土王彭公爵主逐杀一酋长吴著冲，吴是日殁于洛塔，故龙山诸地有此俗。

十二月二十四日曰小年、小除。主祭祖先，家人团而食之，谓之团年。所炊米饭可供新年初二、三日食，曰来年饭。晚上各家在坟上燃灯，远望如星列。

过大年。十二月大则以二十九日为岁，十二月小则以二十八日为岁。相传前土司出兵值除夕，令民间先期度岁，后遂以为常。是日，土家人供土司某神位于堂上，除置以酒醴鱼肉，本家祖先牌位设于门后。祭时将牛马鸡犬诸物藏洞中，老幼男妇各屏息以待。谓某神在堂，不敢惊也。

年中最隆重的祭祀是舍巴日（图1－3）。其祭祀之主神为土家族历史上的领袖人物。如母系社会的女祖（以土家织锦四十八勾象征），父权制时代的部落酋长八部大神、土司王彭公爵主及向老官人、田好汉等杰出人物。

图1－3　龙山县舍巴日

其祭祀的场地为舍巴堂，又称摆手堂。场中设供奉的神位，立长竿、挑龙凤旗、扯棕绳于场周，悬挂猎户供上的虎皮兽角鸟毛。举寨甚至是较远的同姓同族亲友集队绕场，其队出场顺序为：梯玛队—新姑娘队—毛古斯队—摆手舞队—彩旗队—锣鼓队（包括长号队）。

入场仪式较精彩的龙山县农车乡设有“绞旗闯驾”等竞技仪式和颂神、呈牲、拜五方等。祭祀的程序是：跳摆手舞娱神，全村男妇长幼均入堂起舞、唱舍巴歌颂神；演毛古斯。

每岁祭祀自破五（初五）始，三、五、七日不等，但须单起单落。每晚均按以上三道程序重复进行。毛古斯剧目有的村一晚一部（如永顺之双凤村），有的则每晚均重复一套内容（如保靖县土碧村，龙山县贾市、坡脚诸村）。

龙山县内溪乡的事神活动比较普遍，迄今尚有舍巴堂15个：（1）踏步坪的把力哭，（2）岩力坝的夕不洞，（3）岩力坝的泽木哭，（4）岩力坝的安逸哭，（5）五官庄的八利哭，（6）打不潮的夜拉痴（土语，意为舌条形），（7）坡松的利哈哭（土语，即老虎坐的地方），（8）塘口的大保哭，（9）新寨的枧槽哭，（10）沃坝的万高哭，（11）西溪湖的把力哭（与（1）同名），（12）着洛湖的敖那堡（即像牛形状的地方），（13）梅谷坪的泽喜湖，（14）岩冲的树木洞，（15）神坛堡的岩寨湖等。

岩力坝的舍巴日分五晚进行。

首夜，正月初一。打扫神堂、布置祭神的摆设，由贾家出面组织。敬神，跳摆手舞。

第二夜，正月初二。由×寨×家组织，先跳摆手舞，再敬各路神，包括敬土王、敬五猖、敬鼓神、敬天地、敬桅子。（八部大神的桅子由椿树做成，高二丈，上悬铁帽，表示权势。彭公爵主的桅子是由松柏树做成，虽高度一样，但从选材与做工粗细可看出八部大王地位高于彭公爵主。）

第三夜，正月初三。由彭昌顺所属的彭家组织，该寨土语称“夕不洞”。彭家在该村属土龙地主，是明代土司王彭明辅的后裔。彭昌顺回忆说：“我老太公（曾祖父）从永顺县老司城搬迁至坡脚，我的太婆搬到沃坝，共有四房，分一房到兔吐坪，一房到桃坪，一房到洗拿车，我家是从兔吐坪搬到夕不洞的。”

这一带的舍巴日，很像兔吐坪的做法。即先敬祖神，由寨老们、梯玛们共同主持祭仪。再跳摆手舞，全村土家男女均入堂摆手，载歌载舞。接着唱舍巴歌，从兄妹成亲唱到民族迁徙，唱狼人歌、盘歌，最后演毛古斯。其演法是由两人扮拔普拔帕（祖公、祖婆），一人扮土王的门官，一问一答道出民族迁徙的历史和原始生活。然后，由这两老领着结草为服的毛古斯在锣鼓声中跳大圆舞，跳一段表演一段农事活动，如砍火畲、掀卡子、种小米、收小米、打粑粑、抢新娘等戏剧味浓厚的群体性舞戏。

第四夜，初四，由重坡贾家组织，祭法同上。

第五夜，初五，由夕不洞的贾家组织。贾家也是土龙地主，比彭家晚一年迁来夕不洞居住。祭法与第三夜的相同。

该村毛古斯演出遵循着一个固定的模式，即拔普（祖公）、拔帕（祖婆）带领众毛古斯完成所有的舞戏节目：开始进行“讨地”、“问迁徙”对话，然后沿场做着不同的农事动作。其“打神粑”有与观众的交流行为，“抢亲”一场有新郎新娘的简短土语对话。

现将其主要年节祭祀活动列表如下：

日期	名称	祭神	祭祀目的	祭仪	节日缘起	流传地区	主祭人
腊月末除夕日	赶年	本家祖先	缅怀祖先、迎请团年、祈求保佑	堂中挂麻布，围帐，柱头插松柏枝、梅花，酒肉供上，全家叩拜	①先民遭敌人入侵，赶早一日过年，然后遁入深山 ②明嘉靖三十四年，土家祖先应调抗倭，故提早一日过年	湘西、鄂西、川东等土家聚居区	户主、族长
正月初三以后	摆手节（土语：舍巴日）	八部大王彭公爵主向王天子	敬祀各位土王祈求保佑国泰丰收、六畜兴旺	舍巴堂前呈生隆祀，跳摆手舞，唱舍巴歌，演毛古斯	诸位部落酋长，土王土主生前造福，殁后阴庇，是故立祀庙塑金身供养	湘西、鄂西、川东等土家聚居区	族长、寨长、梯玛
三月初三	三月三	蛇神	敬蛇以防蛇害	是日制作蒿菜粑，举家取食	无从考证，但有谚语：“三月三，蛇出山；做蒿粑，堵蛇眼。”	湘西、鄂西土家聚居区	户主

日期	名称	祭神	祭祀目的	祭仪	节日缘起	流传地区	主祭人
四月初八	牛王节	牛王神	感谢牛王神造福于民众	放牛全休一天,以嫩草、稀饭、鸡蛋等喂养	神牛盗杀,一说误传圣旨,被玉帝贬下凡间,背犁受苦,土家受恩惠而酬报	湘西、鄂西、川东等地	户主
六月初六	六月六(或嫲妈节)	①覃垕王 ②嫲妈	①敬土王 ②迎请歇伏	①设香案,敬酒肉,翻晒皮袄以祀之 ②焚香纸	①明初,茅岗土司率土民起义,是日遇皇帝突然袭击被剥皮 ②接姑娘回娘家避暑	湘西、鄂西等土家聚居区	族长、寨长
七月三十	鬼节	本家祖先	慰问祖神祈求保佑	是日晚在户外烧包、奠酒、撒稀饭	据说是阎君放关,让鬼魂回家与子孙团聚	湘西、鄂西、川东等地	户主

第二章 仪式基本资料

第一节 名称与演艺沿革

一、名称

“还土王愿”系汉语称谓，土家族人用土语称其为“还服司”。“还”即还愿的“还”。“服司”即汉人称呼的“土菩萨”，这里指土家族信奉的三位土王：八部大神、彭公爵主、向老官人。有的土巫（梯玛）将这三位尊神解释为土王（老大）、彭公爵主（老二）、天子龙王（老三）。据称向老官人被彭公爵主封为军师以后改姓彭，人称向王天子，这与天子龙王之称谓一致。三位尊神是土家族不同历史时期出现的三位土王。是故，土语“还服司”又被称为“还土王愿”或“玩土菩萨”、“做土菩萨”。

二、演艺沿革

还土王愿的地点大都在户主的堂屋和堂屋外的院坝，不在郊区田野。所有法事，除了“敬老堂老殿”（即巫师的师傅堂——已故师傅之阴司），其他均在堂屋内外表演区里进行。这种传统一直延续至今，未作更易。

法事表演区分为三部分：正堂靠内，家先神龛下为“祖先地”，即户主祖先之神地。请师安位之前的法事和以后请祖神归位的法事均需在此地进行。正堂靠外，大门槛以内，右侧近右居室门外处为“祖师地”，即请祖师、行法事的区域，主要法事均在这里举行。第三块表演区设在大门檐口外的院坝里，其内设天子龙王（或称向老官人）的神位。在最后一堂“赶白虎”法事时，又改为“白虎祭坛”。在此区表演的法事只限于“敬天子龙王”和“赶白虎”之相关仪式。（详见图 2－1）

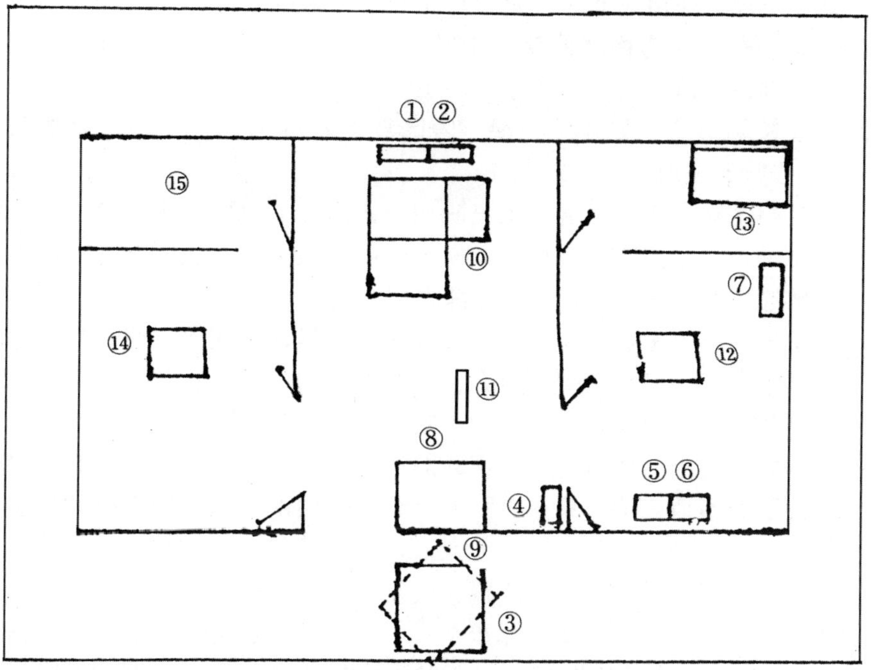

①八部大王神位 ②彭公爵主神位 ③天子龙王神位 ④天地公母神位 ⑤巴沙婆婆神位 ⑥热水婆婆神位 ⑦茶婆婆神位 ⑧祖师坛 ⑨白虎坛 ⑩家先神坛 ⑪梯玛坐骑 ⑫户主火塘 ⑬户主床 ⑭户主火塘 ⑮户主右居室

图2-1 仪式场平面图

在右居室生火塘靠窗处，房门右侧处设有“茶婆婆”神位，只在法事进行中供奉，梯玛不作任何表演。另外在右居室内侧碗柜上也设有一神位，称为“拔帕神位”或“巴沙婆婆之位”、“巴沙老母之位”，她是婴幼少儿的抚育神。“度拔帕”的仪式比较隆重，梯玛需表演“搭九十九板桥”，将拔帕从“关煞”（空心甑）中度过，接到碗柜边的神位上，将所解的钱化去，倒一部分带火星的灰烬在神位下供奉。

还土王愿的演出形式，如同汉族地区之还傩愿，由掌坛师负责主要法事，徒弟经常代替施法。掌坛梯玛为户主还土王愿是十分辛劳的事，三天之内要完成三十四堂法事，堂堂必须还完，不可浓缩或简化。登天堂求子、下阴司解钱、赶白虎，均靠他一人主演。每晚法事均安排得十分紧凑、繁重，再寒冷的天气他都会热汗淋漓。还完愿，掌坛梯玛便声嘶力竭、疲惫不堪了。

还土王愿与还傩愿并存于龙山县及其他土家族地区。龙山境内的两种还愿形式流布区分为南北两半，中间有一条历史上留存下来的明显分界线。北半部以还傩愿为主，亦兼有还土王愿之形式存在；南半部则全系土家族的还神愿形式，如还土王愿、舍巴日（常称为摆手活动，兼演毛古斯），几乎没有还傩愿的形式存在。

大凡户主家头年在神堂（土王阴司）因求子、求财、求病愈、求寿延等许下愿心，次年如愿者，则请来梯玛坛班给土王解钱还愿酬神。还土王愿与还傩愿这两种还愿形式与内容都完全不同。

在形式上还土王愿不设傩坛，没有傩公摊母，不演傩愿戏，只由梯玛一人扮祖神或土王、扮户主或其他凡人，表演简单的故事或简短的情节，无十二戏或二十四戏的成套剧目。表演时不戴面具，不换服装，面部亦不化妆。

在内容上还土王愿请的是土家族的祖神、土王，以及少数汉族信奉的四禧官之类，不请三清，只在符咒上有太上老君的律令。所举行的法事无四值功曹，只由梯玛只身骑马，上天入地，去搬兵请师，直到兵马护身便可降神或驱邪了。其三十四堂法事，反复演唱上天入地的艰难路程，所称道的大、二、三王之衙门及五姊妹堂、七姊妹堂、选男坪、摆女坪、搭七仙桥、度关解煞等共同构建出还土王愿的主体框架，千百年来，世代相传。

还愿坛班，世袭者居多。岩力坝彭昌顺之坛门可上溯到老太公（曾祖父）一代，因彭昌顺家境贫寒、未有家谱，无法再上溯（图 2－2）。从其居所侧屋所安“老坛”（祖师坛）来看，应为清代咸丰年间重修。

图 2－2 彭昌顺坛班合影

第二节　祭典组织

一、持事班组

还土王愿由掌坛梯玛组织所有的法事程序。掌坛梯玛领导以下三套人马：一是执事梯玛。该组由已度职或未度职的师徒二至三人组成。他们可以是由别乡别坛请来的帮师，但主要祭祀人员应是掌坛梯玛本堂本殿的门徒。二是帮事梯玛，该组任务有三：①巡回值警，防止邪教方术人员进场作祟。古代有称之为“猎头梯玛”的帮师，一旦发现敌人，则取其首级作为祭品，呈奉殿前。②采购或备办祭祀用品。③充当必要角色，参加仪式性的戏剧表演，如充当“茶婆”、“酒官”、“香官”、“千岁公”、“万岁婆”等。这些角色有固定的职守。三是户主亲友。以男性户主为主，参与各种仪式活动。

其主导程序是：①提出物资计划。如鸡鱼三牲、香米利什，设坛所需摆饰等。②指导扎坛。包括扎祖神坛、祖师坛、白虎祭坛及土王殿。③邀集帮师，商定法事进行方式（根据户主还愿种类临时确定）。④主持各堂法事。⑤每堂法事中，督促检查各部位的配合行动。如何时呈牲、交熟、度关、解煞等等。⑥做完法事后，在散客之前分配各种酬劳物品。⑦回到本家，敬奉祖师老殿。

二、成员分工

在掌坛师的主持下，祭师、帮师、户主三方共同协作，完成全堂法事。

祭师的职责是在掌坛师的指导下，进行每堂法事，如有两三位则可轮流跳神，相互接替。倘若掌坛师约请的人少，则他本人必须兼任祭师，施法歌舞。最重要的法事如“封禁”、“解钱”、“赶白虎”，须得掌坛师亲自躬身行法。“封禁”为彻底肃清堂殿、严防邪神野鬼窜扰的关键，因此“封禁不严，全堂玩完”，这个前提常常为法师们看重。“解钱”是进入土王阴司给三位爷爷虔诚跪拜，敬奉纸钱，祈祷他们接受户主愿心，为户主及其亲友赐福，保佑全家安康、吉祥、兴旺。每进一殿要打通十二道门关，需要相当的功力。进不了殿（以打筶测试）或进了殿请不动土王都将使这堂愿还不到圆满。“赶白虎”是扫堂中的主要法事。神王送走了，而白虎赶不出门，“白虎坐堂”将会叼去户主家少儿或幼婴的三魂七魄，导致其萎弱而终。赶白虎时只凭几段咒语、几道诀法，使屋外白虎坛边吊在竹竿上的雄鸡因白虎窜出而惊飞。若雄鸡一直静垂，不拍翅惊飞，则表示白虎未曾向外窜逃，户主便会向掌坛师索赔，且百般埋怨。以后旁人也不敢再请该掌坛师还愿或驱邪。是故所有参与者，都自觉地致力于岗位工作而不敢有丝毫疏忽，对神王均怀抱至诚心意而不敢有一点怠惰。

帮师的职责是帮助祭师完成祭师力所不及的坛内陪神及坛外相关事务。坛内陪神事务有：①扮茶婆。为三王爷烧茶，所有供茶均由她一人在大堂边煮妥。②扮香官、酒官。在法事进行中按需要呈献香火与供酒。其数量规定因神而异。③扮千岁公、万岁婆。在“搭桥度关”中出场，两人不另外着装，仅有一定对话和行动。如在关口（房门内的甑子口边）接过梯玛从甑子的另一端递进来的被度关的儿童或巴沙老母（拔帕）等。

在坛外服务的梯玛有：①猎头梯玛。古代专事人头祭的土巫，作祭品的人头由他猎取擅入行法区的外人充当。②采购梯玛。专事敬神物品的购买。以上这两种梯玛不参加坛内祭神、陪神活动。不过，民国期间法事规模缩小，并取消了古代的人头祭，于是这两种人均不需专设，由陪神人员采购即可。凡应在坛内完成的事务，均由所有组成人员共同合作完成。在祭坛中，祭师服从掌坛师的指挥与安排，祭师与帮师的地位是平行、平等的。

户主，是法事宗旨的确定者。全堂法事为户主的还愿类型服务。求子、求财、求寿、求病愈等的还愿仪式程序大体相似，从“请师”开始到“赶白虎”结束，每堂法事中都得反复禀明相关事宜，每种仪式都有“解煞”、“踩刀”的内容。如果要大追解（即大型的追魂解邪仪式），则法事中须加“造魂”等项目。造魂的大体做法是：梯玛躺在堂屋内（祖师堂）的竹席上，腹压数百斤重的大石磨。帮师们有的推磨，将一升升黄豆磨成粉，在粉里寻找蜘蛛之类的小昆虫；有的则在后园内找“魂”。

户主必须协助陪同法师做完法事，负责提供三天三夜所有费用，如供品、巫师与在场的所有人员三天正餐与宵夜、散客的斋粑豆腐、求子中的五男二女神粑等。此外，须得打发掌坛师、祭师、帮师等人“红包”。掌坛师、祭师、帮师、户主之间关系详见下页还土王愿坛班分工图。

年龄在五十岁左右的掌坛师还得兼任祭师，主持全堂法事。年岁更高者，因体力不支或徒弟业已度职，则可居指导者位置，仅需掌坛而已，不再骑马走阴，辗转殿堂。凡居于祭师或单纯掌坛师之位的梯玛，均具有较高法术并掌握一定权力，亦享有较高威望，如祭师聘任权、法事分工权（安排每人担任的法事项目）、祭品分配权以及特殊项目主持权等等。

掌坛师负责一个坛班的组织工作。坛班多由固定成员构成，三五人不等。有时缺员亦可向邻近的坛班借用。掌坛师与帮师均可作双向选择，即掌坛师可选聘或改聘帮师，帮师亦可“跳槽”另择他主。坛班人员主要分为祭祀、陪神两个小组。

以下为坛班分工图（图2-3）：

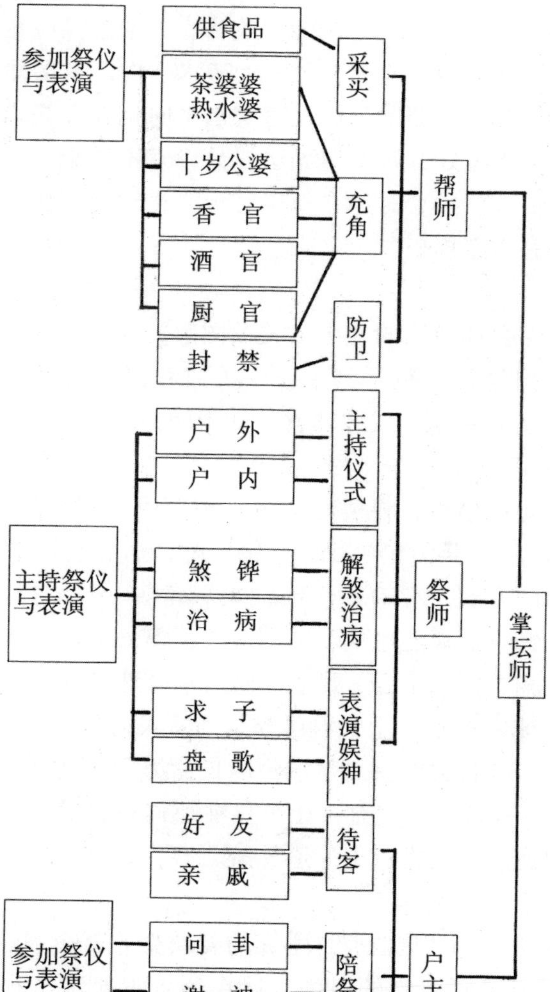

图2-3　坛班分工图

三、特殊项目的主持人

（一）封禁

此项目必须由掌坛师主持。从“请师”、“造水”、“发五猖”到最后一堂法事“送神”，方可解禁，构成了“封禁”术法显应全部过程。掌坛师的一碗净水需造七七四十九天，每一天造水一次。掌坛师“心动神知”，念完咒语将三道符画好，即便告成。这碗水平时倒扣在祭坛之下，需用时由掌坛师挥洒。水未练好，则不但无法封禁，发不动猖兵，且在解煞等重要项目中更不能奏效。封禁时还须挽出三十六道诀法，用什么诀招进，用什么诀打出，都有一定规矩。

（二）解煞

法师彭昌顺保存和使用的《十二关煞图解》对每一关的凶神恶煞都作了形象的描绘。据说凡是犯了其中任一关煞者都会出现病态，如不“隔煞”则有性命之虞。隔煞（或称解煞）即帮助病人打过关去，且不再遭受煞星的纠缠。

在彭昌顺所行法事中，将解煞称为“解冤家”。村民认为人犯病或遭厄难是被“冤家鬼”（某煞星）捆住，需解除，病厄之人才有希望打过关，度过桥去。解煞的方式主要有：①喷油火。表演者双手捧着火红的铧口，含油喷出，油在铧口上猛烈燃烧。②踩巫刀。掌坛师咬破雄鸡喉管，以鸡头在被度者头、胸、背、手心、足心上画血符，然后让被度者赤脚踩在自己的巫刀（刀口非常锋利）上，自己与帮师将人与刀端至居室门口，进了门则表示隔了煞。③打关度桥。掌坛师以长凳为桥，其上铺以“十二关煞图”，靠近居室的一端置一空甑，让小孩穿甑而过，千岁公、万岁婆在房内打伞接过。以此表示已度过十二道关煞。

（三）赶白虎

据说，哪家遇上了过堂白虎，哪家的婴幼少儿就会被白虎叼去三魂七魄，土家族便形成了赶白虎的习俗。这在还土王愿法事中被列为最后一堂。掌坛师先祭设在大门外面的白虎坛，给白虎焚香烧纸、祈求其尽快出堂归去，不为害少儿。求不动、哄不动之时，便只有使用诀法，请动师傅、兵马附身，强行驱赶。土家族地区驱逐白虎有三种方式：

一是赶。还土王愿的最后一堂法事又称“赶白虎”，其法事程序如下：①摆位设坛。户外大桌上置一靠背椅，放一碗香米，两个酒杯，两碗斋粑，供张天师神位，称祖师坛。坛左桌脚捆一竹竿，上端留三根竹桠，将供鸡（白色最好）吊一只脚在蝇上，挂二十张纸钱，三根香，称敬桅杆。竹竿上安的是白虎位置，叫白虎坛。②请师禀情。主要默请掌坛师的几个师傅，请他们受供护身，帮助显灵。③念咒造水。④挽诀赶虎。先念“卜缘祖师大神通”咒，后挽诀。一般来说，念完咒，供鸡便会拍翅惊飞，说明白虎已被赶出户主家门，叼着鸡魂而去。如供鸡不飞，则挽诀驱赶。挽诀先挽祖师诀，即“祖师一颗印”，再挽“天有四方，地有八角”、“铁牛肚内”、“五子大炮”、“开门诀”等等。⑤砍竹销位。鸡飞之时立即砍断竹竿，表示销了白虎坛位子。⑥驱秽撤坛。掌坛师端簸箕，抓五谷碎碗渣撒向满屋，进行驱赶，然后将大桌扳倒，表法事完结。

二是钉。发现小孩昏厥，口吐白沫，不省人事，土家人认为系白虎所害，便延请梯玛在堂前挽诀化水满屋驱赶。最后，翻身上楼，画符挽诀，将画有白虎头的纸钱，以尖锐铁钉钉在堂屋里壁、楼上的中柱处。

三是射。古历二月惊蛰节是田姓与杨姓土家族的“射虎”日。其办法是在堂屋神龛下的正中央，用石灰画上弓与箭，箭头正对大门外，土家人称之为“射过堂白虎”。

传说土家族崇敬廪君变成的白虎，其远祖迁来湘西后还是祭虎。谁知某年祭虎时，却真的来了只白虎，翻墙跳楼，叼猪吃伢。土王便招募虎将，除掉虎患。土家后生斑屯，其父被这只虎神伤害，他揭榜打虎，谁知虎的叫声引来了更多的白虎。当晚斑屯的父亲托梦，教他射虎秘法，他遵嘱到紫荆山太阳岩上砍三根荆竹，制成三只银竹箭，去雷打坟坡顶上砍三根红铁杉扎成杉木楼，楼上点七盏白蜡灯，引诱白虎神扑上楼。斑屯待白虎神上楼后，用第一只银竹箭射进虎喉。用第二只箭破掉虎头上的“王”字，让它当不了虎王。用第三根箭射穿它的两肩胛，使之穿心而亡。其余猛虎见到银光闪闪的箭立即四处逃散。从此，湘西土家族地区兴起了惊蛰画箭射白虎的风俗。

以上“射”、“钉”、“赶”白虎的三种仪式流传在不同地区，均需土老司参与主持。龙山县境内流行“钉”和“赶”两种仪式，当某户的小伢昏厥后，被认为是白虎危害，临时请梯玛进行钉白虎的法事。户主还土王愿时则不用钉，只用赶，因尚未造成危害，只是将白虎赶走，使其不再来穿堂。如遇被白虎伤害的小孩，则可进行临床急救，方法是：请师造水，念咒语三道。主要念祖师咒，画两道符，喷一口水在患者脸上或身上，在其背堂心拍三下即醒。

第三节　预定事项

一、预定参加的人

户主延请梯玛时，需得言明头年许下何种神愿，掌坛师再根据愿的大小确定请多少帮师，户主也才能确定邀请哪些亲友、邻居，请多少陪神和勤杂人员。

预定人员有下列几种，必须定岗定人：

（1）主要的祭祀主持者，除了掌坛师本人外，尚有谁可以充任？这些人选中，哪些人适合完成哪些法事？如何轮回值班？等等。

（2）张天师兼任香官、李天师兼任酒官；刀手、打卦老妇、看神哥哥亦设专人司职。

（3）茶婆。此角色单独主事，须早定人选。据说茶婆是神婆，系彭公爵主的情妇，常年伴随土王，侍以姜茶。因而得挑选中年妇女充当。

（4）采购祭品的人，一般宜在梯玛中挑选分工。

（5）谁以户主身份参加祭典，由还愿户自行决定，一般以男子居多。

二、实际参加的人

在征集成员时，祭神人员必须是梯玛，未度职的徒弟也可充当；陪神人员则可以是比较熟悉这项活动或曾经参加过这项活动的村民。打卦老妇可由男人代替，唱词与教名依旧。有文化的人备受欢迎。只有两种人严禁入堂：一是孕妇，不论怀胎多久，均忌出入神堂；二是丧服在身的亲友。

旁观者，除了以上两种人，均不予拒绝。法事中有不堪入目的动作（如性交、产子）、对话（如关于求偶、性生活的夸张言辞等），女人亦不太回避。它被视为繁衍种族，进行“性教育”的方式。在封建社会，汉化较早的土家族地区的女人，耻于耳闻目睹。但在高山偏僻之所，女人乃至于少女均不回避。

三、重点项目

笔者专程去龙山县贾市、内溪诸乡进行田野考察，并在县城内作过多次采访，后来又邀请彭昌顺师傅前来吉首市，于笔者家中录音拍照，逐堂法事、逐个细节进行访谈。对于以下内容作过考究，印象明晰。

（一）娱神活动

还愿中赞神颂神场面颇多，旨在取悦神灵，从而让户主获得福赐。动情的巫歌、优美的巫舞、形象机智又风趣的巫词是祭师们频繁运用的重要手段。作为专项仪式安排的主要有：

1. 摆男。这是第二十五堂法事。梯玛把解给五姊妹、七姊妹的钱纸包在衣内，用头帕捆扎成婴儿形，头帕两端由两个梯玛扭着，来回摆动，边摆边唱，从扬州大坝坪摆到天地公、天地母处，再摆回到岩力坝户主田清富家中。这叫“摆男回堂”，直到将“男孩”交给求子的户主。

2. 过五姊妹堂。据彭昌顺师傅介绍，五姊妹是七姐在凡间生育的五个儿女，在天门以外主堂立殿。

3. 过七姊妹堂。沿路出谜猜谜，令神人玩味。

4. 选男坪。最吸引观众的是十月怀胎与一朝分娩的表演。

以上四堂法事都设有“扯白”场面，有分量很重的粗鄙言辞和粗鲁举止。有些地方仍保留古代梯玛裸体文身表演的习俗。目的是要逗得生育神——五姊妹和七姊妹春心荡漾，萌动下凡念头，以至于误将怀抱中的仙婴丢落凡尘。

（二）娱人活动

三十四堂法事中均有娱人成分，但作为以娱人为主要宗旨的活动有如下几种：

1. 讨打发。当祭师行到第十八堂法事“解三钱”（即给第三位土王解钱）时，安排有“传酒”、“奠酒”节目，是专向主人家及其亲友逐一以歌讨“利什钱”之节目。歌词生动诙谐，广泛运用比喻、夸张、讽喻等修辞手法，直唱到主人心甘情愿地将利什钱丢进盘内为止。经常唱得大家哄堂大笑。

2. 奉承歌。第二十二堂法事“安家先”在“交和事钱”以后，便有“奉承主东”的节目。所谓“口是师傅的口，手是师傅的手，替天行道，借口还礼”，一直要“贺满门”，即以歌颂扬在场的每一个人。有经验的人，有的在此时开溜，有的怀揣赏钱等待奉承。

3. 盘路。这是第二十四堂法事，从盘阴间的路到盘人间的草、花、山、坪、鸟，再到盘十二月怀胎等等。歌词通俗，形象地保留了一些来自古代的生产（包括物质生产与人自身的生产）、生活经验的总结，观众亦津津乐道。

4. 破谜。第二十六堂法事“过五姊妹堂”中第七、八、九段为“破谜”专题节目，出语粗俗，借喻形象，被破的谜底又十分正经而贴切，表现出土巫语言的风趣美。

5. 产子。第二十八堂法事“选男坪”从选取什么样的胎儿到生小孩的模拟，都富有浓厚的生活情趣。这也兼有娱神性质。

（三）宗教仪式

其一，“团阴兵”是较有特色的巫术行为。一般排在第十四堂法事中。还愿中行此法事，是为未度职的徒弟专设，请各位师傅为徒弟护身、辅助兵马，只需一小时左右即可。但如果用于专门度职，则需进行三天三夜。其敬神、请神的路线与进行的方式与还土王愿完全一样，由师傅带着被度职的徒弟做完全堂法事，掌握全部要领，以便度职后能独立统领祭祖班子，展开还愿活动。

“团兵”是掌坛师为被度职的徒弟团拢各路兵马。共需团五道，请师喊兵的口诀不变。第一道在起虎槽，交“兵马钱”时烧一道五束纸。第二道在铁打底盖山，第三道在扬州大坝坪，第四道在无兵借兵山，第五道在八十八坝坪团天兵天将。团一道兵，烧一束纸。

兵马护身的主要标志是被度职的徒弟与在坛内的其他后生均进入昏迷状态，气力倍增，他们争相跳跃，蹦起两三丈高，争夺悬在屋梁下的五面大旗。如果抢到祖师旗，则此人的法力将超师出众。抢到后，则迅速将纸旗塞进嘴里，嚼碎吞下肚去。此时，他可以吞铁钉，“咬瓮碗如吞餌食”。半小时后，待师傅收功，他便恢复正常。

获得护身兵马以后要继续进行“回兵”、“传茶”、“敬土地”、“解三钱”，直到入门传教。这堂法事，是度职的核心。每传一样法器或诀法要读一段文，唱一段歌，烧一束纸。共分七段：传水、传诀，传大卦小卦，传风冠法衣，传香炉，传令牌黄印，传大小金刀，传八宝铜铃。

传完以上七件法器后，有一道考验弟子的仪式：师傅将赏兵的饭菜酒肉拌在一起，并把嚼在口里的一块熟猪肉吐在碗里，让被度职的弟子吃掉。据说吞进肚里没呕吐的就意味着得了真传。呕了的在行法事时端不得火犁，上不得刀梯。

其二，“度猖鬼”，即超度死难者亡灵，做牛角道场。这是还土王愿中一个根据户主需要临时安排的项目，一般放在敬完土王、抵达扬州大坝坪以后才做。因为是老司做的道场，带一些武功，故又叫武道场。从日程安排来看，是放在还土王愿的最后一夜。它与道士做的文道场不但法事不同，所需时间也不一样。文道场做三天三夜，武道场只需一夜。

超度的对象是猖死鬼，如那些炮打阵亡、吊颈投河、死得不利索（即不干净，非正常死亡）的人。他们死后进不得屋内，上不得神龛，需要渡过奈何桥。

扎堂，即扎“找亡堂”，这是必做的准备工作。一般在户外找一块宽约四五亩的田野坪地（秋收后大都在田坝子里）。先搭柴棚，由三根圆周长一尺多的树筒，一头埋地，另一头相互靠牢立起。围着这三根料摆三十六捆柴，干柴树里面夹钱纸，湿柴堆作外围，柴棚内的地面上（正中）挖一个小碗大的坑，三枚鸡蛋顺着三筒料的方向架靠在一起，上盖一大碗，干柴的中心堆至其上。地上画一五雷符，留一门，供进去点火用。这棚围成后约有三四人围的体积。再设祖师堂（又称大师堂），上设张天师牌位，台高齐屋顶，上可容数人活动。

搭桥布。由三四匹家绩麻布连接而成的长布条，搭过祖师台和柴棚，两端（称作桥头）按东西方向扯出，用两根树筒将布头钉进泥地。东为桥头，正对亡人之家门；西为桥尾。

度亡法事分内、外科。外科，包括场面布置，扎找亡堂，喊亡人，念唱经文等。内科，即度亡人上桥，过桥，靠几手硬功夫，硬诀子。度亡法事程序是：

开棺寄灵。将亡人之魂魄寄在桥头土地堂内，等待梯玛为之超度。

通报五方。掌坛梯玛从户主家出来，进入找亡堂，向五方五位的亡人通报户主请梯玛超度的消息。所谓五方，即以祖师堂为中，在其东、南、西、北四个方位上设四个牌位，各置一方桌，桌上放一把椅子，椅背绑一把伞，座上摆一个升子，装上香米利什，插一祖师牌位。这时由梯玛们唱劝孝歌、散花、解结。

穿破五方，即由梯玛破地狱，去五方五位寻找亡灵。这时梯玛须穿法衣，系一条八幅罗裙，持席杖，杖头端的铁圈上系以三十六根线，三尺六寸红布，三尺六寸白布。先破东方，报亡人的名姓，把座上一枚鸡蛋移在椅子脚下，盖以瓦片。鸡蛋象征亡人。将碗里插的文疏烧在瓦片上，梯玛念完文疏，连喊三声“都见光明”，众孝子齐跪地，连应三声“都见光明”。话音刚落，梯玛用席杖捣碎瓦片和鸡蛋，孝子们立即翻开瓦片，呼喊亡人，帮师们即撤去牌位（称为倒位子），表示亡人已寻到。以后依次向南、西、北、中去寻找。

喝血水。孝子们跪在桌边，桌下放一血盆，用红纸封住，纸中剪一圆孔，盆里盛有椿树皮熬煮的红水。红水中置一清油灯。倒柱子后，把盆子拖出念《目连行孝》等经文。掌坛梯玛以席杖将红纸打破，称为“破盆”。孝子们每人喝三杯血水，喝完一杯，喊亡人一声。其象征意义是：孝子们将血水湖喝干，把老人（亡人）救了出来。难产而亡、跌死见血的需做此法事。

练泥堂。帮师们预先在坛（桌）下挖一浅坑，中间立一干泥土堡，象征亡人头颅被水淹住。当梯玛唱到“双手拨开生死路，两脚跳出地狱门”时，用脚把土堡踢倒。此时，孝子们赤脚练泥，直至水干。虽数九寒天，亦不例外。

引魂过桥。找到五方五位的亡灵之后，掌坛师即挥动引魂旗，逐个呼喊亡人名字，将他们渡过这座“奈何桥”去。此时，画匠（绘画圣像的农民匠人）在柴棚内点火，用扇子连扇三扇，燃起烈火。大火燃起之后，由掌坛师宣读孝子名单，接亡人上金桥。据彭昌顺师傅介绍，亡人上桥，桥布会出现深深的槽，并发出呼呼的声响，如人在上面滑过一样。

主人家须得预先暗地里请来几个外地与掌坛师不熟的梯玛（称为阳无常），守在四方，清点上桥的亡人，包括男女数目、服饰穿戴，告诉主人验证。这样一来可免遗漏应超度的亡人，二来亦可防止掌坛师与他的帮师“打合牌”，没找到应过桥的亡人却妄说找到了、过桥了。

渡桥时，如果帮师凭借柴棚的火光发现亡人被野鬼拉扯不放时，掌坛师需立即挽诀隔煞，首先挽“灵官诀”，其次挽“团山诀”，最后用“铜叉铁叉诀”。

引魂回家。孝子事先在屋外阶檐处摆一张椅子，一盆洗脚水。当梯玛引魂至家门口时，孝子则做出让亡人洗脚的表示。

再次渡桥。临时在大门外接连放两条长凳，上盖青布（或蓝布，忌用红布、白布），掌坛师将亡人从这座桥上接进屋内，孝子们立于门后，呼喊亡人回家。

安家先。即把亡人引到太平和事堂，让亡人同列祖列宗同居一堂，不再是孤魂野鬼。

其三，送亡师。即送已故的掌坛师归天。其法事程序有二十道。主要有以下几道：

开天门。在掌坛师落气前揭去屋顶二槽瓦，在瓦上摆供品，烧天钱。

搭天桥（图2－4，图2－5）。以一块白布（长数丈）上搭屋顶开槽处，另一端扯在掌坛师脚下。这时掌坛师手握铜铃、牛角、司刀坐在椅上，呼吸停止。据说容颜仍如生前，手中的铜铃仍发出“沙、沙、沙”声音，瓦屋上人们可听到阴角的响声。徒弟们跪在他的周围，他的法器推向谁，谁就是他的终传弟子。其他徒弟不得争夺。

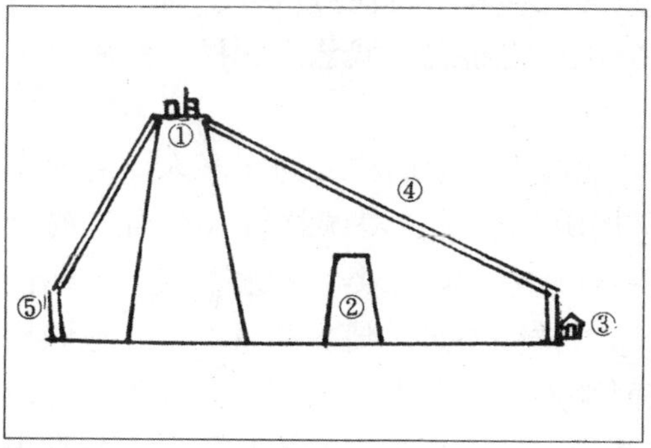

图2－4　天桥剖面图

①祖师堂　②柴棚　③　桥头土地堂
④桥布　⑤桥尾

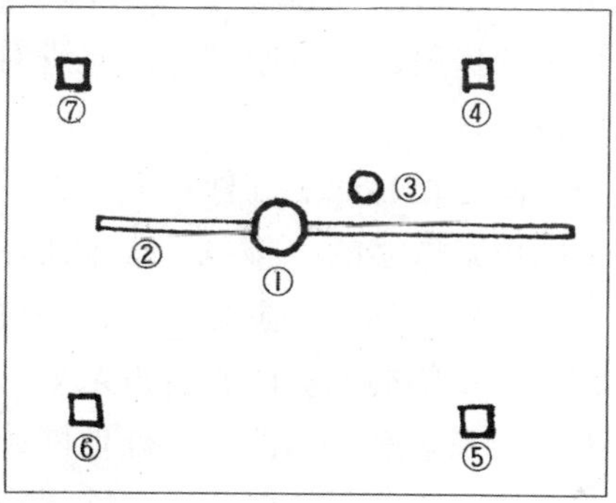

图2－5　天桥平面图

①祖师堂　②桥布　③柴棚
④⑤⑥⑦东、南、西、北四方地狱

入棺超度。可请道士、老司、和尚三种人各自行法。

送阴魂。其唱念做工与还土王愿同，只在每堂法事中换几句话，表明销牌销票。其他的路线亦同还愿，如：送出坪坝、过起虎槽、过土地堂、解头钱、解二钱、解三钱、团兵、交兵马钱、过婆婆洞（敬巴沙老母）、过扬州（度阴）、散花、解结、烧出丧包、出丧下葬。

出丧时，新掌坛师前导，弟子们一路打筋斗行进。打一个筋斗喊一声土话：“可罗阿西，恩期啊！”意即：“师父呀，快来啊！”一直喊到井旁。下葬时，由一个孝子搬一根刚出土的竹子（斑竹）丢在坟前，不准移动。竹不死，生了根发了笋，则其家人发财旺；若竹死，其子孙便会亡故，无人接坛。以上为“送亡师”之简单经过。

第四节　其他

一、与外来人之关系

古代特别防范外来人入境，特别是汉人，这是由于土家族长期被汉人压迫、排挤的缘故。对一般外来人只凭服饰和语言便可区分。而对于不同坛班的梯玛，则需通过交谈摸清对方来意之善恶、武艺之深浅，然后决定接待与否。

其分类有如下五种：第一类，外地汉人。他们称之为客家人。对前来土家山寨做客的一般汉人，他们照例满腔热忱，竭诚款待。对当官的汉人，则敬而远之，少与交谈，怀揣一颗戒心。第二类，外地苗族人。他们称之为相邻的人。两族自古亲如一家，常怀手足之情。第三类，外地同族人，关系亲密。第四类，外地同族同姓人，关系更为亲近。第五类，同地域群体之认知与认同方式，除了以族别、姓氏来区别亲疏外，语言与歌声是沟通感情的重要媒介。如果外来群体中有操土家语对白者，该群体会备受欢迎；有能歌善舞者，亦容易获得他们的信任与好感。逢年过节登临土家山寨，户主则以最隆重的仪式与最可口的佳肴来款待；对于采访或考察巫傩活动的人员，他们亦待如上宾，并热忱地提供资料。

值得一提的是，对外地坛班，不论教派，均持欢迎态度，具有他们自己所说的“你敬我一尺，我敬你一丈”的加倍表达感情的心理。法事相似者可同坛献艺，相互切磋。但对邪教人员则非常谨慎。如果在法坛上遭到拨弄或中伤，则会加倍还击，甚至于喝血酒、赌血咒、集体械斗，前仆后继，视死如归，表现出土家族固有的“劲勇好斗”的强悍民族性格来。

二、特殊餐会

在还土王愿法事进行程序中，梯玛及帮师人众的正常开餐与“赏兵”法事同步进行。这时的身份不是平日的某某人，而是行坛弟子 × ×（法名），其开餐地点是祖师坛前或土王供桌旁。共有五次餐会。第一次餐会（早餐）时间在“筛下马酒”，即给土王两兄弟敬酒，梯玛们围长桌在堂屋进餐，意即陪同两位土王进餐。第二次餐会（中餐）时间在第五堂法事“安天子龙王”。从南京、北京请来了这位尊神，便陪同吃下马酒。第三次餐会（晚餐）安排在第六堂法事“赏兵”。即请祖师及其兵马开餐。第四次餐会（次日晚餐）安排在第十五堂法事“敬土地”。众梯玛、帮师及所有人员均围拢开餐。在祖师殿前铺一竹席，摆上酒菜，众人席地而坐，如行军途中开餐法。第五次餐会（宵夜）安排在安家先后的第二十三堂法事“回程赏兵”（回到扬州大坝坪）。扬州是总部，将全部兵马停下开餐，故又谓之“赏大兵”。计有五碗荤菜、五碗素菜、五个粑粑、一碗油豆腐、一盘茶饭酒食。同时赏阳兵。时已凌晨两点多钟。

据说敬了神的酒果之类，因神开了口，可使取食者获得福荫。梯玛及客友都是怀着虔诚而肃穆的心情进餐。

三、特许权

龙山虽不是开放县，但经过一定组织手续得到湘西土家族苗族自治州政府的批准，仍可接纳港台和外国朋友的考察，享受考察、交通等方面的特许权。无论个人或团体均可入境并可对田野演出进行拍照录像。倘若该项或其他仪式被列为省以上批准的考察研究计划，则龙山县政府、州县文化局、州政府等部门均会协助搞好组织工作，为考察计划提供开发的各种条件，以利于长期作业。1989 年 11 月，本人以中国少数民族戏剧学会湖南分会的名义邀请曲六乙、季可梅（法国博士）、黄竹三等 12 位戏曲专家来湘西吉首考察并举办“湘西傩戏、傩文化录像观摩座谈会”。1991 年 10 月，本人以“（吉首）中国少数民族傩文化国际学术讨论会”大会副秘书长的名义在吉首市参与举办活动。1994 年 2 月笔者被花垣县、泸溪县政府聘为民俗顾问，参与巫傩文化及辰河高腔目连戏展演组织工作，接待北京和法国的朋友，均受到当地各级政府及文化主管部门的支持。他们均希望本地的民族传统文化尽快开发并早日走向海外。

据有关史载，湘西巫傩文化在民间拥有丰厚的蕴藏和悠久的历史，这为考察与研究提供了极为有利的条件。

四、经费来源

还土王愿的一切开支全由户主负责。户主通过多年积蓄，包括养猪、养鸡、种稻、种菜等的收入，来承担所有费用。家庭兄弟多的则由他们共同负担。

支出的经费包括：购买猪、羊、鸡、鱼、米、豆、香、纸、竹条、柴火等的费用；梯玛帮师的工资和物资酬劳；无电源的地方，需雇请发电人员并支付一定费用。

五、私人装饰和公共建筑装饰

还土王愿的私人装饰包括屋内的土王殿、祖师殿及茶婆、巴沙老母的神位，屋外的土王殿（向老官人土司）、白虎坛等，均由户主出资购买材料，由梯玛、帮师或扎匠（半职业性质）动手制作。

土王殿是供大哥八部大神、二哥彭公爵主二位土王的殿堂，设在主人神龛下方，两张八仙桌连接，桌面陈列供品，座椅上放四个簸箩，分别装进叠好的衣服、银手镯、戒指和正身钱纸，表示八部大神及夫人、彭公爵主及夫人的神位。殿之顶部以青竹扎棚，席垫搭妥，吊挂钱纸，垂一青丝头帕将八部大神与彭公爵主的神位隔开，表示两个殿堂。供桌靠前部置一升子，装白米，表示土王的千千雄兵、万万猛将。升子两边各插红纸剪的天梯图各一张，图案表示师父上天下凡的路线。

祖师殿建造在堂屋靠左侧大门内。在门槛内立两床竹席，留右边作人行道，左边封登。立一八仙桌，四腿捆上青竹，顶棚编织成宫殿的拱形，悬圣像图和祖师旗，左右挂天梯图各一张，前檐垂一神帘。

天地公神坛位置设在祖师殿的左侧，靠户主右居室的房门外。椅上置一大升子，内装杂粮，插正身纸钱和纸扎圣像。挂大秤一把，所谓“粮心吊斗”。

茶婆神坛设在户主右居室火塘靠外的窗户下，一椅上呈供品、香炉，旁置擂姜与宿柚子（一种香料果实）的石钵。这是其生前侍奉土王的器具。

热水婆神坛设在茶婆神坛左侧，供物较少，但少不了一把热水（即开水）瓦壶。

巴沙老母神坛设在户主的碗柜上，以黄草纸剪一纸人夹在竹条中，插于碗柜上即可。

天子龙王坛设在大门外的坪坝内，八仙桌上呈供品，另吊一只后腿肉，要全生的，因为这位天子（向老官人）好生食。桌边椅子上铺以缀有四十八勾图案的土家织锦。簸箩内放一件叠好的衣裳等物和戒指之类。

白虎坛就是在撤去向王天子神坛后，在八仙桌上置一椅子上呈供品、钱纸，并绑一竹竿，上悬供鸡一只。

与本仪式有关的公共建筑装饰有如下几种：

舍巴堂。舍巴，土语，即“摆手”，舍巴堂即摆手堂、土王庙（图2－6）。岩力村的土王庙设在一个叫“安逸窟”的地方。土语“窟”，又译为“哭”，即山坳。土王庙为一栋三柱四的平房，分左中右三间。左间为土王神堂。土王像以木头雕成，金装，头戴金盔，身穿金甲、虎皮长袍，大龙大袖，扎腰带，长袍下齐脚背。土王双手屈放在双膝上，脸呈黑色，面孔土气而粗糙。他身材魁伟，约有两人高，这位尊神即为土王八部大神，两边各立有一位齐肩高的武将。第二间设彭公爵主神位，其神态比较文静，面庞白净，胡须青色，戴古代纱帽。第三间空着供人们烤火歇息。

图2－6 土王庙

向王天子神王，因其身高数丈，无殿可住，便在土王庙外边设一神位。无神像，只留牌位。

庙堂外面是供人们摆手祭神的场地。场中竖有一根高约八丈的旗杆，杆顶挂着一面龙凤旗。旗呈三角形，长二丈，宽一丈，两边有鸡冠齿花边，象征土家后代绵延不绝。旗为白底，上面画有红色龙凤和一轮喷火的红日图案。坪坝四周立有界碑，禁止外人入境，特别是汉人。

舍巴堂是户主对土王许愿的地方，还愿时梯玛须前来拜祭，表明相关事意后便在户主家为其设神位，不再来此供奉。

这座神堂是清末由村民出力、富户出钱共同建造，毁于“文化大革命”“破四旧”那年。

六、旁观者

大凡村里有还土王愿的活动，本村的男女老少是基本旁观者，上半夜以青年男女为主体，半夜以后至次日整个白天，以中老年人为主体。他们大都以获得精神上的愉悦为满足。有一些家境不顺、多病多灾或后代不旺的，则怀着谋求神赐的心理，参加“解结”、“打栏杆”、“绹手”、“吃斋粑”、“赏兵”、“度关”等法事，请祭师为之问卦、问栏杆、分食供神食物。没有生养能力的妇女则向祭师、户主讨“伢儿粑粑”。两家关系恶劣者，则可请祭师在“解冤家”一堂法事中为之解邪取和，重归于好。这些观众来去随意，无须结队，只有要求做同一宗法事，如“解冤家”、“绹手”、“度关”者才相互邀约，登堂参与。

户主亲友从村外赶来，成为接待人员，坛上没留有特殊的位置亦无特殊仪式。其他来访者。看客均会受到欢迎，餐宿由主人安排。被接待的客人一般都要赠送礼品或礼金，与平日投亲访友无异。以前在村落中住过而届时赶回来的人也不例外。村中那些不信神与命运的人，又并非户主亲友者一般对这项仪式不太关心，或只观看其中娱人的节目便离开。

院堂之内，观众围聚，不划区域亦不分舅辈亲、叔伯亲。但在堂屋两边的居室内，火塘边环坐的大多是户主的年长亲友或寨老贵客。

旁观者着生活装，比较随意。不像土家族“调年”（参加舍巴日）那样刻意着装。参与者服饰亦如平素，但掌坛师、祭师的服饰为红色法衣（后文详述）。

第三章 仪式过程与构成

第一节　聚落及仪式场

一、聚落状况

内溪乡岩力村坐落在三个自然寨的中部，龙山至里耶区的公路横贯而过，一条机耕道从户主田清富的门前通过。同村掌坛师彭昌顺居住在相邻的夕宝洞组，与田清富同饮一个水井的泉水。该村与麦子坪、双科村、溪河、沙湖村、五官村、马兰坡林场等地交界。全村处于群山之中。

二、仪式场状况

户主田清富的堂屋为第一表演区。堂屋后半部为土王供坛，前半部为祖师坛。右居室为第二表演区，靠窗处设茶婆与热水婆神位。火塘右后处为巴沙老母神位。户外檐前设天子龙王（向王天子）神位，最后一堂法事改设为白虎祭坛。这便是第三表演区。

第二节　准备工作

一、户主的物资准备

生猪五头，主祭猪宜大，其他四头不论大小肥瘦。草纸两刀，五色纸各若干。清油（一般用菜油或茶油）三四斤。雄鸡三只。檀香若干，用于透的檀木树筒锯成两指粗细、寸许长短的木条即成。红烛、五谷若干。茶叶、白酒若干。糯米若干斤，打制伢儿粑粑和斋粑用。

其他设坛用的器具若干。包括八仙桌三四张；条凳若干条，其中一条固定为祭师的坐骑——豹头海马；太师椅五把以上，三把作三位土王位子，一把作白虎坛坐椅，一把作祖师神位；其他如茶婆、巴沙老母、热水婆婆（图 3－1）等的供椅可用矮凳代替。

图 3－1 茶婆、热水婆神位

二、角色方面的准备

户主根据掌坛师的计划，雇请人员充任下列角色：

张天师——陪神角色之一，立于坛左，兼作香官，负责上香火，点油灯。

李天师——陪神角色之二，立于坛右，兼作酒官，负责祭酒。

厨官——备办赏兵饭菜及供神的牲畜，兼办就餐人客的菜肴。

屠官——一般需二至三人，为专为供品法事当堂屠宰生猪、狗、羊之屠户。

茶婆——彭公爵主之情妇，专奉供茶者。

热水婆婆——彭公爵主之情妇，专侍这位土王的洗漱用水和饮用的开水。

千岁公公——渡桥过关时，守候右居室房门口，接纳度关伢儿的赐福老人。一般由德高望重的老者扮演。

万岁婆婆——同千岁公公一道的赐福老人。

以上角色多半挑选曾参加还愿仪式，具有一定临场经验的人员充任。

三、掌坛师的准备工作

（一）择日

掌坛师召集坛门会议，将帮师、徒弟邀集一处，商议法事安排与进屋日期。还愿要在八月十五日开天门以后，要挑选不犯格的吉日良辰。犯了神格，天神（包括五姊妹、七姊妹）不能下凡，土王下不来，天钱交不到；犯了地格，土地婆、土地公亦不同意惊扰四邻。全年的月份只能挑九月、十月、腊月，十一月也不能做还大愿法事，只能做解冤家等小场法事。土家族的择日按正、七、二、八、五、冬、六、腊进行，将十二个月划分为天、地、神、人、水、火、山、鬼等不同格别。祭师们进门出门不能碰上“破日”，犯了破日，户主家要蚀财；犯了“小孔”，户主家将会死人。十月十一日虽犯天格，但这一天是祖师张天师的生日，各路坛门弟子都要给他拜寿，邪魔野鬼不得不回避，因而这一天仍可还土王愿。一月之中有三天犯天格需避开，其他日子均可还愿。

祭师们认为犯鬼格的日子不失为好日子，因为这一天鬼们会自行躲避。但做道场那天犯鬼格，将会因团不拢鬼而无法进行超度。

（二）备纸

备纸是指导主人雇请的帮手打造纸钱，除了方形的，还要打出大量的“头钱”供“解三钱”专用。所谓头钱是指其形状有头有身，以束为单位，称为几束纸。解得最重的是奉送八部大王的，其次是彭公爵主的，向老官人的较少。

（三）造旗

还土王愿共有五面旗：第一面是祖师旗。祖师旗由一面红旗剪成，有祖师上天入地的图案，这是最主要的护身旗。据说在度职团兵时，谁腾空而起抢得了这面旗帜，并将它咬烂吞进肚里，谁今后的法事就会很灵，祖师一请就到，兵马一用就灵。第二面是八峒旗。旗源有两种说法。一说是因八部大神而得名。岩力坝附近有碑载曰：“八部大神威镇八峒，一峒为一部落。”根据此载，则八峒旗为土家先人处于部落时期八个首领的旗幡。一说是因吕洞宾等八洞神仙而得名。旗上剪出的人形恰恰是八仙连环图案。第三面是梅山旗。以梅山神为旗徽，夺得此旗者狩猎顺利、安全且丰收。第四面旗是五猖旗。有此旗护坛，兵马尤其好使。第五面是藤缠旗。此属游士武道彼此联络的旗帜，专利于与社会各坛门的友好睦邻关系。

（四）扎堂（图3－2）

包括扎天梯、剪图纸、设神位等。

图3－2　扎堂

神堂即土王堂，八部大神及其夫人居左，彭公爵主及其夫人居右，向老官人立殿于大门外院子里。还要设立土王、天地公母、巴沙拔帕、茶婆、热水婆神位。

第三节　仪式过程

还土王愿的法事一般在三天两夜里完成。俗话说“一个老司十二个头”、“老司的口，无量的斗”，说明土老司（梯玛）的帮师多，而且创造性的东西也多。土家族自古无文字，梯玛也没有科仪经书作行法事的依据，全凭师傅口传所得。因而不但不同县的土王愿有不同的还法，即便是相邻村寨的坛班，其法事程序亦不完全相同。笔者拟在“结语”一章内比较永顺县王村乡里明村的掌坛梯玛向云森表演的全堂法事与龙山县内溪乡岩力村的掌坛梯玛彭昌顺的全堂法事，找出两者之间的异同，希望能总结出一些规律性的东西供研究者参考。

一、日程安排

彭昌顺梯玛所奉行的还土王愿三天科仪法事共有三十四堂，其具体日程安排如下：

第一天法事（上午九时至下午七时）

第一堂：敬家先

（1）禀明还这堂神愿的缘由。掌坛师手持小竹箸，敲击着桌面，口中念念有辞：

> 平民小子，大名国号书名田清富。啊！他妻子彭氏身体不舒服，白天晚上都发烧，讲胡语，像是撞到邪神野鬼了。也是运气不好，这些神鬼没找张李二家麻烦，偏偏找到彭氏，并寻到王马寨上田家作祟。田家无法，只好烧香纸，给阴曹地府许钱，给祖先菩萨许钱。通过许愿，病人起得床了，病情逐日好转……

（2）把家先从太平和事堂请到户主家里，由梯玛唱出沿途经过的地名。

（3）请家先入位。禀报呈献的各种供品，请家先当场清点。其中免不了热情颂扬之辞，其供品有“鸡肠人肚片”和“人肝鸡肝”。其唱词是：

> 善良的祖先，美好的祖先，勇敢创业的祖先啊！我们端来了两碗鸡肠人肚片，还有两碗人肝鸡肝。祖先打来的天下，像井水一样源远流长，岩头都像玉石一样闪闪发光……

（4）打制糍粑。在堂内神龛前进行。糍粑有两种：一种是圆斋粑，赏兵用的；一种是伢粑粑（图3－3），供渡桥用的。伢糍粑需有三类造型：一是五男二女，特别要捏出男根女阴；二是猎狗，为初民狩猎祈神之遗存；三是犁头、镰刀，反映农耕生活。

图3－3 伢粑粑

第二堂：安土王位子，即请土王

（1）先去犀牛堂进香请八部大神，将他请到沙树坪神堂。

（2）到保靖县大喇司请彭公爵主，经起虎槽到沙树坪与八部大神见面。

(3）请两位土王一道去户主家接受供奉。

(4）吃上马酒，即呈牲（约在上午十一时)。

第三堂：牵瘟头

将十二瘟头老爷送出户主家门，送至十字路口，烧化两束钱纸。他们共分上、中、下三级瘟头，可分别导致人体三个部位的疾病，即“上级瘟头，头闷眼花神头；中级瘟头，皮少摆子神头；下级瘟头，屙痢屙血神头”。对他们先下达禁令：前房、后房、八步牙床、围布帐房、门格门路、金子火铺（即火塘)、神龛之上、四官老爷堂、把门将军堂等地“不准那里多神”、“不准那里多鬼”（即不准在那里惹是非致疾患)。然后画符，“两面画为悬崖陡坎，中间画个大路好过，十二瘟官老爷，无桥搭桥，无路给你搭路”。这里还得陈述户主还愿缘由，最后请他们出门道：“人堂不是鬼堂，人殿不是鬼殿，四大门口，给你大路朝天，你们有堂归堂，有殿归殿。”此时打三筶，为户主求福：

> 头道神筶落地，百事顺遂；二道阳中打门，儿女欢欢喜喜出门散步；三道阴良铺地。你阴中保佑，暗里扶持；血光不起，阳刀不发；你给他顺从包容，暗里扶持了。

第四堂：筛下马酒

(1）给土王两人敬酒、唱赞歌。

(2）向二位土王讨卦，借问户主吉凶祸福，祈求保佑平安吉祥。

(3）交钱化纸。

第五堂：安天子龙王（即敬向王天子)

(1）将天子龙王从南京、北京请到永顺府石堤乡。

(2）经屋檐洞至户主屋外坪场，在天子堂就位。

(3）敬上马酒（这里有人祭的描绘)。词曰：“欢迎大家到来，要杀人就要开水，用人骨头烧屋，用人皮子蒙鼓。”

(4）打筶替户主问吉凶。

(5）交钱化纸。

第六堂：赏兵（即请祖师神灵吃晚饭)

(1）请师傅、请五猖、请千军万马。搬请的师傅有：火烛大教场的张天师傅、瞎主二教场的李天师傅、天府天门土地、地府地门土地、阴兵土地、阳兵先神、凤仙娘、看男选男师傅、看女选女师傅、求雨师傅、求风师傅、元始大将军、杨五二将军、还钱老司、给纸老妇。其余便是当地的历代师傅，如三水彭法头、叶吾杨法头、内溪杨法头、重阳杨法头等。总请彭法头、正请彭老司等等。

搬请的五猖有五方五位五猖，如杀猪吃肉五猖、吃酒连糟五猖、口里衔刀脚上踩刀五猖，还有翻仓倒斗、翻精捣怪、查魂得到、追魂得返回五猖，等等。

最后得搬请本堂本殿的师傅。如汝里（地名）彭法头、第二主里彭老司、父传子受太极彭法头（掌坛师彭昌顺的太公）、老三彭老司、踏竹坪四介彭法头、二亏田老司、打虎溪万古传名的田法头、叶屋那咱（地名）天告师傅、五睡（地名）地告师傅、兔吐坪太公东拜、西拉车的向法头、衡咱彭法生的兵符与彭法林的兵马，总计有数十名有名有姓的师傅。

此外一并搬请天地药王公、草药先生、药匠师傅、南斗六神、北斗七星、四大元帅、八大金刚、酆都十殿阎王、男兵女兵、客兵土兵等等。

（2）排年号，即择日，择定启建日期。首先禀明还愿缘由，择定农历九月十七、十八、十九这三天，“是个上上吉日，站在天上一看，好个龙行之日；站到地上一看，好个官行之日”。然后陈述备办牺牲的盛况。

（3）交钱化纸。请天子龙王欢欢接钱，喜喜接纸。

第七堂：起坛，又称“起堂”，起土王坛和祖师坛

（1）盘古。通过祭师们盘歌，唱出人的起源，雍尼与补所（兄妹）成亲的故事。

（2）烧香请师（所搬请的师傅与前面的相同）。

（3）排年号。择定给土王交钱的具体时间。

（4）发兵。派兵打开十二月堂，一直抵达太平和事堂向祖先和阴司三位土王报信，预告当日半夜时交钱给他们。此时祭师表演“踩八卦”。

（5）回兵。给太平和事堂的祖先与阴府中的三位土王报信之后，沿去时经过的路线回归。

第八堂：落神

给所请的诸位神祇排定神位，让他们能各就各位，接受供奉。梯玛必须跪在坛前逐一赞唱两个多小时，是梯玛在还愿法事中唱词最多、跪地时间最长的一段。故有句俗话说道：“道士怕申发，老司怕落神。”

第九堂：打栏杆

栏杆，指梯玛的司刀与圈柄上的铜钱所组成的各种卦象。铜钱共有六大六小，大小相间，一月一个钱，可组成七十二副环形卦象，叫七十二栏杆。据说梯玛可以从不同的栏杆上看出吉凶祸福。如：蚀人口否，蚀财钱否，六禽发不发瘟，阳春有收无收，子女旺不旺，寿命长不长，等等。梯玛们认为这个栏杆比卦还要狠，还要灵。

如果卦象为吉为顺，则有“无灾无难，无是无非，平安无事，无缺无亏，破开神门，斩开鬼路，百事顺心”等词。若卦象为拗卦（反卦），则有一些不吉祥的断语。如果出现凶卦，则梯玛根据类型破释出种种凶兆与不幸之结局。例如：“……那可是有大灾大难，大病大痛，前要处坎灾，后要处岩灾，黄土成堆（新坟、新丧），卧虎成群，灵牌子给他朝天定呢（指现出灵牌卦象）。……”

（最后求神）“你破开他的神门，斩开鬼路了啊！”

第十堂：绹手（图3－4）

祭师“手拿神堂里发下的三十六根麻线，给×××家的×××来捆神捆鬼”，“左有祈祷仙姑、右有打卦老妇，她们在神王堂里侍候，鬼王堂里帮忙”，“恳请官府提携，衙门（均为阴司之官）扶助，给他捆根长命线，千年无灾万年无难”。下图为笔者51岁生日在还土王愿仪式场接受法师绹手解邪。

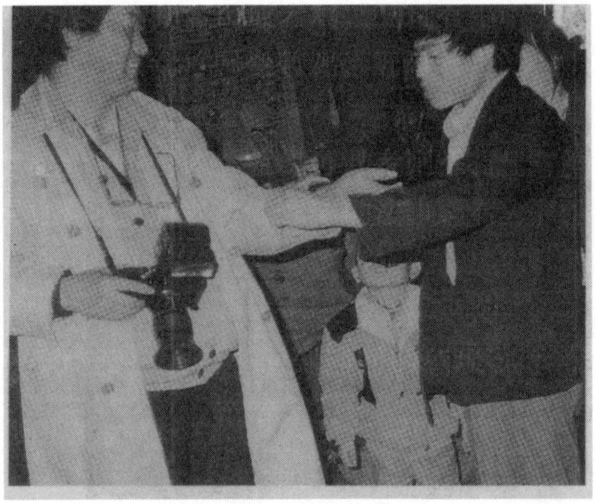

图3－4　绹手

这堂法事由所有帮师协助，为在场请求绹手的人做法事。他们一边唱一边以线缠住求祀者手腕，以求逢凶化吉、百讲百依、百说百灵。同时，凭借这一标记，便于受到神王的保佑。

第十一堂：坐马

这是梯玛第一次去太平和事堂给户主的家先们解钱。共分三步骤完成：

（1）借马。据称，梯玛在凡间骑的是豹头海马，去不得阴司，登不得天庭，必须换来会飞龙马。这里有一段造马的神圣仪式，有如还傩愿中的点像开光，又如苗族“椎牛”中的合牛上天。现将其辞节录一段如下：

> 马无头给你生头，马无尾要生尾，马无耳给你生耳，你到神王堂里听神听鬼来了；马也无口，给生口了，生了你八寸宽的虎口啦，在神王堂里吃神吃鬼来了；马儿无眼要生眼啦，生了八宝铜铃鼓眼啦，你到神王堂里看神看鬼啦；马也无毛，给你这里生毛啦，要生了五色鬃毛啦；马也无尾给你生尾，生你五色棕尾……

（2）解钱。祭师焚香奉请户主堂里的太公、太婆、哥兄老弟以及法门祖师临堂护持，言明还愿缘由和供品敬神情况，交了钱纸后便沿原路回归。

（3）存钱。即存家先钱，祭师把家先钱用一件上衣包住，捆上一条丝帕，成人形，捆在马上（长凳上），直到给各位神王的钱解完了，交完了，才于最后安家先法事中解下这包钱给家先焚化。

第十二堂：敬四官老爷

（1）请四官神。梯玛巫辞中唱出这四位财神菩萨是四兄弟，“大哥坐镇金州府，二哥坐镇银州府，三哥坐龙山，四哥坐隆头（地名）”，此时梯玛需唱出敬神去的沿途所经地名。

（2）马上交钱。请四官老爷保佑户主“只准添人进口，不准漏落一条人命，六畜兴旺，水草长青”，并以三卦为凭。

第十三堂：出门，即出四官老爷的大门，到土地堂去交钱

（1）唱出所有解钱有关的神人、供物、马匹，不能漏掉一件在屋内。再回到祖师拴马的地方——起马槽。其中，梯玛用形象风趣的谜语描述走进祖师大门所见。例如祭师道：“花花绿绿一遍山，三条岭岗伸中间——去不成了（山岭挡路）。”帮师答：“那是老司戴的纸凤冠，现在不挡路了。”祭师道：“那四根金弦吊个大肚子（挡道），去不成了。”二帮师答：

“那是量心吊斗（祖师用来给土王量米称钱的器具），不拦路了。”祭师：“还是去不成，青一片又蓝一片，风吹背湿又四面拦，看见了没有?”帮师：“那是八幅罗裙（掌坛师穿的），现在不拦路了。”祭师：“还是去不成，拿起来是死的，吹起来是活的，你看见没有?”帮师：“那是祖师用的牛角。”等等。

（2）给千军万马传茶。

（3）起虎立马。打得阳卦表示马已取得。

第十四堂：团兵

这是为掌坛师补充兵马的法事。如果举行度职仪式，则团兵便是其中不可或缺的一堂法事了。其作用是请来师傅的兵马并将他们的兵马团在祭师的身边听用。

（1）请神请师。

（2）团兵。

第十五堂：交土地钱

为户主讨三卦，卜吉凶，请当坊土地“开笼救鸟，揭网救鱼”，“阴中保佑，暗中扶持”。这时，祭师从官盒里取出掩盖着的猪头、斋粑、豆腐和一升米来敬奉。传说这些都是四官老爷从神农那里偷来的，故表演时要做出偷偷打开官盒的表情和动作。最后烧化钱纸。法事进行至此，已是吃晚餐的时间，这时帮师、厨官、刀手等围在土地堂前（即堂中祖师坛前）的竹席上取食酒饭，仿佛解钱队伍在集中进餐一样，带模拟性质。梯玛谓之“阳人同阴人一同进餐”。

第十六堂：解头钱

这是给八部大神解的钱。程序是：

（1）上马进殿。祭师接连呼喊数十位祖先，请他们：“铜盆上錾字，铁盘上錾名，还账字据要写清，欠条要勾销。”即还神了愿。接着打开十二重门，请祈祷仙姑、打卦老妇、厨房刀手、开茶伯娘、热水婆婆、三元老司等众，以及兵符、兵马、供品、供具等一一进堂。见到土王爷爷坐在虎皮交椅上便上前交钱。

（2）交钱化纸。祭师领众对土王土主四起四拜，唱颂赞歌，陈述户主还愿缘由、择日还愿、备办供品盛况。并进跪台前，叩请收钱了愿。

（3）踩八卦。祭师领众陪神师傅在“爷爷堂里且歌且舞，奉上钱财，为户主祈求保佑、提携扶助”。

（4）喊师傅当面交钱。待到“人也请得满堂，神又请得满殿”，便吩咐“大的给我掌堂，小的给我排兵，千神共掌，万神共守”，打开东南西北门进堂进殿。此时众神人等及供品供具一一进堂。

（5）跪下交钱。向土王跪拜，请他“龙眼望过，戥子上不要采，给你称成五百两，官秤不要秤，称成五百斤”，请祈祷仙姑点过数过，“一万二的钱财，二万二的酒礼”。然后诉说户主筹集资金物品的艰辛，请土王勾了愿簿，保佑户主百做百顺等等。讨得三卦后将钱交火官童子烧化。之后带领阴兵阳兵、神灵祖师等回堂回殿。

第十七堂：解二钱

进二重衙门（阴司），给彭公爵主即青天爷爷解钱。程序同前，唱词作局部更换。其程序为：上马上路，下马进堂，解钱，踩八卦，与众神众师傅一道，点交钱财。回兵，回到铁打底盖山。

第十八堂：解三钱（图3－5）

为天子龙王（即真龙天子向老官人）搬钱搬纸。

（1）传茶。

（2）上马起马。唱出上坡下坡、艰难行走的路程。

（3）上酒传酒。包括传神、传将、传梯玛、传东家、传客人、传满堂、讨打发（向宾主讨利什钱），主人照例将备好的红包放进茶盘里。祭师声明“不是只要两个钱，传科演教要做完”。对打发红包钱物的人，祭师要敬上一杯酒并奉赠一番话，唱词和歌曲大都即兴发挥。如：“给你奠了这杯酒，黄白红包盘里丢。放得快就发得快，荣华富贵滚滚来”；“丢了这包利什钱，荣华富贵万万年”；“喂猪不要糠，肥得滚瓜圆”；“发财好像涨大水，人口恰似笋子生”；“谢你金子谢你银，谢你华表立两根。左边立的金银树，右边立的聚宝瓶。金银树上蹲鹦鹉，双双站在枝头鸣。雄的开口叫‘发富’，雌的开口叫‘护财’”。

图3－5 解三钱

（4）坐船去土地堂。去交钱给土地神，请他放行。

（5）进天子龙王的衙门。祭师“头戴白纸扎成的凤冠，左手拿八宝铜铃，右手握司刀，下穿八幅罗裙来做法事”。进堂的人众还有铁匠师傅、铜匠师傅、金匠银匠师傅。

（6）交钱。祭师所描绘的天子龙王的形象是：“头戴金盔银盔，身穿金银锁子甲，脚穿金鞋银鞋，手拿金刀银枪，骑匹枣红大马，身高三丈，腰大十围，头大得吓人，眼像一对铜铃。”

（7）踩八卦。此时叩拜天子龙王的五位娘子，祈祷他们保佑户主。

（8）排年号。再拜天子龙王与五位娘子，请祈祷仙姑、打卦老妇点钱数纸，作个证人，请求勾销欠账字据，保佑户主四季平安、添人进口、不犯凶煞等。此时讨三副周全筶，以竹卦、木卦为凭，验证确实。为让钱数斤两符合奉上的钱财，故需再请祈祷仙姑、打卦老妇出面作证。

（9）回兵。左手收兵，右手收马，领众神众师众人回堂回殿。

第十九堂：托梦招魂（图3－6）

图3－6 托梦招魂

此时，祭师进入昏迷状态，接受其师托来的梦，若主人或某人做过这个梦，则表示此人的魂已掉到梦中的那个地方。于是领众去其地举行捉魂仪式。其程序如下：

（1）请先师。“香炉弟子，头顶你们的香火，脚踏你们的香炉，手中敬香，水中敬水”，“师傅扭住卦子头，弟子握着卦子尾”，祭祀时把历代师傅请在身前身后、身左身右来保护。

（2）请师招魂。嘱咐“千魂万魂莫化假魂，千名万名莫化假名，真要真传不能假传，真要真保不能假保”，“我们是传科演教，你怎么教，我们怎么保”。

（3）测算主人所做过的梦，进行破解。

（4）为了化解梦中不吉祥之兆头，需去神王堂招回错勾进去的魂魄，断出成梦的根源。（如梦见扯草，认为是药王菩萨附身所致，这是接受药王梦传梦教，日后可为他人看病抓药。）如果遇到难寻亡魂，则请土王爷爷（八部大神）堂差下来的兵符、青天教主（彭公爵主）爷爷堂里的张公教主所差下来的兵符、天子龙王堂差下来的兵马一齐出动：“请给我查魂去，赶魂去，赶到药师堂里查魂去。”发兵之后祭师常差祈祷仙姑、打卦老妇带人去户主家后园捕捉梦中失去的魂，解到祖师堂里来，以示为丧魂失魄的人找回了魂魄。

如果捉不回来，便要强行追魂。用雄鸡一只背魂筒，祭师此时赞扬手中的雄鸡，辞曰：“此鸡不是非凡鸡，身穿五颜六色衣，是王母娘娘孵的，要先生蛋后生鸡？爷娘养的五姊妹，又生五兄和五弟。大哥有毛不会飞，飞到天边成（雁鹅）青鸾，二哥有毛不会飞，钻到岩山成岩鸡，三哥有毛不会飞，落到田野成田鸡，四哥有毛不会飞，歇到竹园变竹鸡，五哥有毛不会飞，飞进田氏堂中成家鸡。”

雄鸡背魂筒后，此筒便束之高阁，表示魂不附体。无魂可寻者则举行生魂再造仪式。这堂法事还可根据户主的需求，加进“解邪”的法事，有咬耙齿、彯油火、雄鸡解煞、踩金刀和赤口驱秽等。

第二十堂：回兵

掌坛师带领解钱的客兵土兵等雄兵猛将及户上老小回到阳间的惹坝、苗市，在贾家寨的土地堂传茶请兵。

第二十一堂：敬拔帕

拔帕，有的地区称之为巴沙老母，传说是天子龙王的三娘子，家住龙山县八面山恶公头，神位立在每家的碗柜上，是小孩的抚育神。

（1）出发去婆婆洞。

（2）唱奉承歌，赞拔帕。此时有“扯白”一项，由梯玛用粗鄙言语同拔帕对话。

（3）上香、插纸人，此纸人即为拔帕神像。

（4）打筶交钱，化纸。

第二十二堂：交和事钱

给家先交和事钱，又叫安家先，其法事较为简单。

（1）将家先神位从火铺上移回家先的神龛上。至此土王（土菩萨）已敬完毕。

（2）梯玛便将马上捆着的和事钱放在神龛下焚化。

（3）讨筶。言明还神了愿了，祈土王保佑户主家吉祥平安，百事顺遂。

第二十三堂：回程赏兵

回程赏兵，即回到扬州大坝（总码头）大赏兵，程序如下：

（1）上菜，将饭菜摆在地面竹席上开餐。

（2）出地狱门。

（3）出鬼门关。

（4）请师（与“起坛”内容相同）。

（5）撤席。此时赏阳兵，即举家亲友、客人宵夜。（次日凌晨两点半）

第二十四堂：盘路过天河

祭师与帮师一问一答，几乎每段歌词或对白都有粗鄙形象的语言，这是取悦女神以便得子的方式。

（1）盘路：盘出已进行过的为土王解头钱、解二钱、解三钱所敬之神、所经之道。盘十二节气、盘十二月草、盘十二月花、盘十二月泡（红色的野果，味鲜而甘美）、盘十二月虫、盘十二月鸟、盘十二月生养。

（2）扯白。祭师的鄙话极多，连张天师也被喊作“翻天痴”，这类不堪入耳的话语，被认为是取悦生育女神七姊妹的必要巫辞。此项法事主要是盘歌，一直盘拢子房溪（上天的半途中点），又称为摆男坪。

（3）飞过黄河岸，在此与天老子（天地公）斢马，十匹豹头海马斢一匹会飞龙马。

第二十五堂：摆男

祭师把供奉五姊妹、七姊妹的钱纸用衣服包住，用头帕捆成伢儿样，头帕穿过衣袖露出两端，由梯玛和帮师扭住两端，来回摆动，边摆边唱，先敬天门土地，再一直摆上天。摆男的路线是：扬州大坝坪—天地公神殿—（回摆）岩力村田清富（户主）堂屋—火铺（右居室）—卧室—床边。梯玛抵达床边，将背上背着的婴儿交给户主，并装婴儿的哭声。

第二十六堂：过五姊妹堂

据梯玛彭昌顺说：这五姊妹是七姐在凡间生的五个儿子，俗称“五位五权公”。他们的居所——五姊妹堂在南天门外的云天上，与七姊妹堂一样。法事过程是：

（1）唱摆男神歌。此时，梯玛打开五龙净水、五龙盘水、五龙神水，到许愿解愿河里许愿。许马许兵，许旗许鼓，许大斗吊秤，许纸人纸伞，许神眼鬼眼、神衣鬼衣，许八宝铜铃、八幅罗裙。接着到鲤鱼潭等处题名想字。再唱“辰州上来十八滩”等歌，途经桃源洞、白鹤岗、七仙台、无兵借兵山等处。

（2）上五姊妹台。行进途中祭师与帮师一唱一和、一问一答，反映出这支由梯玛率领的“摆男队伍”行程。例如：

> （祭师唱）一根树子高又高，拦腰半中结个苞，苞苞上面生皮皮，皮皮上面生毛毛，毛毛上面有籽籽啦，看见啦？（众答）那是七姊生的五姊妹，五权公的包谷大娘看见了（表示队伍已到达五位五权公在村旁种的包谷地附近了）。（祭师出谜）一根树子高又高，团转吊的杀猪刀。
>
> （众答）那是五位五权公的杉树园来看见了。（祭师出谜）二位姊妹一般齐，脚踩楼梯笑嘻嘻，看见了哇？（众答）那是五位五权公的八字朝门看见了。（祭师出谜）一个脑壳八十八，背起锄头满屋啄。看见了？（众答）那是五位五权公的鸡公大爷、鸡婆大娘望见了。（祭师出谜）岩上蹲个老婆婆，翘起屁股等你戳。（众答）那是五权公房门上的金锁银锁看见了啊（此处表明摆男队伍已进入八字朝门，接近他家房门）。（祭师出谜）一白白如雹，一硬硬如铁，一天三个澡，躲到楼上歇。看见了没有？（众答）那是五权公的瓷器碗盘看见了。（表示摆男队伍已进到堂屋里）

于是，摆男队伍在五权公的金子堂屋里铜瓢舀男，铁瓢舀女。

第二十七堂：过七姊妹堂（图3－7）

七姊妹是生育女神，相当于汉族信奉的送子娘娘。进七姊妹堂来，是求子摆男的目的地。梯玛认为在此可为户主求得儿女。他必须以最有效的娱神手段，达到摇荡七女情欲，乐意赐子于凡人的目的。此堂法事大致可分为四段：

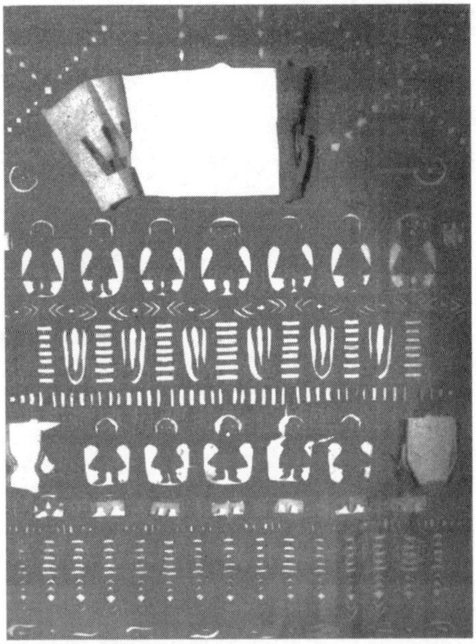

图3－7 七姊妹堂

（1）神歌吟唱。其出谜猜谜、题名选字的方法，同前。

（2）进朝门。用猜谜方式演唱。

（3）进殿堂。用盘歌方式演唱。

（4）进四大伙铺。先后经过的金炕银炕、火坑三角、鼎锅、铁锅、茶罐碗盘、金锁银锁等均用谜语道出。

第二十八堂：选男坪

传说这个坪在七姊妹堂里，梯玛要在这个坪里将六骨不全的婴儿身上的十二个缺陷选下来，最后选得一个健全的人。

（1）先选掉十二丑。即选掉癞子儿、瞎子儿、聋子儿、嗡鼻子儿、疱颈儿（脖颈上挂着一个大肉瘤的小儿）、麻风儿、驼子儿、跛子儿、瘫子儿、麻子儿、疤子儿。

（2）选掉十二游神。如打金钱板的、赌博匠、划龙船的、叫化子、偷扒窃取者、孤鲁子（强盗）等。

（3）选十二匠人。选得一个便在神王堂里存一个，选择完毕，一并比较。其中有木匠儿子、岩匠儿子、画匠、雕匠、道士儿子、和尚儿子、泥水匠儿子、伞匠儿子、匾匠儿子。通过比较，农民儿子当选。

（4）找地砍火畲。先砍树楂、放火燯山、掀卡子（掀楂），再犁土、撒种、扯草、种小米、收小米。

（5）请师教书。读“人之初”、《百家姓》、《学而篇》，考生员，应试。择婚，新娘哭嫁，梯玛既要会唱哭嫁歌，还要扮着娘哭女、女哭爷、嫂哭妹等。直至十月怀胎生子取名、讨媳妇。至此，选男的内容全部完成。

第二十九堂：打关渡桥

据说男有三十六关，女有七十二煞，这堂法事是为未成年的儿童设立的。其过程是：

（1）搭桥。在火铺房（右居室）门外放一无底甑子，口对房门，外连一条长凳，凳上搭一条绘有七仙的七块图构成的桥布，故又称七仙桥。桥上放七块伢粑粑，表示七子，每块画上一个圈，粑上插一根白香和一根油香。油香为照亮那一关的亮火，白香视作那一堂菩萨。房内紧靠甑口处，万岁婆打伞、千岁公接度过关煞的伢儿（甑子表示关煞）。

（2）渡桥过关（图3－8）。掌坛师立在关煞之侧吟唱道：

图3－8 渡桥过关

男怕将军箭给你度过啦，女怕四柱关给你度过啦。烫火水火关给你度过去，短命扰命关给你度过去。痘麻铁蛇关度过去，烫火水灾关度过去。男有三十六关度过去，女有七十二煞度过去。（掌坛师白）千岁公万岁婆，你要男要女啊？（千岁公万岁婆白）男要女也要。（掌坛师白）你要富要贵啊？（千岁公万岁婆白）富要贵也要。

语毕，抱着一个个童限未满的少年男女，越过十二关煞图从空心甑中穿过，表示度了关，渡了桥。

（3）团七姊妹。祭师将七姊妹、五姊妹钱放在筛子里边筛边唱：

文到尚书的团下来，武到侯爷的团下来，长大替娘长志的团进来，替爷理事的团进来。天地公啊，你到岩上送真男，我在岩下接真男，你在岩上送真女，我在岩下接真女，五男二女团进来，八子成双团进来。

祭师将带火星的灰烬倒一部分在碗柜边，供奉拔帕，把红纸剪成的五男二女图烧成灰交给户主，以布包妥存放箱内，直到户主家生儿育女。

第三十堂：去八十八坝坪

这堂法事专为梯玛过天河，到天地公、天地母的殿堂内交天钱、求子女，即法事中所谓“度纸人”。纸人代替七姊妹赐下的儿女，将其度到户主家。祭师需在天河这一岸的八十八坝坪掉换到五爪龙马，然后飞过九十九河岗，抵达天地公母的居所——金泰银泰山（南天门外）。祭师接到拔帕（纸人）之后，便率众回堂回殿。

第三十一堂：搭九十九板桥

这九十九板桥专为度拔帕而搭。选料、造桥、试桥的精心设置表现出土家人对于拔帕的敬重，对于子嗣的关切。下面是祭师演唱的搭桥过程：

（1）选树砍树。扮砍木神选出黄梁桅子，用七十七招砍倒；扮片（劈）木神将这些圆木片（劈）为九十九块板；扮锯木神锯好九十九块板；扮拖木神拖下山来。

（2）造桥试桥。用铜锁铁锁锁住桥头桥尾；桥上搭琉璃瓦房九十九间，“打开龙王净水”洗冲干净，“打开十二旺火太阳”晒桥；又请蟒蛇过桥、老虎过桥（试桥），如果均未动摇，最后让掌桥师掌桥，于是造桥成功。

（3）过桥。千岁公、万岁婆打着伞在桥头火铺房门内守候，与祭师对答，另几位帮师将粑粑儿女逐一从桥上渡过。与此相连的是度关煞（空心甑）亦是一问一答，逐一打过三十六关、七十二煞，包括将军箭、四柱关、断桥关、烫火水灾关、阎王取命关、痘麻铁蛇关等。过桥后祭师将粑粑儿子度过“关”去交给户主。村内邻居小孩有的亦借此机会，请祭师帮助渡桥过关，以消除一切灾星，顺利成长。

第三十二堂：度纸人（度拔帕）（图3－9）

同样在对话对唱中将纸人（即拔帕或称巴沙老母）从空心甑内（关煞）送过去，千岁公万岁婆接后送至火塘旁的碗柜上，祭师将甑上盖着的“喀沙”（即七姊妹之剪纸）烧化，将灰烬从甑内撒向房门内，帮师扯衣角使劲煽三次，意谓催促快些度过关去。然后撤席回坛，见桥收桥，度关法事完毕。

图3－9　度拔帕

第三十三堂：交天钱

天将拂晓，祭师们在户外楼上举长竿将交送玉皇大帝的那束天钱，当空焚化，并吹响玉皇号角，表示向玉皇大帝交了天钱。回程，用摆男的方式演唱，交代从天地公、天地婆居所（金泰山、银泰山）领兵回程，唱出沿途所经地名，在黄河岗与天老子换回自己的豹头海马，且歌且舞，逐处销票直到回归本堂本殿。最后对户主唱道：“我给你背钱背纸背上天，背儿背女背回来。”接着唱道：“背回五男二女，七姊妹团圆。有省上省，有部上部，靠得成器，养得成人，行东利东，行西利西，落雨出门，天晴归家，空手出门，抱财回家。财源附身了，百事顺心了。”奉承至此，法事完毕。掌坛师将背上背的包小孩的上衣解下，交给户主并吟唱上述吉祥的祝辞。

第三十四堂：赶白虎

此堂仪式可独立举行，一般户主大都要求趁“还土王愿”吉利之时日，请掌坛师进行这堂法事。土家族地区将专门叼去小孩魂魄的白虎称为飞廉白虎或过堂白虎。在还土王愿的结尾，必须把这种白虎赶出家门，以保小孩安康。其过程是：

（1）念咒，造水。（咒语见附录）

（2）请师。程序与咒语同第一堂法事。

（3）敬白虎。在屋外白虎坛上供以雄鸡一只，焚香纸，哄其离去。

（4）砍路。掌坛师封大门并挽“砍路诀”，意即砍出一条大路让白虎出走。

（5）开门。梯玛称之为“开阴门”，让白虎从阴门出去。

（6）搭桥。挽“搭桥诀”，让白虎过桥。

（7）赶白虎。梯玛请来祖师先挽“大炮诀”轰走老虎，再满屋抄赶除秽。如果静垂空中的雄鸡突然惊飞，则表示白虎已窜出大门，将鸡魂摄去。

（8）砍竹竿。表示立即撤坛，让白虎永不回头。

（9）交钱化纸以供奉白虎。

至此，还土王愿的三十四堂法事全部结束。

二、仪式结构

全部三十四堂法事可分为五部分。

第一部分：敬家先（第一堂法事）。将家先从太平和事堂请回家中，参与这次还愿祭祀并接受供奉。

第二部分：请神酬神（第二堂至第十堂）。包括请三位土王降临户主堂中接受供奉与酬谢。其后，安排“打栏杆”和“绹手”两堂占卜与避邪法事，仍然是借助三位土王的神力为户主及堂内众人赐福解难。

第三部分：下阴解钱（第十一堂至第二十三堂）。当面酬谢土王，所许下的酬金（纸钱）自然不能让三位土王自己背回去，得让坛门弟子分别将钱纸解到土王的阴司里去。因而出现了解头钱、解二钱、解三钱的法事。

去三位土王阴司的途中尚有其他相关神灵，包括四官老爷、土地、拔帕和聚居在太平和事堂的列祖列宗，必然要去酬谢。因而加进了“敬四官老爷”、“敬拔帕”、“交和事钱”等三堂法事。有时增加“追解”法事，即凭借三位土王的神力举行“拖魂”、“捉魂”、“造魂”等法事，让户主或在场人众有失魂者顺带得到灵魂追解之机会。

第四部分：上天求子（从二十四堂到三十三堂）（图 3－10）。本来，梯玛从土王阴司回到人间，便已完成了还愿的任务。户主头年许下的愿心也已一笔勾销了。但如果户主人口不旺，则有必要增加上天求子的法事。事实上几乎所有梯玛坛班，都把这一部分内容列进还土王愿的法事里。原因何在？掌坛师回答笔者道：这与法事的宗旨和土家人增丁添口的愿望有关。

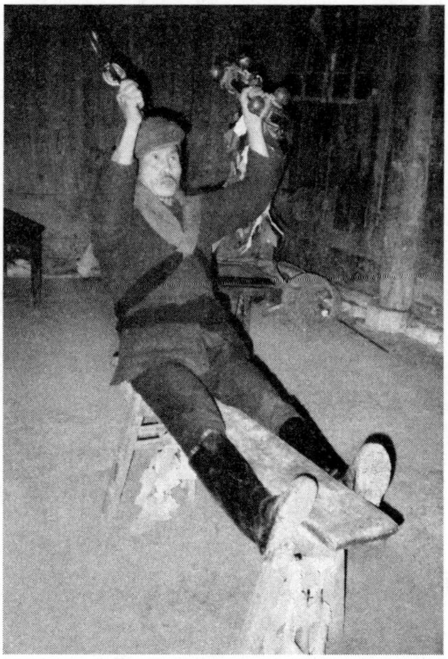

图 3－10 上天求子

还土王愿的宗旨是户主如愿以偿后对土王的酬谢。酬谢之余，户主仍希望得到土王的保佑，希望在其他方面也能心想事成，处处如愿。村民心中最大的愿望莫过于祈求子嗣繁衍、家族兴旺。梯玛据此种欲念自然增添了求子的法事内容，并将登天的本领综合表现在还愿中。

土家传说中，五姊妹、七姊妹为生育神，如汉族信奉的送子娘娘一样。因而法事中便有了摆男摆进五姊妹堂、七姊妹堂，并在选男坪表演人类自身生儿育女的生产过程以及通过打关渡桥、祈求拔帕神保佑等法事保证人口的成活率。（见“打关渡桥”、“度拔帕”法事）

第五部分：赶白虎。湘西土家人认为过堂白虎专门危害儿童的生命，必须请梯玛行法事驱赶。出于祈求子嗣及求土王保佑的愿望，梯玛将这个与还土王愿无关的法事收进还愿中。

总体上看，解钱与求子成为还愿的主体框架，敬家先和赶白虎是还愿的头与尾。解邪——被村民看成衡量梯玛巫术高低的尺度，凡曾遭灾患病的人家，可当堂请梯玛为其隔煞。

第四节 仪式器具

一、供神器具

（1）祖师铜像。祖师骑马，头戴圆顶纱帽，身穿大袖长袍，长辫无须，神情泰然。连同铜马长约三寸许，高约三寸。此铜像常置于神坛桌上的香米升子里，还有两匹小铜马尾随。此物原系彭昌顺梯玛祖传，后保存在龙山县内溪乡掌坛梯玛彭武根手中。

（2）木升。内盛大米或玉米，吊在祖师坛的柱子上，称为“吊斗”。其内的大米、玉米是梯玛拥有的兵马。专设有祭升祭斗的仪式。

（3）大秤。挂在祖师神位旁，是祖师解钱时用来称纸钱的。

（4）香炉。共有两种：一种用铁鼎锅盛檀木块焚出香烟，置于土王坛前；一种是用全瓦片盛檀香，多置于祖师坛前。

（5）酒具。酒壶一个，酒杯酒碗若干。

（6）茶具。茶壶一个，茶杯若干，擂钵一个，均置于茶婆神位上。

（7）开水壶两个。系热水婆婆用来为八部大神与彭公爵主烧水的专用品。

二、解邪器具

（1）铧口、钉耙齿若干，用于（解邪）表演。

（2）大金刀、司刀，做驱秽和踩地刀法事时用。

三、表演性器具

（1）坐骑。木凳一条，象征梯玛的豹头海马和天老子会飞之五爪龙马。

（2）铜铃。八宝铜铃，土家梯玛特有的法器。

第五节　相关仪式

梯玛有句俗话："客老司全本经，苗老司半本经，土老司乱弹经"，或"十二个梯玛十二个头"，意即各有各的师父，各行各的法事，没有统一的模式和规范。这就使得跳神在表演方式、法事内容、演唱曲调等方面呈现出丰富多姿、异彩纷呈的状况，给考察者提供了更为丰富的材料。

一、两个坛班比较

我们不妨对永顺、龙山两地的梯玛演唱状况进行比较研究。

（一）永顺县王村镇里明村的还土王愿法事[①]

掌坛师向云森，时年57岁，又名二佬梯玛。他所进行的还愿法事共分十二堂。

第一堂：起殿定饭

按神的尊位次第排列席位。上府、中府、下府的神分别列位。"定饭"，土语为"迟谢"，即酒席。陈列各种供品，请主管神逐一清点。

第二堂：请神敬神

第一段呈报备办的供肉、供酒，陈述杀供猪煮供肉的经过。当堂杀猪，以唱词念白禀告诸神。第二段演唱择日解钱。要选择天上有三根龙、地上是属木的好日子，土语为：

梭里捞巴肖，	第三天日子好，
铺呢梭子住里里昔，	又有星宿又有三根龙，
坝王捏提巴，	对地下一看，
树木蓑嗳嗳到是袭，	只是生树木的好日子，
爱玛刨爹么泽泽免岔，	今天是给你们解钱的好日子，
几泽误岔……	好时候……

第三段演唱"请梯玛"。掌坛师自我介绍，打筶解钱。

第三堂：敬家先

① 永顺县文化馆搜集整理：《永顺县民族民间艺术资料本》歌谣类，第八节"梯玛神歌"，1986年。

梯玛打开十二重阴间的门，请十二代启祖公婆：亲戚堂里的已故姑表舅爷等，奉上酒肉钱财，恭请笑领。

第四堂：团兵请师

此堂法事隆重肃穆，场面恢宏壮观。程序是：

第一段法事先诵香，香的品类便有十几种。第二段法事敬请先师，其中有张天师祖、李天师爷、天门土地、地门土地、骑龙先生、十二郎君、雷公电母、杨泗将军、九州岛土王兵将、观音救苦灵神、四大天王、五庙灵神、黑神黄神、八宝神将；还有前传后教祖师、阳传阴教兵马、启教师傅向发旺太公、向发能曾公、入门代传向发东、亲自传教向发旺等。相交往的坛班已故师傅及兵马也一同奉请，他们分别是：里明溪（同村）、墨堤王、梁坪、大龙、伢姑热摆、塔坷师国、紫蒙洞。此处有“戏子同过香烟，共过香火”之辞。此时各种手诀全用，同造水一样。第三段法事诵法器冠戴。掌坛师唱：“不戴凤冠不像神，戴了凤冠不像人，人头斢了鬼头，人身斢了鬼身，头戴五台凤冠，脚踩鸡公八卦……上有张天师八宝铜铃三参神，下有李天师练子头上寄冥银。”

第五堂：众神扶掌坛师上马

这里诉说到河沿六里（地名待考）、神王朝、尼洛花壁山等地的练兵团兵、练马团马情况。

第六堂：敬灶神（又名放灶神）

梯玛骑上从神王朝里得来的虎骑，行兵走马去十二灶神堂前敬拜。据说这座起虎朝是梯玛入地上天的起步地。

先吟唱抵达灶神堂的路途。再诵五方五位的灶神经，以安神谢灶。其中亦请巴沙娘子、关国夫人、九天司命、太乙府君，计约二十余部神经。最后，诉说择日谢灶的祈愿，如“蒸酒不许坏场，屠猪不许出癞”等等。

第七堂：敬土地

此堂场面较大，内容丰富。先请土地保佑鸡鸭羊牛猪等，直到吃上马酒。再又请师。掌坛师吟唱：“举手奉请前传后教众位祖师，阴传阴教师傅，阳传阳教兵马……男兵三千，女兵八百，客兵土兵，婆兵押（方言，即爷）兵，三川人马，四川猛将。”三则寄钱寄年。表明堂中各种钱纸用途，如敬何神、在何时敬奉，并列举出洪州土地堂、理由正神堂、五月堂、盘公大庙、扬州中路、王河坡脚土地堂等。四请户主列祖列宗。所谓“人行一路、鬼行一党，香供一炉、水供一碗”，由梯玛打开十二道金门一一请出。五造马。其唱词为："马儿无头生了头，马儿无尾生了尾，马儿无腿生了腿，马儿无蹄生了蹄，马儿无毛生了毛，马儿无鬃生了鬃，马儿无眼上有张天师金眼配了日通天朝，李天师银眼配了夜通地府。"此处有如还傩愿中的"开光点相"般神圣仪式，所相异者是两眼必须请张天师、李天师（多由陪神人员扮演）亲笔点画，有如汉族画龙点睛的传说。掌坛师作骑马、遛马、策马等表演。吹响牛角三声、海角三声，驮上钱纸，发兵前行。再用铜锣喇叭发兵前走，"左边金刀翻身，右边银刀翻背，一堂走了又一堂，一殿步了又一殿"，直到"碰着撞着坪，青龙白虎山"。

第八堂：敬五月堂

先过正月连新土地堂，二月连寒土地堂，三月男主大母子堂，四月耙田栽秧土地堂，此时才到达五月堂殿，摆上大王金案桌子、银漆板凳，供上盛有猪头斋粑的"四箩锅火"，焚香化纸叩拜。

此堂敬奉的神祇有：天上神王、地上神王、四大天王、五庙神灵、七"部"（步）雷神、八部猛将、八宝大神（会溪坪西一堂出生）、青天大王爷爷、青布判官、青皮鬼王、大王婆兵神等。此时梯玛用"张天师赐点南山竹筶"打筶，请大王三言三告。若打阴筶，则请大王红笔上殿红笔勾愿。若阳筶下地，则谢大王做高山大庙，神通广大。若三样三全了，则请大王婆亲手接钱，表示还愿告成，功德圆满。

上文中所称八部猛将、八宝大神，系指八部大神；青天大王爷爷则应是彭公爵主。

第九堂：敬十月堂

去十月堂，路经六月太公连山、七月狱师大殿、八月千人爷娘堂、九月阴属天地公天地母的神堂，最后抵达十月堂。敬十月堂，先诵各种真香，请师请兵马，请玉皇大帝平天、平秤、平水、平称、平斗、平心。

第十堂：敬扬州

先在十月堂领牌领票，准备过关京渡口、两司衙门。去冬月堂（大教小教场）、腊月堂（雷公打雪山），祈神王免去各种人生缺陷，如缺脚缺手、瞎子跛子、无子无孙等；免灾，如蛇噬虎咬、秤砣落水、麻索上吊、大鬼小鬼等。至此烧香化钱。过十八殿，包括一殿秦广王、二殿楚江王、三殿宋帝王、四殿五官王、五殿阎罗王、六殿卞城王、七殿泰山王、八殿平等王、九殿都市王、十殿转轮王，于是在扬州中路朝礼。

第十一堂：过黄河上王河坡

先走完所有旱路，如车肉赶肉山、黄狗咬雀园、太公钓鱼山等。再喊渡登舟。喊张艄公、李艄公连夜下马上船，清点供物。此处演唱："三位老司神请鬼婆，脚踩八幅罗裙，手拿铜铃宝马。制青色、黄色、五色花旗。"三则下船上马抵王河坡，从上王河一渡一连坡到王河十二连坡。此时可望见南北二京、五湖四海、洞庭天门山、太公十二金门，至太公灶兵排楼山下马解鞍，铺排酒席敬神。四是打开十二重门，落神。

第十二堂：送师傅

这是梯玛倒坛回兵前的一堂法事。大部分仪式与请师相同。先报师傅（同请师第二段），再谢师傅（大体同三、四、五段），三送师傅（大体同"弟子回兵你回兵"一段）。全堂法事至此结束。

向云淼梯玛将"度关"、"赶白虎"两堂法事单列出来作机动项目，根据户主的需要临时作安排。现将这两堂法事的内容概述于后。

"度关"程序

（1）请师。（同"团兵请师"）讨三副周全筶，若得阴筶则唱："阴兵十王请神得到，再请阳八百。"若得了三次阳筶，则表示师傅已被请来阳间，则化财焚纸。

（2）搭桥。用青蓝布从堂屋正中，往火铺房碗柜方向搭七仙桥，一个空心无底甑子架在火铺房门口的小桌上。在大床上架两条长板凳，房门边一条。把七根干香、七张纸、七根油香、七块豆腐，摆在桥上七处，敬七个关门的神灵。桥绷子穿插在甑子两面（穿过甑子），被度关的小孩坐在门口长凳子的桥布上。

掌坛师摇铜铃、念巫词、洗桥、请千年乌龟坐桥、请历代祖师镇桥、请八大金刚掌桥，以使三十六关落于桥下，七十二煞落于桥下，孩子便可解脱这些关煞，平安成长。

（3）以雄鸡血解煞。咬鸡冠以血涂于小孩额门（即脑门），称打"鸡冠印"，又贴灵符，赐黄龙水。以鸡冠血洒在灵纸（纸钱）上，诅咒各种灾难落桥下水。

（4）让供鸡背魂。请张天师、李天师掌桥度关，用五百蛮雷打关，召杨泗将军显灵打关脱关。

（5）谢桥梁土地。以斋粑、豆腐及刀头酒礼敬五方桥梁土地，并烧钱化纸。

“赶白虎”程序（图3－11）

（1）请师。请张天师、李天师、罗文洞中先生。

（2）团兵、讨筶。（上马三筶，下马三筶）

（3）用公鸡解邪。请张天师、召杨泗将军，在室内解煞，用五龙神水解邪。

（4）室外解煞。在十字路口将七十二煞送出，让他们“有堂归堂，有殿归殿，无堂无殿，各安方位，远远避开，远走三十里”。以供鸡敬奉。

图3－11 赶白虎

（二）龙山县隆头镇杉树村还土王愿法事①

此法事由该村彭世学演唱，共二十三堂法事，其内容与前面两种有较大不同处。

第一堂：送母突（土语，即敬家先）

主祭梯玛向户主的家先陈述供品，禀报相关事宜。大意是：摆起十二张桌子，点起香灯火烛，铺起织锦毯子，打起小米粑粑、高粱粑粑，备起烧酒、甜酒、板栗、核桃，杀了肥猪来敬您。移坛至大门口内，梯玛接着劝家先吃个高兴、喝个痛快，接受焚化的香纸。

第二堂：墨日墨日（土语，即开天辟地）

梯玛用神歌唱出人类的起源，叙述先祖成为“初劫人”、“二劫人”，开天辟地的失败，麦巴洛里（管日的神）制天，龙巴洛里（管月的神）制地，于是才有了后世的天地日月山河等。

第三堂：坐马

梯玛在坐骑上摇铜铃、舞司刀、祭马、洗马、上马、遛马，且歌且舞，他们唱出还愿酬神的目的。他们请的主神有三位：八部大王、彭公爵主、向王天子三位土王，其次是祖师、祖先，沿途需唱出所经过的地方以便记住，返回时不至于迷路。

第四堂：起堂

① 刘能朴搜集整理：《龙山县傩文化普查资料·还土王愿》“概述”，1981年8月。

梯玛手拿钱串，恭迎各路神灵，安神之后便念咒、洒净、起堂发兵。此段神歌的主要内容是禀明还这堂神愿的缘由、户主的祈求，如求子等。梯玛唱道：

给观音娘娘烧香去，给送子娘娘点灯去。上七仙台里求男去，要女去。砍山去，望水去。白果树上采花去，枣子树上摘籽去。去嘛给他背钱背纸去，来嘛给他背儿背女来。

此段以衣包钱纸做成的婴儿表演，主人亦参加表演，接过“像金银一样宝贵，像鲜花一样美丽的娃娃”。

第五堂：敬四官神

四官神是主管人间六畜兴旺的神，又是为土家人偷来畜类的“强盗神”，因而土家人将他的神位安在堂屋内大门角落处，梯玛敬奉时需作偷偷摸摸的表演，连供肉也需用包袱盖住。其中“求财歌”为一唱一答的盘歌。最后向主人封赠道：“睦难子拢子查乎，刹拢刹查乎，物毕拢了里切乎，马毕拢了儿乃乎。”意即从今往后，养猪养鸡都顺心，养牛养马都如意。

第六堂：搭保郎桥

保郎桥，即度男度女桥，又称五板桥，用来求子或退小儿关煞。

彭世学进行这堂法事的方式是在火铺房门外置一长凳，头端靠近门口，凳上点四炷香、四根烛，掌坛师持司刀或扛长刀，围凳歌舞，表演发兵、伐木、拖料、抬岩、解料、修墩、架桥，请蜜蜂、蚂蚁试桥，请磨鹰、老鸹试桥，请老虎、野猪试桥，请八抬大桥、千军万马试桥，最后渡桥，唱道“细伢小崽桥上过，三十六关桥下落”。

第七堂：敬土地

土地神，土家人呼之为“若尺”，过年、过节、初一、十五都得敬奉。还愿时只需将猪头等供品放在地上，梯玛唱出赞土地、敬土地、求土地的神歌。主人及村民可借此机会叩问年成好坏、瘟殃火烛、病伤事故。讨筶断出吉凶，以阳卦表主人大吉大利，百事顺遂。

第八堂：敬土王

这堂法事在土王殿（堂屋内）举行，系还愿的核心法事。头年许愿，得到实现，户主便特地购进一头供猪，悉心饲养，届时供奉。此处敬奉的亦为八部大神、彭公爵主、向王天子三位神灵。本着“还中有求”的原则，户主或村民可请梯玛代为祈祷。现摘录片段于后：

爵主王爷啊，我们走进金碧辉煌的王府；从头门走进十二重门，在您睡的地方请。王啊，今年今月稻田干了六年，没有水了，家里的粮食只剩一抓抓了。那些骨头痛的，萎缩缩的，王啊，我们只有哀求您了。

彭世学梯玛还将“牵瘟头”、“送瘟神”等法事包容在敬土王的法事中。“送瘟神”在厕所边进行。牛角震天，火炮动地，掌坛师手持长刀，以赫赫武力与腾腾杀气，将瘟神强行逐走。此堂法事讨筶频繁，颇抓人心。

第九堂：搓落（土话即出门，有驱邪出门之意）

掌坛师、陪神、香官三人穿草鞋歌舞，香官头戴斗笠、肩扛长刀，扮赶马人。堂屋里放两张小桌上置供品。主人给邪神野鬼打发“上路食”，让其吃饱喝足后再驱赶出门。

此时请的师傅要增加到数人，据说是因梯玛自身的法力无法敌过十二瘟头神。其中一段唱词是：

帮帮忙啊，助助威啊，主人家病了痛了，把病根扯出来；主人家年月不利，把灾星扯出来。

害烧热病的把火气扯出来，生疮长疱的把毒根扯出来。起来，病痛根子扯脱了。起来，灾星根子扯脱了，病痛灾星扯干净了。

于是，“把千年孽果骡上驮，万年孽果马上搭”，并将它们押送出门。

第十堂：进署

官署即土王的阴司。本堂法事即为梯玛去土王向老官人的阴署所在地——金台坪、银台坪为户主的病人赎魂。途中需经过许多险关，如长刀杀人山、五马分尸山、内罢外罢园、梭罗百果园、大秤称人山、大斗量人山、大甑蒸人山、大锅煮人园等鬼城，直到“太公寄马槽，文公养马坪”。每过一关都需向守关鬼卒交买路钱。梯玛走到第七厅衙门，左是牢房，右是鬼狱，众鬼把铁链铜链抖得“嗦啰啰”响。梯玛向狱卒哀求道：“我是拿着金子来取人的，我是拿着银子来赎魂的，请你们看在我的分上，把人放了吧，把魂放了吧。……”狱卒得了金子银子，便拿起斧头把牢门劈开了，拿起钥匙把大铁锁打开了。

梯玛带着赎来的魂魄，依次打开七厅、六厅……一厅的大门，飞回户主堂中。

第十一堂：嘎麦起业

嘎麦，土语，意即官，此处指土王；起业，即敬的意思。这堂法事是还土王愿活动中最隆重的祭祀场面。主要祭祀八部大神和向老官人（向王天子）。

法事分内外两处进行。在室内举办的法事：神龛下方桌上摆有二十二碗生羊肉，大门口的神案前又增设一张小方桌，桌上供有猪头等供品，亦有十碗生牛肉或生羊肉及牛羊肝腑之类的肉杂，腥血淋漓，此为原始先民茹毛饮血的生活习惯。法事中的祭祀歌，歌颂了土王带领土民迁徙择土的艰难历程。它记载了土家先民不甘忍受异族压迫，从清江、酉水一带沿江而上，沿着白河向上跋涉，直到老峒的经历。从别人家借来的牛“那锋利的牛角在土里拱来拱去”（犁土）。

第十二堂：头钱卡

卡，土语即解送。此堂法事是第一次向土王解送纸钱，分为几奉、几卡、捞魂、交钱等四部分。几，指钱纸、冥银。捞魂的地点即在阴署，捞的是户主家失落的真魂真魄。梯玛站在一块直径不过四十公分的茶枯饼上，旋转歌舞，或站或蹲，旋转不停，历时二十多分钟。此处表现了捞魂的艰难，又显示梯玛的硬功，故常由掌坛师亲自表演。

第十三堂：二钱卡

此堂法事专为向老官人解钱，表演程序相似，只是走的水路。传说向王天子与妻子巴沙娘娘武艺都很高强，只因夫妻不和，在迁徙途中巴沙娘娘（又叫巴山娘娘）先走，在湘川交界的八面山安了家，当向老官人赶来时，认为一座山安不下两只虎，便率部退到酉水上游的“老峒”（似为现水坝洞，或称首八峒）。所以，梯玛解钱敬向老官人时总是逆水而上。

在解钱行船途中，梯玛们表演着他们与河边洗衣妇女打情骂俏、嬉戏对歌的情形。他们进阴司奉上钱纸后，得到向老官人的许可，又下洞捉冤魂，直到把魂牵回家，户主此时与梯玛对答：“失魂的人回来了。”

第十四堂：三钱卡

祭师手摇八宝铜铃，脚踩半边八卦，为土王八部大神解钱。传说八部大神是茹毛饮血的神灵，放在祭坛上的皆是血腥淋漓的祭品。八部大神的主将“嘴巴长得像树洞一样大，耳朵像桐叶子那么大，头有树桩大，脚板有柴块那么大。他们拿人皮蒙鼓，拿人骨头点香（人祭）”。梯玛在解钱时求他们“莫拿人皮蒙鼓了，莫拿人骨头烧香了，我们给你们金子银子吧，请把这些可怜的冤魂都放回去吧”。八部大神的手下得了金子银子，便把梯玛要赎的魂魄放了。魂引至户主家，户主必置办酒席，庆贺团聚。

第十五堂：下洞造魂

如果去三位土王阴署捞魂、赎魂均不能使病人魂魄附体，便被认为未捞到真魂，或称“真魂孽重，在劫难逃”，他们便使出起死回生的绝活——造魂，进行生魂再造。其方式是梯玛躺在堂中垫子上，腹部压上几百斤重的石磨，帮师推磨磨下三斗六升的玉米，掌坛师却吹响牛角作祭，唱猜梦歌，若无其事，帮师从磨碎的粉末中找到红蜘蛛——这便是真魂。

第十六堂：冲巴尼起业

冲巴尼，即向老官人的夫人巴山娘娘，土家人称之为嬷嬷帕帕或巴沙婆婆、巴沙老母。据说巴沙娘娘是一个秀外慧中的女人，她与向老官人分居后，对男人完全失望了，便把全部的爱倾注到孩子身上。家家用纸剪扎成她的形影，贴插在碗柜上，成为小孩的守护神。梯玛敬她，是求她护好户主的小孩。

第十七堂：上扬州

扬州是梯玛臆造的一个虚幻世界，梯玛在此设总兵堂。梯玛的“万万雄兵，千千猛将”便是扬州三十八路曹的阴兵阴将。这座总兵堂有三条通路：一条叫“墨谷”，即上天的路；一条叫“送母突”，即祖先居住的太平和事堂；一条叫“黑干阳石”，即阴署阴狱等处所。墨谷路上有天河潭、六十六天右王坡等地名。去祖先堂路上则有洗衣井、晒衣山、金太坪、银太坪等。黑干阳石路上有五马分尸山、大秤称人山、大斗量人山、大甑蒸人山、大锅煮人山等。

梯玛请神请师的路线分为阳路和阴路两条，不能阴差阳错。请向老官人、巴沙娘娘时，他们分别住老洞、八面山，属阳路；请阴兵阴将和逝去的祖先时则要走阴路，即上扬州。本堂法事有三十八路曹赏兵、七姊妹上天、告秤告斗、六十六天右王坡上唱古盘歌、选郎、过天河潭、取蜂糖等。在这堂法事中话语粗鄙，不堪入耳。须讲鄙话的原因据说有如下两个理由：一说是梯玛求得第一个儿子，是因为裸体歌舞，使七姊妹春心荡漾，其中一女丢掉了手中的月伢子，落入求子梯玛的衣襟内。因而后人沿袭先例，以鄙话娱神。二说天地公、天地母是孪生兄妹（即如汉族崇奉的傩公傩母），如果不讲鄙话，他们便会忘了夫妻关系，而返归兄妹之情，只有让他俩恢复性爱，人间才会有旺盛的繁衍能力。

第十八堂：解冤家

此法事可放在还土王愿中，亦可单独进行，属驱鬼除邪为目的的“解结”法事。过去土家人偶染奇症如麻风、痴呆或有不幸之事发生时均被认为有“冤魂索债”，有“邪气缠身”，须请梯玛即时行法作解。

先用绹手把冤气、旧气消解。梯玛认为阴阳一理、一线相牵，只要双方脉气通和，便可使病人得到解脱。二用火功，用双手端火红的铧口或用牙齿咬住，往返行走，或将手伸入滚烫的油锅中摸取铜钱之类。三用轻功（或说硬功），赤脚踩过二十四或三十六张火红的铧口，或登上三十六把利刀作级的刀梯。最后是启动阴功，梯玛以诀法和“阴弹”（碗渣豆米之类）制伏那些邪神野鬼。

第十九堂：解家先钱

梯玛为户主向列祖列宗解送钱纸冥银，程序与其他解钱程序相似，只是路程不同。此处梯玛以动情的歌声，唱颂祖先们当年十月怀胎、教养婚配、创家立业的艰辛。

第二十堂：大赏兵

犒赏扬州总兵营三十八路曹的阴兵阴将，那些神灵的姓名全是土家族名，如板关搓尺、里及蛮干、借主坡金习爹等。连歌娘、歌伢、野猪、岩鹰之类都有兵符、兵马，是土家人敬奉的神灵，有浓厚的自然崇拜的遗迹。

赏兵中有档次高低之别。后人虽然加上了“洪君一道传三友，老君一气化三清”的言辞和元始天尊、通天教主、四大功曹之类的神灵，但他们仍然屈居三位土王之下，始终未享受半点香火。

第二十一堂：求男求女

这堂法事是还求嗣愿的重要内容，它分盘古开天、摆男、选男选女、成家立业、躲关煞、过天河潭等六个部分。此时，梯玛穿妇人衣，扮演求男求女的妇女。他用衣服做成襁褓，里面包着解与土王的纸钱背在身上，唱求子歌向神祈祷。然后扮孕妇，在竹席围着的产房里表演分娩的过程。婴儿呱呱坠地之后，梯玛又扮作接生婆为他洗澡。最后用红纸包好伢粑粑，交给求子之妇。据说吃了这个粑粑之后即可怀孕。

这堂法事演述了创世纪的全部过程和哭嫁、做新娘、望月等土家婚俗。“抢祃堂”是其中的喜庆场面。当求子妇女从梯玛手中接过那伢粑粑以后，众人便蜂拥而上，把供桌上的米粑、水果、葵花、板栗、核桃等供品一抢而空。一些未婚后生还将抢得的伢粑粑赠送给女友，这种行为被认为是最能表达情意的求婚方式。

第二十二堂：墨谷（即上天）

此堂法事是送南斗六星、北斗七星驾返星位的法事。是梯玛还土王愿或其他法事中唯一出现的送天神的场面。法事中要表演土家祖先铁汉大哥、铜汉二哥戳通天，卵羽射日的神话故事。

第二十三堂：赶白虎

如前所说，土家人对白虎有两种截然不同的态度。一部分土家人敬白虎。他们自称是白虎后裔，称白虎神为“白帝天王”，各地立天王庙祭祀。每年小暑前的辰日到巳日止，禁止屠宰渔猎，不穿红色衣服，不许奏乐。如不慎违犯，将会遭受病疫。如双方冤情难断，便同在天王庙中杀鸡歃血，当着天王盟誓，叫赌血咒。

但湘西一带的老土家却又忌白虎，认为“白虎当堂坐，无灾必有祸”，以白虎为煞神，尤其常常危害未满十二岁的儿童。受害者两眼翻白，口吐白沫，四肢抽搐。如果家长用伞罩住床上患儿，仍不能隔开白虎，则须请梯玛来驱赶。赶白虎是梯玛的重要职能之一。彭世学所用之方法与内溪彭昌顺梯玛的手法相似，也在房外设白虎坛，梯玛在堂屋内挽诀念咒。当他用筶轻敲中柱一次，而坛上竹篙吊着的供鸡顿时全身发抖并发出垂死的哀叫，则表示白虎已被赶出户主家园。此时，梯玛手持长刀，声色俱厉地在室内驱赶一切邪祟。

（三）三项重要法事比较

由梯玛参加主祭，与还土王愿仪式相关联或相类似的仪式，除了以上两个坛班法事的比较，笔者还对几位梯玛重点采访了“度职”、“度猖鬼”与“送亡师”等三项重要法事。现将其具体法事程序与大体内容概述于后：

一是梯玛度职仪式。学徒期满，已是全面掌握全堂法事的艺人，需要设坛行法，独立门户。对即将掌坛的徒弟进行传法、考试，合格者授予掌坛师称号，从此，其人才具备组织坛班、主持祭祀法事的资格与权利。这种传法、考试的仪式叫“度职”或称“度执”。度职的全过程包括了掌坛师应该主祭的全部法事和技能，包括唱、做、念、打、舞、剪、写、画和巫术（含符、箓、咒、诀、水）。传法度职是非常关键的临堂测试。主考官不能是本坛掌坛师，必须请别的坛班掌坛师担任。监考官也必得请别的几个坛的掌坛师共同坐镇现场，严防徇私舞弊。“还土王愿”全部法事必须在两天之内完成。其大体程序为：

1. 还土王愿法事。（1）敬香谱。（2）团兵。请土王给兵马。下分二道手续：请师与团兵。在起虎曹团一道兵，在铁打底盖山团第二道，在扬州大坝坪团第三道，在无兵借兵山团第四道，在八十八坝坪团第五道兵。（3）团天兵天将。（4）请总山宗师。（5）敬土地堂。（6）敬三位土王，解三道钱。（7）敬十保大王，第二次团兵（在铁打底盖山）。（8）敬巴沙老母。（9）到扬州大坝坪，第三次团兵，给新到的兵马交钱传茶。（10）安家先，即把家先从太平和事堂请回家里神龛。（11）上天。下分三道程序：过摆男坪、到无兵借兵山为被度职的徒弟补充兵马，第四次团兵。上八十八坝坪，交师傅钱又团兵，即第五次团兵。（12）渡桥。（13）过天河，即师父背着徒弟过黄河。具体做法是：师徒两同坐在一匹马上（以长凳为马），师前徒后，面向祖师神坛，一匹红布将师徒两套住，师傅一手将两端布头扯齐。这时表演飞过天河岗，师徒俩的双脚都直直地夹着条凳，不着地。师父摇铜铃、徒弟握司刀。口里念道：“我们是豹头海马，上不得坡，登不得天，你天老子的马是五爪龙马，会飞龙马，上得坡，登得天，我们十匹和你斢一匹，十匹和你斢得一马，无毛生毛，无翅生翅，飞过九十九道河岗……”此时，两人使劲摇动铜铃司刀，两位帮师扯开掌坛师的长法衣下端，迅速煽动，节奏逐步加快，且与铃声相应。过了九十九道天河岗之后，两人双脚着地，速度减慢。停步后，由帮师用长刀在徒弟的后颈窝处将红布割断，师傅提左半截，徒弟捏右半截，当场比长短。谁捏的布条长，谁的坛门将来就更旺，徒弟以超过师傅为荣幸。这一段法事戏剧表演的色彩颇为浓烈。（14）穿银行月亮，祭祀鲤鱼堂。此段有在天狗喀蚂山“钉天狗”的表演。因为天狗会吃伢儿，必须念“铁钉子钉死你，铜钉子钉死你”等词。（15）打开南天门，师徒俩各拿七个纸球，蘸净水，朝着祖师坛上挂着祖师旗的“南天门”中掷去，口里吟唱：“金门打通，银门打开……”若打得阳卦，则表示门被打开了。于是，帮师们将大竹筶打得忒响，给天地公、天地母交钱。此后，在天上举行的各堂法事，如过五姊妹堂、过七姊妹堂等，只唱巫歌神歌、走路线（踩八卦），而不做求男求女的法事，也不做伢粑粑。度职一般都不能做“赶白虎”这一堂法事。师傅在这段空当里给徒弟传授供养白虎的方法，使徒弟掌握这套本领，将来掌坛行这堂法事才请得动白虎，赶得动白虎。(16）烧天钱。方法同前。(17）回兵。直接回到阳人（户主）堂上来，中途要退天兵天将（即天老子）、会飞龙马，交借兵钱、借马纸，并打筶清点兵马。得阳筶，表示阳兵先回；得阴筶，表示阴兵先回。得顺筶，则预示主人将来百事顺遂。(18）赏兵（图3－12）。上五碗饭，五碗菜，师徒与帮师及在场的宾主人众，均在被赏之列。据说吃了这餐，表示功德圆满。赏兵之后即请兵马回程，“有堂归堂，有殿归殿。无堂无殿的，左手跟兵，右手跟马”。最后焚纸散场。

图3－12　赏兵

彭昌顺师傅在介绍时也强调说“团兵”中有抢旗仪式，何时能抢，要看兵马在徒弟身上团起来没有。如果徒弟们在现场出现昏迷状态，则表示兵马团拢，业已护身，可以开始抢旗。在场师徒均可以抢。被度职的徒弟倘若抢不到旗帜，则预示坛门不旺；如果能抢到祖师旗，则会超过自己师傅的技艺。据彭昌顺回忆，他在接受度职时，一举夺得两杆旗：祖师旗和五猖旗（即梅山旗）。后来，不但坛门旺、子女也旺（生了两儿一女，改变了四代单传的现象），打猎特别容易得手，因为有五猖护身。

彭昌顺叙说了同辈梯玛田子能团假兵遭报应的故事，本人只作笔录，未作考证。其大概经过如下：

老师父彭立宝临终之前嘱咐徒弟田子能要杀个养牲（生猪）祭他，田子能因尚未掌坛不能主持，便请来掌坛师杨正义主持这堂度亡仪式，未杀猪供奉，搞假团兵。两人在法堂上同时得病，田子能向师傅请了罪，病得轻些。杨正义一病卧床不起，行走不得，猛烈抽筋，被送到医院急救。之后他病势日重，夜夜梦见师父找他，逼得他用法水同师父的鬼魂斗法。八月十四日去世之前，彭昌顺在杨的寨上装屋（做木匠手艺），特去探病，杨说出根源。寨上人也说出一件怪事：一次，竟发现一头野猪睡在杨正义病房外的屋梁上，十几个青年持火枪要打，那野猪突然不知去向。杨正义说那是他师傅的化身。当时杨已经瘦得脱形了，彭昌顺不忍心让他再受折磨，便将杨床边放着的那碗法水悄悄倒掉，杨才慢慢落气。

对掌坛师杨正义的死作出这样的解释，自然很是荒诞，却流露出坛门对违规行为所产生后果的畏惧心理。

2. 入门传度。下分三道程序：请神请师、解钱交纸、对口传法（包括传印传诀、传卦传符、传冠传衣、传香传炉、传令牌、传金刀）。有个别法师为了考验徒弟的真心或者想加大过关的难度，把“入门”传度弄成了“肉口”传度——将口中嚼过的肉吐入徒弟的口里。如果徒弟心里难受，呕吐出来，则被认为没有诚心或与坛班无缘而不让其过关。很多弟子最怕师父使出这一招，平时，除了十分虔诚地刻苦学艺之外，还得对师父绝对顺从和孝敬。

考试完毕，主考官、监考官共同认定合格便举行授权仪式：掌坛师将所有法器、法服、法事、法术传授给弟子。

二是梯玛度亡仪式。

此仪式包括度一般亡灵和度猖鬼两种。

1. 送亡师。这堂法事的目的是超度亡故的掌坛师，并把他的遗体与灵魂送入墓地安葬。其程序是：（1）搭天桥，在师傅落气之前进行。（2）传法器、传诀法，在师傅落气时进行。（3）净沐入棺。（4）送阴魂，销牌销票。（其顺序分别为：送出家门；送到起虎曹；送到土地堂；送到天地公殿堂，把亡魂暂寄放，待到做大醮再来接回。）（5）敬土王，解头钱、二钱、三钱。（6）团兵请师。（7）交兵马钱。（8）敬巴沙老母（即拔帕）。（9）扬州度阴。（10）散花，孝子给堂上祭师们送利什钱。（11）解结，孝子跪着将祭师手中丝帕的结解开，象征亡师与弟子们永别。（12）出丧，烧出丧包。（13）送丧，亡师生前用的五面旗帜在孝子队前引路。（14）下葬，由道士做仪式，将五面旗烧掉。

2. 度猖鬼。“猖鬼”系指在外遇难、不幸死亡者的灵魂。“度”，即超度，即把亡灵引渡到家先的住地——太平和事堂。

此度亡仪式需进行三天三夜。它不同于道士的念经、拜忏、打绕棺，是以武的形式，把超度猖鬼亡魂的仪式进行得有声有色。这种道场，因老司参加主祭，动用牛角，故又称牛角道场。当然，道士也得参与，只是在经堂里念经拜佛。度亡进入高潮，则老司、道士都得进行上刀煞铧的功夫竞技。土老司上刀梯，文道士踩铧口（36 张火红的铧口），用白布围成的孝城聚满了围观的民众。在 20 世纪 50 年代以前这种仪式在湘西一带流行，而今尚可寻访六七十岁的掌坛师与道士坛班配合作田野演出，供考察录像。据初步估计，如以土老司的法事为主，包括道士念的经、拜的忏，仍可完成一部约 80 万字的牛角道场科仪调查报告。笔者与石寿贵、麻志立、张子元等先生合作编著的《中国传统科仪本汇编 · 湖南省花垣县团结镇岩坝塘村、董马库乡大洞冲村苗族道场科仪本》，约一百万字，在台湾民俗曲艺社出版，可供研究者参阅。

梯玛度亡仪式程序有：（1）敬家先，呈禀相关事宜。（2）安土王位子，请八部大神、彭公爵主就位。（3）牵瘟头，造水，封禁。（4）筛下马酒，两位土王同降神坛。（5）安天子龙王，即请向老官人就位。（6）赏兵，请师傅，请五猖，请千军万马。（7）起坛发兵，类似还愿中的发功曹。（8）落神，即落实应请神名与神位。（9）请师，坐马，去太平和事堂解钱。（10）敬四官老爷，在马上交钱。（11）起府立马。（12）敬土地，在此法事之前不进行“团兵”。（13）敬土王八部大神。（14）敬土王彭公爵主。（15）敬土王向老官人。（16）回兵，在此之前不搞“托梦追魂”。（17）敬巴沙老母。（18）度亡，具体仪式见后文。（19）安家先，送亡人进太平和事堂。（20）回程赏兵，在扬州大坝坪进行。（21）再赏兵，散客。

度亡时，梯玛只下阴间，不上天，故删去了“盘路”、“过五姊妹堂”、“过七姊妹堂”、“选男坪”、“搭七仙桥”等法事。同时，不交天钱，也不赶白虎。

三是梯玛其他跳神仪式。土家族的还愿，除去还土王愿，还有“大追解”（需三天三夜）、“求雨扛龙”（两天两夜）、“赎魂”（两天一夜）等几十种仪式，均未曾被开发。

第四章 坛班与传承

第一节　坛班沿革

一、基本形式

对于土家族地区的梯玛坛班，跳八宝铜铃舞、唱神歌是其表演的基本形式。也就是说，坛班的演出停留在原始巫歌、巫舞的阶段，尚未发展到戏剧形态。但事实上许多法事是梯玛化身演故事。从这种含义上说，还土王愿也有戏剧表演的成分存在。特别是陪神人员中已有明确的角色分工，如张天师、李天师、香官、刀手、茶婆、热水婆、千岁公、万岁婆等。每堂法事进行到一定阶段时，他们便出场表演。其角色有固定的台词、唱词、舞蹈和戏剧行为。掌坛师穿法衣，其余扮演者皆不着特殊服装也不戴面具，歌舞的成分比较多。

彭昌顺所主持的这一坛班被称为岩力班子。

岩力班为彭氏世袭坛门，可以上溯到老太公、太公、父亲、昌顺本人。他下传到儿子彭吉，共五代，再往上数便不知多少代了。据他的传度师田清富回忆，其祖先田万祥是内溪境内各坛门的总师傅，目前请师中都必须念道："启教祖师田法头（即田万祥）"，还说田万祥的法艺是从张天师那儿学来的。

照坛门老规矩，父亲不得替自己的儿子度职，虽然也是师傅，那只称为"父传子教师傅"。故彭昌顺的父亲彭祖武是他的父传子教师傅，彭昌顺的祖父也只是彭祖武的父传子教师傅，他们父子孙三辈另有其入门传度师。彭昌顺的入门传度师是本乡梯玛彭正心。笔者 1993 年 9 月 18 日至 20 日，在田清富家观摩全堂法事，抓拍现场照片，随后进行了半个多月的访谈，积累了本书的基本资料。当时田清富是为其妻子病愈还了这堂土王愿。

田清富介绍说："我爱人（妻子）彭庆娥头痛四五年了，每年要花一百多块钱治病，区乡政府医院和街头药摊上都试遍了。今年正月初一又病得不能下床，躺了二十多天。我本人是药匠，也打扮（治疗）不好。正月二十几，我在家对老坛师傅许愿，请土王爷爷保佑我妻病好，人好了我想法还愿，宁肯欠人账，不肯欠神账。二月二十几，病情慢慢好转，至今已无病无痛，我才还这堂愿。"

岩力班的香脚到达龙山县境内三乡十四个村。其中有长潭乡、岩冲乡、内溪乡，还有麦子坪、双溪、树车、西眉、双科等边远村。

岩力班除了举办还土王愿这种大场合以外，还做一些"小意思"的法事，如"解冤家"，为户主解除冤鬼的纠缠，使疾病灾难脱体；"解癫子"，使用法术使精神失常的人得到治疗。此外尚有"追魂"、"解邪"等。

岩力班的掌坛师们都会药功，为人还愿治病，常常神药两解。彭昌顺祖孙三代人均有较好的药功，尤善封刀接骨，脚筒子骨对断（粉碎性骨折）者只需用清明纸包好，喷口法水，便可逐渐愈合；骨鲠在喉，可直接从喉部开刀取出，靠法水止痛止血。他们还可用"催生水"使难产产妇顺利产子。

当然，法堂上的踩刀、咬耙齿等是每次必演的节目。其演出时间是从每年的八月十五开天门做起，加上九月、十月、腊月，共三个半月。每次到户之前要选择时日，每月三天犯鬼格的日子是进屋行法事的好日子，还土王愿正是要设法将邪魔野鬼隔开。

按其习惯和传统，坛班只有两三个固定的祭师（包括掌坛师），帮师一律由户主去雇请。

二、前后场组织

前场由掌坛师负责指导，包括法事的起讫与更换，角色的上下与顶替，节目的搭配和增删。

掌坛师手下管两个班子：一是祭师班，一是帮师班。祭师班一般由掌坛师的坛门弟子、邻近村寨的掌坛或行坛弟子组成。他们熟悉每堂法事的进行过程、具体表演方式、唱词、唱腔及巫术的运用等。帮师班则是曾经或经常跟班演出的爱好者。他们分别担任下列角色：

掌坛师——彭昌顺，兼祭师，土家族，60 岁，岩力村人。

帮　师——彭吉，兼祭师，彭昌顺之次子，土家族，20岁，岩力村人。

帮　师——彭天文，彭昌顺之行坛弟子，未度职，土家族，26岁。

张大师——向光乾，土家族，65五岁，岩力村人。

李天师——田志凤，土家族，50岁，岩力村人，兼表演咬耙齿，端铧口。

厨　官——田老文，土家族，村支部书记，58岁。

香官甲——向光乾（兼）。

香官乙——米仕祥，土家族，32岁，岩力村人。

酒　官——谢显武，土家族，70岁。

屠官甲——田清殿，土家族，35岁，岩力村人。

屠官乙——田维明，土家族，63岁，岩力村人。

茶婆婆——谢花花，土家族，50岁，岩力村人。

热水婆——王三妹，土家族，45岁，岩力村人。

千岁公——向光乾（兼）。

万岁婆——谢显武（兼）。

后场由户主的主要成员担任督促工作。田家还愿主要由田清富的妻子彭庆娥负责。她指挥的人员主要是负责赏兵用的饭菜的准备、茶酒的准时供应以及各种器具的上下场等。

人员分工列表如下：

昌字辈、班头及主要艺人表

姓　名	性别	年龄	族别	文化程度	扮演角色
彭昌顺	男	60岁	土家	初小	行坛梯玛（掌坛师）
彭武根	男	68岁	土家	初小	帮师梯玛（掌坛师）
彭大发	男	28岁	土家	初中	帮师梯玛（已度职）
彭天文	男	26岁	土家	初中	帮师梯玛
彭　吉	男	20岁	土家	初中	帮师梯玛（昌顺子）
向光乾	男	65岁	土家	初小	扮演张天师
田志凤	男	50岁	土家	文盲	扮演李天师
王三妹	女	45岁	土家	文盲	扮演热水婆
谢花花	女	50岁	土家	文盲	扮演茶婆角色

以上九人居住于龙山县内溪乡岩力村。

三、沃沙及法器

1. 沃沙（土语，即背笼）

土家人对梯玛有不同的称谓，有的以其常用器具指代。“沃沙涅嘎”便是以其背法器的背笼——“沃沙”来作梯玛的代称。“涅嘎”，土语，意为“大娘娘”，这种称呼似与师从张天师之妻而为女教有关（后文详述）。装载法器的背笼，如同傩戏班、目连戏班的戏箱一样，具有某种神圣意义。掌坛师进屋后，其背法器的背笼便被安置在一个固定的地方——户主堂屋神龛右旁的中柱旁。

2. 法器

（1）八宝铜铃（图 4－1），这是梯玛用来跳神还愿的主要法器。它由神马、铜铃、五色花布条即绺巾等三部分组成。

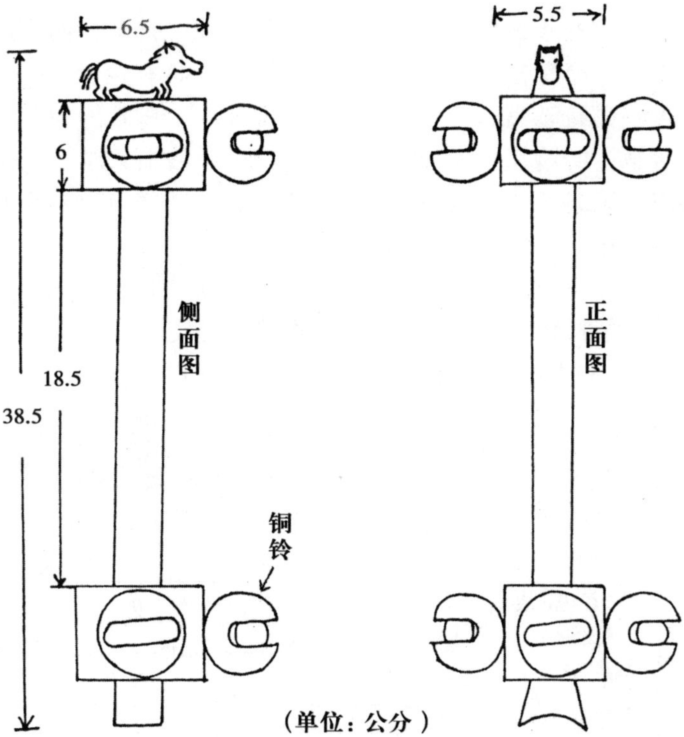

图 4－1　八宝铜铃

神马，头大而圆，颇似豹头，故称豹头海马。此马有一对阴角，有胡须，立在松柏木质的粗柄之上，马身长 6.5 公分、高 3.5 公分，头朝正前方。与它相生相合的木柄长 38.5 公分，直径 1.5 公分。两端各留有一木，块长 6.5 公分，宽 5.5 公分，高 6 公分。顶端的一块立木马，正面与两侧各安装一颗铜铃，末端的一块亦装有三颗铜铃。

铜铃，传说土家族梯玛祖师向张天师学法，获赐八颗，后来分给了客老司一颗、苗老司一颗，故现在只装置六颗。这六颗代表了人体的三种重要器官：两眼、两肾、两睾丸。震响铜铃则表示祖师附体，行坛弟子即成为祖师的替身。铜铃直径为 5.3 公分，厚 0.6 公分，口宽 0.7 公分，内含直径约一公分的铁弹。

绺巾，系于木柄顶端，由各色布条组成，每行一堂法事（即还一次土王愿），户主便奉献一条色布，梯玛即将它系在木柄上。一般保留二三十条，其余的挂在祖师坛内。绺巾条数越多，标志法门越旺盛。彭昌顺系上的绺巾共十八条，青蓝色居多。有的两三条连结，以操作灵便为宜。

梯玛所执此种法器，虽只余六颗铜铃子，但仍沿袭启坛祖师领受法器时之称谓，曰“八宝铜铃”。它是梯玛走阴解钱、打洞扛雨、追魂赎魂的法器。以上法事没有它不能完成。居于顶端的马具有两种属性，走阴时为阴马，它可“日行八百，夜行三千”，异常神速。在阳间为阳马，但不适于在天上奔驰，所谓“登不得山，爬不得坡”。欲上天求子或解天钱，均需在天河岗与天老子（天地公）斢换神马，即飞天龙马，骑上它可在天上驰骋，过五姊妹堂、七姊妹堂均离不开它。

（2）木马，又称神马。登坛表演的梯玛，第一件被用作上天入地的坐骑的东西是一条长凳，即木马。与八宝铜铃同时使用。

（3）司刀（图 4－2）。梯玛用以斩邪和占卜的法器。刀身用精铁锻打而成，刀尖呈梭镖形，司刀面上錾有“”等字样。刀身顶部分叉扭成圆形，穿以铁圈十二个。

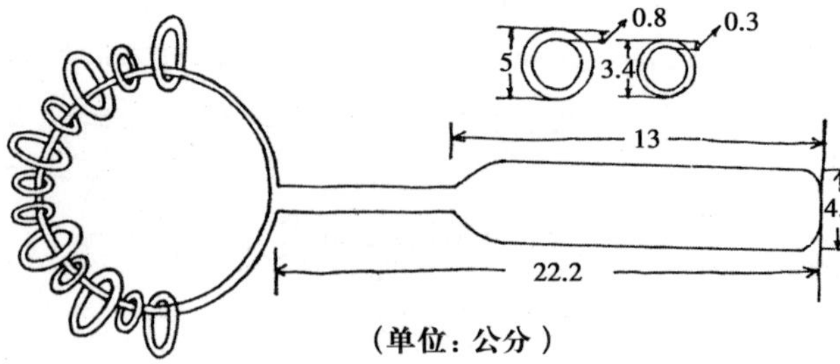

（单位：公分）

图 4－2　司刀

掌坛的梯玛必备两把司刀。大司刀，刀身长 22.2 公分。其中刀面长 13 公分，宽 4.2 公分，柄长 9.2 公分，铁环直径为 20 公分。环呈扭花状。铁圈共六大六小，表一年之中六个大月六个小月。大圈直径为 5 公分，圈宽 0.8 公分；小圈直径 3.4 公分，圈宽 0.35 公分。小司刀刀身长 38.5 公分，宽 2.5 公分，刀面长 12.5 公分，柄长 26 公分。铁环直径 15 公分，直条无扭花状纹。大圈直径 3.8 公分，圈宽 0.6 公分；小环直径 2.4 公分，圈宽 0.3 公分。大司刀常为掌坛师用，小司刀为陪神人员使用。

司刀掷地后，穿在铁环中的十二个铁圈相互扣搭，组成各种卦象，形似栏杆，梯玛便将掷司刀问卦称为打栏杆，口诀中有“铜栏杆，铁栏杆，一共七十二栏杆”，梯玛凭这七十二卦象判断吉凶祸福。

大吉卦象，十二圈分开向两边倒或向一边倒，说明一年十二个月都吉利、顺遂。

小吉卦象，有一半以上的圈子不相挨，倒向可分出总的趋势，说明有半年以上称心无大麻烦。或者在讨卦的那个月的卦象无搭挂交错的，也可谓之平和卦。

凶卦，分病、灾、祸、孝、死等类，卦象的主要形式呈纷乱状。例如“死卦”又称“灵牌卦”，即小圈把大圈撑立起来，形如灵牌，表示此户必有人亡。若第三圈立，谓三月戴孝。

（4）竹卦。楠竹蔸制成，分大小两种，大卦长约 34 公分，宽 18 公分，用于给土王交钱以及其他与神打交道的场合里，且多在夜晚行法事时使用（图 4－3）。小卦长 12 公分，宽 4 公分，常用于白天法事之占卜（图 4－4）。“梯玛神歌”中记述了神卦的来历：桂竹生于寅卯二年，九月重阳这天，被太上老君拿来分为三截派用：竹蔸赐给梯玛作卦子，并封他“讨阴得阴，讨阳得阳，求男得男，求女得女”。中间一截赐给篾匠编织竹器，如背笼、席子、簸箕，这几种也是梯玛在行法时经常运用的器具。竹巅赏给鸭客扎制鸭棚。竹卦常有三种卦象：阳卦，两块卦心朝天；阴卦，两块卦心扑地；顺卦，一块卦心朝天，一块卦心扑地。在还土王愿的法事中常有求卦的仪式，梯玛则根据卦象作出决断。能在求神佑中讨得“三副周全卦”是最吉利的。如果老是阳卦或老是阴卦，而打不到三副周全卦，则视为“拗卦”，还得焚香烧纸，祭师再求再打。如果求男求女，则打得阳卦主得儿，打得阴卦主得女。在团兵仪式中打卦，得阳卦主得阳兵或阳兵先到，得阴卦主得阴兵或阴兵先到，得顺卦则表示阴阳兵皆得或一齐到堂。总之，阳卦与男性、阳间相关；阴卦与女性、阴间有关。顺卦则带有中性或完全、顺利等意思。

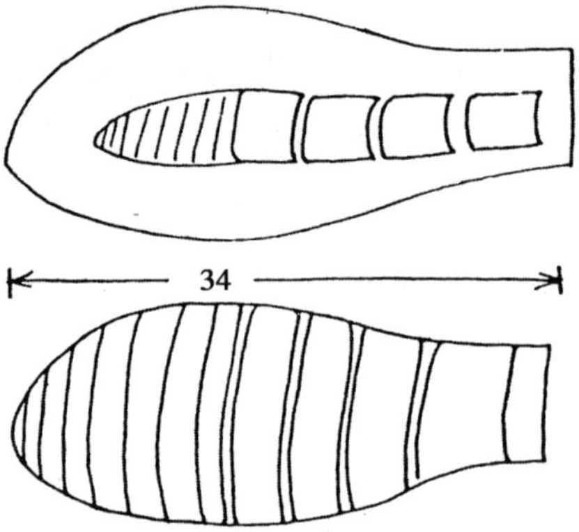

（单位：公分）

图 4－3　大卦

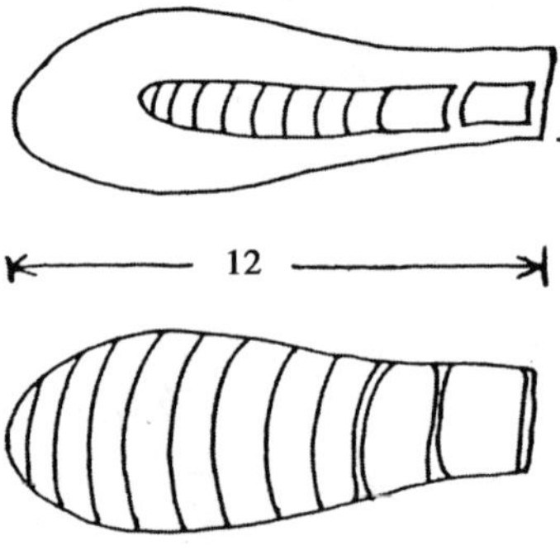

（单位：公分）

图 4－4　小卦

（5）金刀（图 4－5）。长两尺许，口子磨得锋利，能削得断巴茅杆（巴茅杆轻而皮滑，钝刀会滑过，很难将其削断），由纯钢锻打而成。梯玛把它用于为解煞的人踩刀和斩邪鬼、驱魔怪等法事。

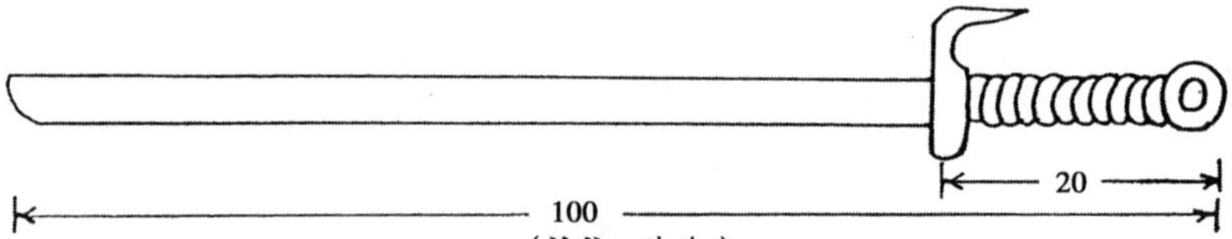

（单位：公分）

图 4－5　金刀

（6）令牌（图 4－6）。樱桃树制成，长 12.7 公分，上端宽 3.9 公分，下端宽 4.9 公分，厚 1.9 公分，正面顶部刻有“”等字符，接着刻“雷令吾奉太上老君”字，背面顶部有紫薇符“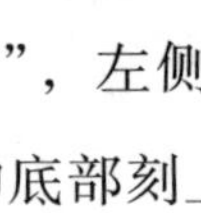”，下部有“罡”、“吾”、井字符“”。印之右侧刻“福宏三宝”，左侧刻“令尺令剑”。令牌用于镇邪、画符、化水。有的土巫在令牌的底部刻上八卦。传说这是张天师赐的法器。

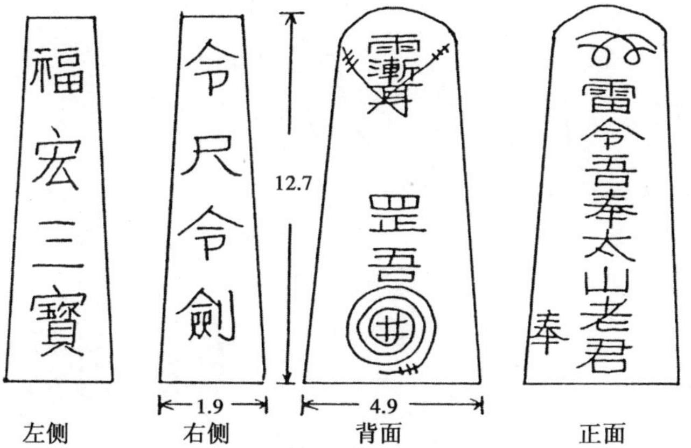

（单位：公分）

图 4－6　令牌

（7）黄印，又称方印（图 4－7）。近似方形，长 6 公分，宽 5.4 公分，厚 1.5 公分。印背中央安有垂直的把手。印面刻有“佛法宝印”四个篆体字，亦由樱桃树制成。彭昌顺执掌的黄印系其曾祖父之祖父制作，已传了六代人。黄印是梯玛专用的印鉴，其作用相当于时下的营业执照和过去官吏使用的印鉴，上奏书文必得盖此黄印，否则神王均不受理。

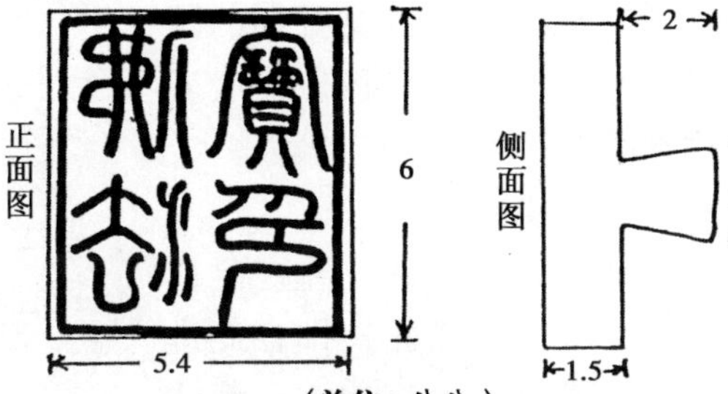

（单位：公分）

图 4－7　方印

（8）牛角（图 4－8）。禀神、请神、通神之响乐。取水牛角一只，刮削磨光，截去角尖，顶端留一小孔，装以木管，管口狭长。角身长约 36 公分，口之下端较宽，直径约 6 公分，长 11.3 公分；上端尖窄，木管长 6.5 公分，直径 3 公分，管口约 0.2 公分。有的梯玛请铜匠在角身镶上薄铜片并錾以花纹，铮亮豪华，其音飞扬，传送遥远。

还土王愿吹两个牌子：一为玉皇角，用以叩请玉皇大帝；另一牌子称为老君角，用于叩请太上老君。两个牌子切忌吹错。

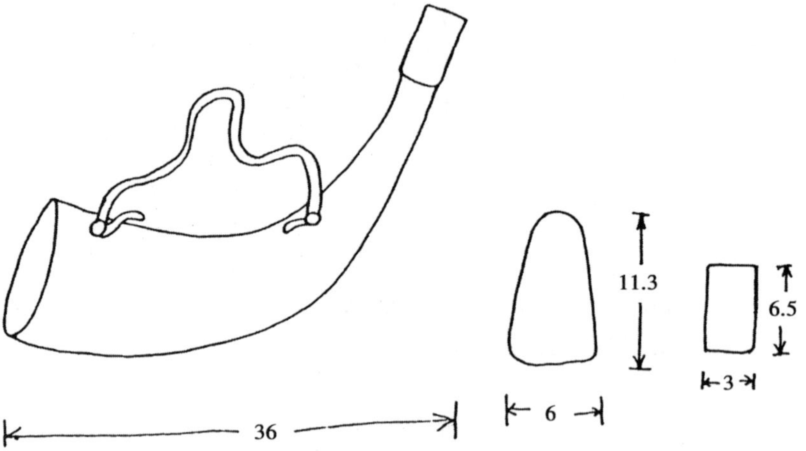

图 4－8　牛角

(四) 神明画轴 (图 4－9)

图 4－9　神明画轴

岩力坛班还土王愿的圣图共分十一层，由下而上分层标示了梯玛还愿必须敬奉的神鬼。梯玛的法事完全按照所挂的这幅圣图中神灵排列的顺序进行。故也可视其为法事程序形象图。一般人完全可以按法事名称在图上找到相对应的神位来。

现对各层神灵与法事简述如下：

第一层：阴司猖鬼神怪。(1) 家先堂。是户主家先神位。故第一堂法事（敬家先）即在此进行。(2) 掌坛师之位。梯玛本人穿法衣，戴法冠，吹牛角，正在进行法事。(3) 五路猖鬼。猖鬼是梯玛镇服邪教恶鬼的阴司势力之凭依。(4) 土地神。分桥梁土地、山堂土地等。(5) 牛头马面。守卫阴司的怪物。(6) 起虎槽。是梯玛起步驾马走阴上天的第一关。

第二层：众师图。梯玛所讲的启教祖师、前传后教祖师等均有神位。(7) 土地堂。(8) 朝门口。(9) 众师尊。

第三层：千军万马。此为梯玛团拢的“千千雄兵，万万猛将”。(10)

翻踢倒肚将军。

第四层：土王神位。(11) 土地神。(12) 土王八部大神，即所谓土王土主爷爷。(13) 土王彭公爵主，即青天爵主爷爷。(14) 土王向老官人，即天子龙王爷爷。(15) 陪神的老司，左为张天师，右为李天师。(16) 下洞拖魂老司。

第五层：十二月堂。(17) 洗衣晒衣坪。(18) 十二月堂三神位。(19) 天河岗。(20) 天星桥。(21) 秋千坪。

第六层：扬州大坝。(22) 天瘟地瘟朝。(23) 天星桥。(24) 桥梁土地。(25) 扬州中街。(26) 扬州下街河。(27) 中街土地堂。(28) 撞着坪。(29) 伏虎坪。在此就范的是五百蛮虎。

第七层：阴司通道。(30) 会着坪。(31) 太平和事堂。(32) 十八道地狱门。(33) 黄河岗。(34) 渡船仙人。(35) 坡脚土地堂坡。(36) 三千三天坡。(37) 水井、传茶处。

第八层：(38) 三十万溪。(39) 太公神位。(40) 摆男坪。(41) 白河岗。

第九层：七贤台。(42) 七贤台。(43) 无兵借兵山。(44) 五姊妹堂。(45) 七姊妹堂。

第十层：天桥关。(46) 求子梯玛，中为小孩。(47) 张天师。(48) 李天师。(49) 茶婆。

第十一层：天神神位。(50) 元始天尊。(51) 灵宝天尊。(52) 太上老君。(53) 天公，又称天地公，土家族称傩公。(54) 地母，又称天地母，土家族称傩母。(55) 千岁公，又叫千年长寿公。(56) 万岁婆，又叫万年长寿婆。(57) 日神。(58) 月神。

十一层可分为天上、地下（阴司）两大部分。天上四层，地下七层：这是空间结构的划分。如果按照形象属性结构来划分，则分为鬼、师、王、神四大类，共一百二十三位。

鬼，包括五猖、牛头马面等等。师，指梯玛的先师和掌坛执事梯玛。王，为八部大神、彭公爵主、向老官人。神，包括骑鹤仙人、骑凤仙姑、七贤人、七姊妹、张天师、李天师、茶婆、千岁公婆、天地公婆、三清、日月等。

此图系彭昌顺梯玛接受度职后，其入口传度师田清富请画匠仿照破旧的老圣像复制的。故图边记载“中华民国三十六年八月十五开堂”，这是彭昌顺的度职掌坛之日。而“中华民国三十八年六月十六日制”显然是此图复制时间。

十二关煞图（图4－10）。彭昌顺使用的十二关煞图长二丈，宽一尺二寸。白家绩布作底，分十五个画面，彩笔绘制，简单明了。每幅画下题有关名。这十五幅画连绵延伸，如一长桥，桥下勾勒出波涛汹涌之图案。图之上沿，绘二龙抢宝彩纹。

图4－10　十二关煞图

全图从内容上看，可分为三部分：

第一部分由“渡桥解厄法师”和“桥头土地”两幅图构成，法师吹牛角，握金刀，戴法冠，穿法衣，似在作法事。桥头土地拄拐杖，步履蹒跚，这是“敬土地”的仪式，为法事的开端。

第二部分由十二道险关组成。(1) 深水关。小儿落入深水，必有生命危险，度了此关小孩便不会跌落水中了。(2) 将军箭。度过此关免成箭下之鬼，这是男人最为畏惧的一道关口。(3) 铁炮关。度过此关，当兵的可免受炮火伤害。(4) 取命关。度过此关，可防小鬼胡乱取命。(5) 鸡飞落井关。度过此关，可防小儿无意落入井中。(6) 断桥关。度过此关，可免桥断人亡。(7) 四柱关。度此关，可防房屋倒塌时被压身亡。(8) 天狗迷魂关。度此关要钉天狗，防止它把小孩的魂迷住。(9) 阴锁关。传说被锁锁住的人手脚失灵，形容枯槁，度了此关可免此难。(10) 烫火关。度此关可防开水烫伤、烈火烧伤。(11) 天牢地网关。度此关可免被打进天牢地网中受苦。(12) 判官放生关。度此关，若人因种种原因被投入地狱，仍可获得被判官释放而复生之机会。

第三部分由土地与牛头马面组合成一幅画，表示凡因以上十二种之外的原因致伤病致残的小孩或成人，度了关煞之后，将会在土地的保佑下顺利通过一切关口，在阴司也会得救，而不会误过奈何桥去。

此桥布在度关煞法事中既是程序图，也是这道法事的神鬼祭祀图。每幅图上都须用斋粑压香纸，以祭祀该处的邪怪恶煞。

第二节　土王的史载及传说

还土王愿主要祭祀三位土王：八部大王、彭公爵主、天子龙王（有的地方说是向王天子，有的地方说是向老官人），龙山县境内有些村寨还祭祀土酋吴着冲。

一、史载资料

（一）有关彭公爵主的记载

彭公爵主为后人所称，其名彭士愁，字彦希，一说其为江西吉水县人，其父彭瑊。

他是湘西彭氏近祖，为永顺、保靖、古丈等县土家村民崇奉的民族神，居主位。龙山、桑植、大庸诸县的摆手堂亦供奉，但位置稍逊于八部大王。

> 梁开平四年，楚以为溪州刺史（910），士愁为靖边都指挥使，守溪州刺史。①

天福三年，士愁与楚王马希范争雄，有溪州一役。五年正月立铜柱为盟，六姓归盟，以士愁为都誓主，后人遂敬称为彭公爵主。对该人的记载多见于铜柱铭或其他文献（图4－11），如：

> 溪州彭士愁，世传郡印，家总州兵，布惠立威，识恩知勤，故能历三四代，长千万夫。②

图4－11　铜柱研究文献

① 谢华：《湘西土司辑略》，中华书局，1959年版，第11页。

② 彭武一：《湘西溪州铜柱与土家族历史源流》，中央民族学院出版社，1989年版，第17页。

《永顺司宗图》称：

其祖彭瑊为安定王，生子彦希，名士愁，又名士然，又有作士愁者，盖愁然二字互讹，未知孰是。其云士然即彦希亦未知确否。又云彭允林至思万，皆洞民总管，查元中多有彭姓士官授以知州刺史者，反自云洞民总管，则以世远年湮，即其子孙亦莫知考据也。

关于永顺土司世系字派，该县志作了这样的记载：

前派：美彦师元父，儒仕云汉凌，邦宣奉兆定，思本齐先贤。

后派：廷显飞输九，臣守养象柱，恩泽御南会，世万勇司图。

新派：秀延书易，名振瑞奇，吉安光启，保永庆诒，孝培家祚，忠裕邦基，美集嘉式，仁修敬仪，立维秉礼，兴贵敢诗，多才际盛，佛业昌特，明官华懋，汉载宣熙，善承先忠，福寿全绥。（以上三派共计 104 字）

关于永顺司系、保靖司系可参照如下世系表进行逐代考察：

永顺司系		保靖司系	
彭师裕	士愁长子	彭师杲	士愁次子
彭允林	师裕长子	彭允录	师杲子
彭允殊	师裕次子	彭文通	允禄子
彭文勇	允林子	彭儒毅	文通子
彭儒猛	文勇长子	彭仕隆	儒毅子
彭仕端	儒猛次子	彭从云	仕隆子
彭仕义	儒猛季子	彭　翼	从云子
彭师晏	仕义长子	彭凌霄	翼子
彭师宝	仕义次子	彭邦宏	凌霄子
彭福石宠	师宝子	彭　勇	邦宏子
彭安国	福石宠子	彭泰定	勇子
彭思万	安国长子	彭师孔	泰定子
彭胜祖	安国次子	彭定国	师孔子
彭万潜	胜祖子	彭思善	定国子

彭添保　万潜子
彭　源　添保子
彭　仲　源子
彭世雄　仲子
彭显英　世雄孙　瑄子
　　　　瑄未袭卒
彭世麒　显英子
彭明辅　世麒子
彭宗汉　明辅长子
彭宗舜　明辅次子
彭翼南　宗舜子
彭永年　翼南子
彭元锦　永年子
彭泓澍　元锦孙　廷机子
　　　　廷机未袭卒
彭肇桓　泓澍长子
彭肇相　泓澍次子
彭廷椿　无钲子　元锦弟
肇相无嗣　廷椿袭
彭弘海　廷椿子
彭肇槐　弘海子

彭本荣　思善子
彭齐贤　本荣子
彭　博　齐贤子
彭廷珪　博子
彭世雄　廷珪子
彭万里　世雄子
彭勇烈　万里长子
彭药哈俾　又名药司徒
　　　　　勇烈长子
彭南木处　勇烈幼子
彭显宗　南木处长子
彭仕珑　显宗长子
彭　翰　仕珑长子
彭九霄　翰长子
彭虎臣　九霄长子
彭良臣　九霄次子
彭荩臣　九霄三子
彭白氏　荩臣妻　子守忠卒
　　　　孙养正在遗腹中
彭养正　荩臣孙　守忠子
彭象乾　养正长子
彭朝柱　象乾长子
彭　鼎　朝柱长子
彭泽虹　鼎长子
彭御彬　泽虹子

《保靖司家乘》历叙其前世云：

彭辅为唐懿宗朝进士，仕至金紫光禄大夫，生子琳、珏、璋、玕、瑊五人，为杨行密之战，皆流散。歼殁于楚。而瑊则以功封大爵，马希范娶瑊之女欲宠姻戚，因铜柱之役，俾瑊以显官。瑊生彦希，改名士然，袭职，自置刺史。以长子师裕、次子师暠分领其众，而师裕为永顺司，师暠为保靖司。然自辅以前永顺司宗阖又有一世彭云、二世彭世臣、三世彭倜，生彭辅之说。保靖司家乘自彭辅以前书页残缺无考，子孙夸其先人，恐未足凭也。

彭士愁卒年被推测为后周显德二年或三年。其长子师裕世袭下溪州刺史兼都誓主，即永顺司系；次子师暠，其子孙分掌州事，世守保靖，即保靖司系。据双凤村摆手堂外的族派碑文载，其地彭氏为彭公爵主长子彭师裕的后裔。但据掌堂师彭英发等人介绍，他们的祖先从龙山坡脚迁来。笔者从保靖县档案局查悉，其《彭氏谱》考载：

明朝……二十六世廷圭，生四子，次子显祖徙居龙山，生子姓之蕃，各订谱录……显耀（第四子）居白虎司。

故双凤村的彭英发房族，似为明代嘉靖三十五年，因土司内讧而徙居龙山坡脚的保靖土司彭显耀之裔孙。如是，双凤村为永、保二司后代的合居村落，因而所奉祖先为彭公爵主应无异议。

《永顺县志》第八册卷十一载曰：

相传老蛮头目吴着冲，今龙山之本城里、洗罗里、辰旗里、董补里、洛塔里、他砂里，皆其世土。因吴着冲延江西吉水县彭氏助理。彭氏以私恩结人心，日渐强盛，至彭瑊遂谋逐吴着。吴着败走猛峒，瑊复率众击之。吴着复逃匿洛塔山。时有漫水司土官之弟向柏林归瑊，瑊令柏林合攻吴着。吴着又遁入洛塔山，困毙其处。其山最高险，周围石壁，中通一径，非扳援不能至。上有坪有池，池水清碧，以人迹不到，池鱼皆生绿毛。吴着毙后，瑊以洛塔之地酬向氏，余土尽归于瑊。后吴着为祟，瑊乃建祠祀。今永顺旧司城犹有吴着祠，土人争赛焉。又云惹巴冲者吴着冲结义兄弟，今龙山明溪里、坡脚里、捞车里、二梭里、三甲里、四甲里皆其世土。后亦为彭瑊所并。传闻异词，亦未可云必无其事。故备载于此。

（二）吴着冲

土著酋长，五代人。永顺、龙山原为其世袭领地。因彭瑊谋逐着冲，着冲败走猛峒，困毙洛塔山石洞。而着冲为祟，瑊惧之，建祠祀之。此祠或称吴着冲祠、吴王庙、三月堂，让人们以摆手活动祭奠他。各村寨多有此祠，故有“阎王老子数不清”的谚语。

《龙山县志》卷六“祠祀”称：

其先有老蛮头吴着冲……因延江西吉水县彭氏助理，彭氏以私恩结人心，日渐强盛。至彭瑊，谋逐着冲，着冲败走猛岗（今永顺县治），瑊复率众袭击之。遂匿洛塔。……彭瑊令柏林（向姓，漫水司土官，即今湖北来凤县）攻吴着冲，着冲困毙于洛塔山石洞。①

故吴着冲与彭士愁属同时代人，彼此有着一定的恩怨关系，属湘西土家族近祖。同被供奉于摆手堂中。

（三）向老官人

向老官人聪慧足智，武艺高强，是彭公爵主的军师，被供在同一神龛上。

保靖县档案局所藏《向氏族谱》载：

向老官人，字宗彦，小名尼可耐，保靖水坝洞人。父母早亡，靠其姑母抚养长大。传说他因有仙师指点，不仅有呼风唤雨、飞檐走壁的本领，而且足智多谋、能言善辩，是个有勇有谋、安邦定国的人才。皇帝听说保靖出了能人，惶惶不安，深恐夺他的江山，乃派大兵捕之。向闻讯，即钻向后山龙洞，洞中恰遇一妖，意欲加害，被其除掉，乃得宝马一匹。于是日行千里，夜行八百，未及数日，直抵皇宫，当面质问皇帝因何故捉他。皇帝无言答对，只好支吾其词：“……久闻大名，未见其人，今日你不辞劳苦亲自前来，朕十分高兴。……”当即吩咐在金銮宝殿上摆酒设宴，并亲自请酒三杯，以解路途奔波之苦。席间皇帝问：你家有多少人？多大家产？向答：“家不大，人不多，七十人（姑父）挑水，八十人（姑母）煮饭，七只盐船（鸭子）下水，磨子滩打了一只，挨了三天盐。”皇帝又问：“房舍如何？”向答：“风扫地，月点灯，千根柱头（茅草）落地，薛（雪）

① 《龙山县志》（清光绪四年版）卷六“祠祀”，第62页。

大人过路，加了三间牌楼。”皇帝又问：“文化生活怎样?”向答：“狗拉弓，猪弹琴，鸡唱歌，猫跳舞，虽不太热闹，倒也可以……”皇帝表示惊奇，正欲再问，忽然后宫起火，宫廷上下乱作一团，皇上亦下知所措。向老官人起身说：“陛下，不要慌，看我的。”只见他面向火焰喷酒三口，大火顿时熄灭。皇帝见他道法甚高，龙颜大喜，当即任用他为“保驾臣子”，并说：“朕欲提升于你，共享荣华富贵，不知意下如何?”向说：“家有抚养我的姑父、姑母，忠孝不能两全，进朝当官，万难从命，请陛下恩准……”皇帝不悦，意欲害之，但皮笑肉不笑地说：“既然如此，朕不强留。”乃赐御酒三瓶，并派人监视。向告辞出宫后，乘马返里，行至白马渡，口渴难忍，即喝御酒，结果中毒而死。宝马把他驮到家，伏地哀鸣。姑母见状，知其遇害，且发现有人跟踪，就要家人强忍悲痛，概不啼哭，并把遗体坐在室中靠椅上，嘴含长烟杆，手拿一本书，在青油灯下看书。但探子却从旁人口中获悉“人死眼未闭”的消息，于是急忙回禀皇帝，皇帝感其孝义可嘉，乃封为掌管阴间之神。后被安葬在水坝洞，至今其故居遗址和坟墓还有痕迹可考。利湖、东洛、马湖等地还修建有八部大王庙，土家人民常年祭祀。

湘西保靖县档案馆藏《向氏族谱》载：

向老官人乃向宗彦，五代人。其先，以王父为氏，赐向氏姓。……太祖向七星，妣张氏，生向八元，妣吴氏，生三子，向宗祯、高、彦，乃汉王臣。原籍洪都。南昌府丰成县铁树官栗树村向家巷。兄弟三人自豫章而赴三楚，继马援镇服五溪，威驰万里，同希范绥靖关庙，身震南蛮，御赐金牌，敕封元帅……吾祖向宗彦，敕封为无敌元帅，白马武略将军，复封向老官人，妣严氏、李氏、张氏俱为一品夫人，坐镇八门口，安居酒仙山，后迁居乌宿上清水坪莲花池岩楼门，指手为界，上至高望界，下至渐潭口会溪坪，表立铜柱为志。讵知汉君叛乱，召宗彦进京破敌。唤风呼雨，撒豆成兵，扫除敌寇，班师回旨，叩恩请归，御酒三瓶，暗藏毒药。宗彦不饮，带归。行至白马渡，忽饮，落马而亡。白马过渡归家报音，复至渡边亦落水而亡……守斯土也，降种种之玉玺……迁沅（陵）、泸（溪）、溆（浦），并移居各府州县，虽分各异，而本源一也。

《保靖县志》杂录篇《向氏族谱序》称：

今夫由太极而有二气，由二气而有五行，由五行而生万物，生生不息，专是太极者万物之根本也。况我生之初，有父母而上之，自一世二世，积而至于千百世，一脉潜通，可不返而溯其所自始哉。谨爰向出似姓宋公子盼字向其孙遂以王父为氏，赐向氏姓，是一姓之太极也。按向叔为左师后即为氏，周时戌为宋左师，能和睦晋楚，公赏其邑六十。越至汉向宠为军，至晋生秀字子期，住居河内为竹林七贤。向雄，字茂伯，为钟会功营云法立于上，教成于下，长字子平，朝歌人，性情高旷，学问渊深，隐而不仕。至宋生敏中知枢密二边道路斥候后，复拜为宰相，凡七人是为一姓之太极也。上古锡之初以及桓魈之后，而谱内有名者书之。闻之易有太极生两仪，两仪生四象，四象生八卦，变化无穷焉。我生之初由是父母，上至于祖宗，不亦然乎。顾远者难以尽述，近者正自可追。讵曰：心置之耶……太祖向七星，妣张氏，生向八元，妣吴氏，生三子向宗祯、高、彦，乃汉之臣，原籍洪都，南昌府丰成县铁树宫栗树村向家巷，兄弟三人，自豫章而赴三楚，继马元镇服五溪，威驰万里，同希范绥靖关庙，身震南蛮。御赐金牌，敕封元帅……吾祖向宗彦、严氏、李氏、张氏，生向必杰、向七二、向弥庆……

太始祖向宗祯、宗彦、宗高兄弟三人，征南蛮有功，御赐金牌，敕封宗彦无敌元帅，白马武略将军，复封向老官人。妣严、李、张氏俱封一品夫人，坐镇八门口，安居酒仙山。后迁居乌宿上清水坪莲花池岩楼门，指手为界，上至高望界，下至渐潭口会溪坪，表立铜柱为志。讵知汉君叛乱，召宗彦进京破敌，呼风唤雨，撒豆成兵，扫除敌寇，班师回旨，叩恩请归。御酒三瓶，暗藏毒药，宗彦不饮，带归。行至白马渡，忽饮，落马而亡。白马过渡归家报音，复至渡边亦落水而亡。守斯土也，降种种之玉玺，凿新池也，飞片片之莲花。由是莲花有上中下，人烟分长二三，立祠拜祖，俎豆增光。陈姓则三月六日奠酒必百子千孙。诗曰：莲花岩上功宗远，白马渡前世泽长。后迁沅、泸、溆，并移居各府州县，虽分各异而本源一也。

《湘西溪州铜柱与土家族历史源流》载明（图 4－12）：

图 4－12 铜柱

向宗彦为六姓蛮头之一。其衔称为“武安军节度衙前兵马使、前溪州左厢都押衙、银青光禄大夫检校太子宾客兼御史大夫上柱国”。①

二、有关土王的民间传说

（一）八部大王

湘西土家族地区关于八部大王的传说有以下四种。

传说之一：八部大王有八兄弟。

他们是八个部落的酋长，他们的名字是：熬潮河舍、西梯佬、西可佬、里都、苏都、那乌来、拢此也所也冲、接也会也那飞列也。现农车乡农车村的覃家是老大熬潮河舍之后裔。（详见笔者所著《湖南省永顺县和平乡双凤村土家族的毛古斯仪式》一书）

故事大意是：

有对老夫妇，五十多岁了还没儿没女。有一天，他们在坡上背柴，碰到一个挖药的老人送给他们两包茶说：“回去先吃这两包，吃了就要生贵子。”夫妇俩回来把茶泡起吃了，妇人果然有喜了。足足怀了三年零六个

① 彭武一：《湘西溪州铜柱与土家族历史源流》，中央民族学院出版社，1989 年版，第 17 页。

月。这天夜里，雷鸣电闪的，天地一团漆黑，伸手不见五指，开口不见牙齿。老妇人发作了，鸡开口了，雷公还在吭吭地哼。随着一声震天的炸雷，房里传出一片哇啦呢啦的哭声，老头子拿枞膏火把进屋一看，“麦！（土语，即“天哪”）床前滚着八个儿子！”这些儿子轮睛鼓眼地看着他，老头子只当是怪物，趁妇人昏迷不醒，一乍笼（即背笼）背到禁山里倒了。

这些小伢被抛到禁山里以后，哇哇直哭，哭声被山上一只白虎听见了，“吧嗒吧嗒”顺着哭声走来，见是八个肥墩墩的小伢，就张牙舞爪地向他们扑来，正在危急关头，从东方猛然飞来一条金霞霞的龙，从西方飞来一只金霞霞的凤凰。白虎见了，与龙厮斗起来。凤凰一翅飞去，像母鸡孵鸡儿一样用翅膀护住这八兄弟，白虎夹起尾巴跑了。龙用乳汁喂养这八兄弟，凤凰用双翼温暖这八兄弟。

八兄弟吃了神龙的奶汁，受了仙凤的荫庇，长得门高树大、力大无穷。八兄弟长大成人了，这时龙凤开口讲了话：“你们该找你们阿妮阿巴（即父母）去了，他们就住在寨子顶头那座小屋里。”说完，龙凤都飞去了。八兄弟对天磕了几个响头，便高高兴兴地回家去。一进屋，这个喊阿妮阿巴，那个喊阿妮阿巴，老两口一数，整整一桌，才晓得八个儿子没死。听说他们是“龙哺乳，凤遮荫”长大的，当老子的羞得要死，当娘的欢喜得要死，顺口给老大取名熬潮河舍，给老二取名西梯佬，老三叫西可佬，老四叫里都，老五叫苏都，老六叫那乌来，老七叫拢此也所也冲，老八叫接也会也那飞列也。从此，八兄弟天天上山赶仗（即打猎），下河捕鱼，不仅全家人吃不完，一寨人都跟着享福了。

有了儿子，又想女儿，老妇人又记起了神仙送的那两包茶，于是，她把剩下的那包又吃了。不久，果然生了一个女孩。这女子长得聪明美丽，织花绣花，天底下都找不到这样的好手。不仅成了母亲的掌上明珠，八个哥哥都喜欢得不得了。一家人和和气气，有讲有笑，就是神仙也比不上他们呢！

妹妹长到十六七岁了。有一天，她把绣花鞋晒在坪坝里，飞来一只喜鹊，在枝头上“喳喳喳，喳喳喳”地叫了半阵，妹妹看迷了。喜鹊一翅飞到花鞋边，衔起一只花鞋飞走了，妹妹感到奇怪，呆呆地望着喜鹊向北飞去。

喜鹊飞呀飞，飞到皇帝住的地方，把花鞋吐在皇帝的龙案上，皇帝拾起一看，眼睛都亮了。心想："天底下有这样的巧手？手巧必定心巧，心巧必定人巧。"他派飞毛腿带了许多礼物，千里迢迢地跟着喜鹊赶路，一定要找到这只花鞋的主人。

喜鹊是神鸟，它把飞毛腿引到山寨来了。正巧八兄弟都赶仗去了，飞毛腿带着皇帝的礼物进门了，碰见妹妹正在织花。一见面，飞毛腿眼睛都看花了，心想："万岁的三宫六院七十二妃合拢来，还赶不到她的一根毫毛呢！万岁真是福气不浅呀！"于是他赶忙上前求婚。二老听是万岁求亲，又有喜鹊为媒，晓得这都是天老爷安排归一（湘西方言，意即"妥当、确定"）了，多话都不用讲了。妹妹却说："既是爹娘同意，我也还有八个哥哥呢。"飞毛腿说："只要小姐进宫，八个哥哥都是国舅大人了。"不一会，哥哥们都回来了，一听说此事，觉得二老已同意了，还有什么讲的余地呢，一家人只好随妹妹进宫。

女子贤惠，她进宫不是图自己富贵，而是想为八个哥哥谋点前程，让他们有报效朝廷、建功立业的机会。

八兄弟到了京城以后，正逢外寇入侵。万岁派他们随军作战，一到战场上，八兄弟像八头猛兽一样，横冲直撞，把敌兵捉起像撕"麻雀"一样，横扯直扯由他们扯。敌兵听到他们的名字就吓得打牙巴骨颤，看见他们的影子就怕得屁滚尿流。从此天下太平，四海归顺。皇帝见他们八兄弟这么厉害，留在京城怕日后搞翻脸了，自己的王位都坐不成了，干脆给他们封个大官，打发他们回去算了。于是便封八兄弟为八部大王，回到家乡，各管一峒。

现在土家族大摆手堂还供着八部大王神像哩。

传说之二：八部大王生在酉水河畔的首八峒。白鹤含来楠树种，育出他们的父母阿巴和阿妮，白虎娘娘颁旨让他俩下凡生儿育女。阿妮梦见白虎娘娘派一老太婆送来一包细茶（即喜药，服下可生育的药物），阿妮连吞八口茶叶，生下八个伢仔一个女儿。白鹤对俩人说由龙凤抚养成人。龙母给每人一顶银帽，以避邪护身，凤仙给每人送一件凤毛衣，以驾云飞行。他们惩治了牛鬼，使之为人耕地。

他们帮助妹夫（部落酋长）战胜了强敌，以虎鞭打退了八员女将——古老峯魔女。皇帝封他们为八部大王，回归原籍。白虎娘娘送来了仙女，配对成亲，繁衍子孙。每人兴建了一峒（即部落），八峒连成一片，名叫

"首八峒"。这里的土家后代，村村寨寨修八部大王庙，世代供奉。每年正月都举行盛大祭祀，唱梯玛歌，跳摆手舞，并在摆手堂前立起高高的桅杆，顶端扎一只仙白鹤，悬挂龙凤旗，表示不忘仙鹤和龙凤的恩情。

这个古老的故事在龙山、保靖、永顺、古丈等县广泛流传。故事讲述人之一彭清照即为龙山县岩冲乡打虎溪人，该乡与内溪乡毗邻。

传说之三：八部大王只是八个兄弟中的老么，是个哑巴。

故事说这位黑脸大汉到一土家山寨，遇上一女妖想修炼成仙，强迫村民每年供奉一对童男童女。八部大王与之激战，女妖敌不过，装哀求状，待大神开口，冷不防放出妖箭，射断八部大王的舌头。八部大王斩了妖精，自己却变成了哑巴。后来土王将八部大王收为大将，后人缅怀其功德，遂立庙供奉。

传说之四：八部大王只是一个人。

故事说他从小家贫，武艺盖世，后被客王用药酒毒死。但死后不倒，客王害怕，便修庙赐封："在阳间管人，在阴间管神，一府四县划归送你。"八部大王闻言倒后，客王怕他沾了地气，子孙造反，便将其棺材拖到首八峒岩壁上悬空挂着。十几天后，棺材上长了紫金藤，红光刺目。客王将棺材运到江口，用生铁水浇铸。从此，八部大王翻不起身，转不了世。这一说法也在内溪乡一带流传。

以上四个故事均载于刘黎光的《中国民间故事集成·湖南卷·湘西州分卷》，内刊，1989 年 8 月成书，见第 22 页。

（二）彭公爵主

湘西彭氏的近祖，在永顺、保靖二县境内居主位，但在龙山境内只居第二位，地位稍次于八部大王。

流传在龙山、永顺境内的故事有如下两种。

一说是龙山一带有个土王叫吴着冲，彭士愁从江西迁来湘西，正值吴着冲被其弟小吴王谋害，吴着冲之女白果公主被父王托梦，叫她招个有本事的女婿进山，为父报仇。小吴王悬榜，招驸马。彭士愁乔装打扮，过了文武三道考试关。小吴王见士愁文武超群，欲以欺君罪杀之，白果公主当着八峒首领的面揭露了父王被害经过，小吴王逃走，彭士愁遂成为湘西土司王。

一说吴着冲父女均为妖精所变，两人每七天均要吃掉一对青年男女。彭士愁乔装进宫被其女看中，结为夫妻。彭劝说妻子杀了吴著冲，成了土王，相传十八代。

（三）向老官人

坡脚乡、内溪乡等地传说，向老官人名叫业哭耐，能说会道，有呼风唤雨的本事。因征服了一匹千里马，被土王封为军师，统领八府地方。皇帝在京城接见了他，见他对答如流、文武双全，早生戒备之心。见向又以三口茶水灭了宫中大火，更怕他将来和自己争江山，决定把他除掉，于是赐他一瓶御酒。向老官人骑着白龙马来到沅陵白马渡，喝毒酒解渴，七窍流血，死于马背。他阴魂不散，入京城喊冤，皇帝做贼心虚，为他做了七七四十九天道场来超度，并许他："你管阴，我管阳，封你为八部大神。"从此，向老官人的身影印在首八峒的岩壁上。此传说讲述人彭德力，系龙山县坡脚乡农民（此乡距内溪四十余公里，水坝乡距内溪二十余公里）。

永顺、保靖一带的传说比较具体、生动：

向老官人家里很穷，尽管全家攒劲做阳春，都还是经常饿肚子。他练得一身好武艺，结识了许多伙伴，势力越来越大。他们到处除恶铲暴，救济无衣无食的人。穷苦百姓都把他当作自己的好靠山，皇帝却把他当眼中钉，总想拔掉他。

一天，向老官人的舅老彭公爵主邀他同去缴纳皇粮。"向老官人家里缺粮没有？"皇帝好奇地询问。彭公爵主说："嗨，他还想来缴粮食？他的家势可大哩。"皇帝把这个笑话当了真，大怒道："这不是造反吗？"就借机派大军前去征剿。官兵打散了他的兵马，围山要活捉他。他一看不能脱身，便钻进了水八洞。

进到洞中，一座金光闪闪的龙王宫殿出现在他的面前，龙王留他住了几天，天天教他武艺。向老官人心灵手巧，龙王教的本领很快地都学会了。过了几天，他想念父母和妹妹，便告别龙王，换上来时的衣服出了洞与家人团聚。

一天，他出外打猎，一个老汉向他走来，对他说："马草坪有只猛虎，张老汉出了布告，那个除服了它，就将独生女儿爱妮嫁给他。"向老官人揭了告示，向马草坪走去。

忽然一声吼叫，震得山摇地动，只见茅草中果真跳出一只吊睛大白虎，扑向向老官人。向就势一跳，骑在老虎背上，双膝夹紧，左手把虎头按在地上，右手提拳头就打，连打三拳，白虎惊叫一声，在地上打滚，变成一匹宝马，浑身雪白，又高又大，回头望着向老官人，像找到了主人似的，摇头摆尾，打着响鼻。向老官人一个大步跨向前，骑在白马上面。张老汉就将女儿爱妮嫁给了向老官人。

结婚以后，夫妻恩爱。可是向老官人是个好动的人，喜欢自由自在。他告别了家，骑着白马出门去了。白马将他驮到了京城。京城突然起火，向老官人手一摆，大雨哗哗啦啦地下起来，火全熄灭，宫殿救得一大半。军师张天师告诉皇帝，救火的人就是向老官人。皇帝知道他是聚众练武、抗缴皇粮的人，便要杀他。

张天师道："启禀万岁，向老官人力大无穷，有万夫不挡之勇，又为万岁扑灭了火灾。此时除掉他，怕不是时候。不如召他进殿，命他去抵御辽王，就此借手杀了他，岂不更好？"皇帝准奏，派向老官人去征讨辽王。

向老官人单身匹马赶到辽营外，撒下三升豆子，一粒豆子一个兵，兵多得像蚂蚁上路；撒下三升铁砂，一颗铁砂一件兵器，兵器堆积如山；撒下三升纸马，一张纸一匹马，各色战马多得数不清。辽王分三路杀来，一场猛打猛杀，辽兵死的死，降的降，无一活着回去。

向老官人胜利回京，皇帝留他住京城来保护自己的江山。向老官人住久了要求回家，皇帝觉得奇怪，莫非他家势大有图谋？说道："你家势虽好，也不过琉璃瓦屋，哪比得上京城繁华；钱财虽多，也不过铜钱大米，哪比得上金银珠宝？"这句话引得向老官人想到了破旧的家：全家只有一间茅屋，围墙是用千百根竹片夹起来的篱笆，屋上盖的茅草，烂了一层又加一层，一共加了八九次了，冬天一到，茅草上盖着一层雪，还闪闪发光哩。向老官人却对皇帝笑了笑说："我的家可大啰，屋有千根柱头落地，九箭牌楼好乾坤，薛（雪）大人过路，成了十箭牌楼，一层银瓦，毫光闪闪。风扫地，月点灯，狗拉弓，猪弹琴，老鼠半夜读五经。"其实是屋子四面通风，连地上的灰尘都刮光了；没油灯，借着月光干活；猪无食，饿得发抖，狗子瘦得像银弓一样，连老鼠也饿得吱吱叫。

小皇帝暗暗叫苦，想道："难怪他不要我的金银珠宝，原来他有许多人间找不着的宝贝。"便追问："那你家有多少人，吃的粮哪里来的？"向老官人说道："我的家呀，七十人挑水，八十人砍柴，三只大船下海拖盐，一天磨鹰滩上失落一只，吃了三天淡菜。"其实，他家阿妈七十多岁了，每天挑水做饭；八十岁的阿爸砍柴做阳春；全家靠三只鸭子生蛋去换油盐吃。有一次，磨鹰抓去一只，一连三天吃淡菜。

向老官人穷开心，在皇帝面前大势吹嘘一通，皇帝信以为真，赐他一瓶毒酒，吩咐他路上莫喝，回家后饮个团圆酒。

向老官人在途中渴了，喝下“御酒”，立即断了气。可是他尸体不倒，在过河时才坠入河心。那白马也留在河边，去渡来往行人，后人称这渡口为白马渡。

又一说指向老官人是统领八峒府的首领。老官人乃向宗彦，五代人，其父“以王父为氏，赐向氏姓”、“讵知汉君叛乱，召宗彦进京破敌，扫除敌寇，叩恩请归，御酒三瓶，暗藏毒药。行至白马渡，忽饮，落马而亡”。后君王赐庙供奉。①

另有巴氏廪君说。《后汉书·南蛮西南夷列传》云：“廪君死，魂魄世为白虎，巴氏以虎饮人血，遂以人祀焉。”湘西土家族这种“白虎神”、“白帝天王”、“天子龙王”的信仰至今仍然保留。1949 年以前，天王庙各县皆有。故彭昌顺介绍说在户外搭起的神坛是天子龙王的神位，又叫“白虎坛”。这说明天子龙王可能就是向王天子，若再往前推，是否为廪君呢?待考。

第三节　梯玛祖师

湘西土家族地区主持“还土王愿”仪式的梯玛（俗称土老司），以张天师为其启教祖师。

一、张天师的来历

张天师系道教创始人，梯玛拜他为启教祖师，下面所说的是彭天顺坛班传颂的一个神话故事。

张天师小时家贫，牧牛多年。一天他寻到一个仙洞，里面摆有二十四把金椅子。其父随其进洞，果见金椅。坐椅，其身生根，急叫张天师回家取锯锯之。谁知，张取锯来时，已不见洞口。他放声大哭。一地理先生问

① 《向氏族谱》，抄本，保靖县档案局征集收藏。

情由，天师据实告之。这位阴阳先生信口说："如果埋的死人，一代出个癞子；如果埋的活人，一家出个天师。"后来应了地理先生的话，张家果真出了个张天师。

二、冬瓜儿学法

冬瓜儿系梯玛祖师张赵二郎的小名，他的故事较多，主要有如下几则：

故事一：

从前有两老，没有儿子。两老爱劳动，他们在屋前屋后种了许多冬瓜，冬瓜长得很好。有一个瓜长得最大，两老很喜欢，将大冬瓜摘了放在屋里。晚上两老在火床烤火，听得房中有小孩哭声，两老进屋一看，只见床上有个孩子，两老喜欢得掉下了眼泪，慢慢地把小孩抚养长大成人，就叫他冬瓜儿。冬瓜儿长到十二三岁，两老病故。冬瓜儿无依无靠，就靠捡柴或给别人看牛来过日子。当地有十二个富家子弟，想到张天师那里去学道法。因为没有人煮饭，大家说："冬瓜儿一个人，又无老小，无牵挂，哪里都是吃饭，要他给我们煮饭去。"这样就叫来冬瓜儿给他们煮饭。冬瓜儿每天给他们煮饭、挑水、劈柴，功夫样样搞得好。

张天师有个女儿叫吾凤，长得如花似玉，心中早就爱上了冬瓜儿。有一天，十二个弟子都去经堂学法去了，她便走进伙房，对冬瓜儿讲："冬瓜儿呀冬瓜儿，你为什么不学法呢?"冬瓜儿回答道："我没有钱，连饭都吃不上，还学什么法哟。"吾凤说："难道你找三根香、三张纸都找不到吗？你把三张纸、三根香插在神龛上还没有插香的空钵子里，马上就可以学到法了。"

这天，冬瓜儿取了三张纸、三根香，走到神龛上一看，神台上十二个香钵内都插满了香，只有最后一个没有插上，他就把香纸插在这个钵子里面，原来这个钵子就是吾凤的。张天师那里有规定，凡是学徒弟，插到哪个人的钵子里就和哪个人学法。于是，冬瓜儿就和吾凤学道法。他天天半夜起来学，一有空就问，非常认真，这样和吾凤有了感情。

有一天，十二大弟子学法期满，准备回家，冬瓜儿与吾凤依依不舍。要走的是夜路，吾凤对冬瓜儿说："你明天去时向我父亲讨一把伞，得了伞在路上不论天晴、下雨、过河都不要打开。太阳照不到你，大雨淋不到你，河水也淹不到你。"第二天早晨要走时，冬瓜儿就向张天师讨伞说：

"十二大弟子都有伞，在路上不怕风雨，我连伞都没有一把，专门向老法师讨一把伞。"张天师就把门后的一把伞送给了冬瓜儿。

十二大弟子见冬瓜儿在路上天晴不开伞，落雨不开伞，过河时十二大弟子用伞当船渡过去，冬瓜儿也没有开伞，就从水面上踩过去。十二大弟子感到惊奇，逼着冬瓜儿开伞，冬瓜儿只得把伞打开。这时吾凤从伞中跳出来，十二大弟子见了都爱她，想和她成亲。吾凤说："你们比道法，哪个法术高，我就和哪个成亲。"有个弟子说："天气很热，我们下河洗澡去，把脑壳都割下来，放在这里，吾凤给我们煮中饭。"冬瓜儿说："那好，等我们转来再接头，看哪个接得来。"于是十二大弟子和冬瓜儿把头割下来，都到河里洗澡去了。吾凤一个人留着煮饭。她把十二大弟子的头都放在滚开的米汤里煮熟了，只留冬瓜儿的没煮。十二大弟子洗完澡来接头，一个个都接不上，只有冬瓜儿的头接上了。他们一齐跪在吾凤和冬瓜儿面前哀求。吾凤念在师兄、师妹分上，就把猪头、牛头、羊头、狗头、马头、蛇头等割下来，接在他们的脖子上。这样，十二大弟子变成了十二瘟头神。吾凤对他们说："你们在前面痛儿痛女，我们在后面救儿救女。"冬瓜儿拿了他们的猪刀、长刀、牛角、铜铃、卦子，穿了八幅罗裙，戴了凤冠，专门给土家人治病、求儿、求女、求神、求雨，百说百准，百说百灵，成了现在土老司的祖师。

这一传说在湘西土家族地区流传比较广泛。苗族地区也有一种类似的传说。不同的是，所拜的师父不是张天师的女儿吾凤，而是太上老君的女儿花莲姊妹。这说明土家族、苗族的客老司与汉族的道教有一定的渊源。

故事二：

张赵二郎去张天师那里学道法，学了几年没学出个名堂。但他人很勤快，给张天师背柴挑水，深得师傅欢喜。回来时张天师给他发了一本经书，叫他一切按经书做。路上遇到客老司，客老司说："你和张天师好，你再去取一本，这本送给我吧！"土老司心直口快，当真送给他了。自己又回头去找张天师要经书。张天师说："经书只剩半本了，你拿去吧！"他带着这本经书回来，在晚上又碰到苗老司。苗老司说："破嘎（土语，即老师），你和张天师好，你再去取一本，这本送给我吧！"土老司把这半本经书又送给苗老司了。等他再一次向张天师求经书的时候，张天师也为难了。想了半天才说："经书确实没有了。这样吧，我给你一把司刀、八颗铜铃，这司刀是斩妖司刀，这铜铃是八宝铜铃。再送你一碗水，包你乱做乱好。”土老司欢欢喜喜回来了。路上又碰到苗老司。苗老司见了这黄金金的八宝铜铃，涎水都要滴下来了，左一声“破嘎”、右一声“破嘎”地缠着土老司不放，土老司只好分给了他两颗，至今只有六颗铜铃了。

故事三：

彭昌顺介绍说：我们祖师田万强是同张天师婆娘学的法。古代学法，一年一次（只学一天），三年满师。最初，十二个客老司准备向张天师学法，田万强也想跟去。客老司说了个假日子，悄悄提前走了。张天师听说田万强不来学了，便去教那十二个客老司法术。田万强来后不见张天师，就只得跟师母学法。这时师母一边揉粉粑，一边扎裤子，忙着拍手吹粉。田万强以为这就是法术，便一招一式学了。因此，现在土老司挽诀时要吹气拍手。田万强还想问个究竟，师娘仍然是边拍手吹粉边讲，“我刚才不是教了嘛，你就这么做，‘乱搞乱成’。”

田万强学完这一手诀法，准备回家。在回家的河边，他见十二个客老司把脑壳砍下来在河里洗澡。上岸后各自找自己的脑壳准备戴上。张天师见他们太狡猾，将来会做坏事，便找了一些鸟兽的头作替换。他们急忙抓起就戴上，戴上就解不脱，结果变成了十二瘟头神，受田万强祖师的调遣。

三、跳土老司

土家族坡脚乡卡柯村寨上住有张、王两户人家。姓王的叫王家东龟，姓张的叫张家窝龟。王家东龟家财万贯，金子做岩磴，银子砌阶沿。住的高房大屋，两边配有两房和吊脚楼。屋里的摆设是：雕花板、楠木箱、土花被、象牙床，样样齐全，只差一样，讨了几房老婆就是不生一子。张家窝龟家里很穷很穷，住的是风扫地、月点灯、千根柱头落地的破茅屋，但人发得很旺，生有五男二女。王家东龟见张家窝龟人发得多，就与他打了个干亲家。

王家东龟为显示自己的家产大，特地办了一桌丰盛的酒席，请张家窝龟来吃饭。为了进一步显示自己富有，特别在桌子的四只脚下各垫一块金砖。酒席宴上，不断地夸耀自己家产之大、财物之多，张家窝龟气得面红耳赤。

过了一段时间，张家窝龟也办了一桌酒席，请王家东龟来饮酒。他安排了四个身强力壮的儿子，把桌子抬起，余下的儿女斟酒添菜，并对王家东龟说："亲家，安心吃，要什么只要喊一声，不要动。"吃了一阵，张家窝龟命四个儿子说："亲家吃不到那边的菜，转个边。"又过了一会，太阳出来照进了屋，射到桌子上，张家窝龟命四个儿子把桌子抬到没太阳的地方去吃。

酒席散了，王家东龟回到家里很是苦恼，想到没有后人的苦处，光是酒菜多有什么用？那是死的，动不得。于是出张榜文，"谁能给我求得一子，酬谢金银财宝若干，良田沃土若干，包他荣华富贵。"

一日，有两位土老司路过卡柯，看见榜文，揭了下来，并邀集一些客老司、苗老司、土老司，跑到扬州波查路口，赤身裸体，一身一脸画得花里胡哨的，在那里敲锣打鼓，乱跳乱唱，又打跟斗，又立天竖（徒手倒立之意），乱七八糟一片喧嚷。此声不觉惊动了天地公、天地娘，不知凡间发生了何事，打开天门观看。恰遇天地公二娘子坐月子，生有一子，抱着儿子看热闹，见下面这些人乱舞乱跳，怪模怪样，一时入了迷，不知何时松了手，怀中抱的小孩掉了下来。波查路口的老司们正闹得欢，忽见空中掉下一子，立即用八幅罗裙接住，欢天喜地抱到王家东龟家里。

王家东龟欣喜若狂，大摆酒席庆贺几天几夜，感谢天灵赐子，地神保佑，感谢土王八部大神恩赐。这伢仔是老司们又唱又跳求神灵赐来的，于是土家乡里大兴跳土老司。

四、祖师斗孽龙

龙山水坝（即首八峒）境内久旱无雨，因洞里有一条孽龙喝尽了天上雨水。这位土老司进洞斗孽龙，吩咐徒弟们打锣鼓助战。谁知徒弟们被天上草鞋打架吸引，忘了打锣鼓，土老司被孽龙的尾巴扫在岩壁上。那壁上至今还留有拿司刀吹牛角的土老司像，叫老司岩。

五、梯玛求子

古时候，龙山县卡柯寨上大财主王家东龟膝下无子，悬榜求师说："谁能给我求得一子，酬谢金银田土若干。"土老司揭了榜文，邀集一些帮师，到扬州大坝坪路口，赤身裸体，脸面全身画得花里胡哨，你敲锣鼓，我打跟斗，乱唱乱跳，喧闹声惊动了天庭。天地公、天地母打开南天门观看。恰遇天地公二娘子坐月子，生有一子，抱在怀里。二娘子被下面逗得乐不可支，也手舞足蹈起来，这一舞，手一松，怀里的孩子掉下地去。梯玛师傅看得真切，立即扯开八幅罗裙接住。王家东龟十分欢喜，摆了几天几夜的酒宴。大家认为这是天神保佑、土王赐福，于是每年八月十五开天门以后，求子人家便宴请梯玛，跳神求子。（讲述人：龙山县靛房乡上阳村梯玛田德法，时年65岁）

第四节　装扮与禁忌

一、主要戏神之职守及装扮

1. 张天师，神位固定在神坛左侧。在人员不够的情况下，兼任香官之职，负责上香火、点油灯。扮演者身着红法衣，广袖，右衽，系宽大腰带，穿浅棕色八幅罗裙，头戴冠扎，足蹬芒鞋。从服装上看应是红衣武教师。

2. 李天师，神位固定在神坛右侧。在人员不够的情况下，兼任酒官之职，负责敬神祭酒。其装扮着浅荷花色法衣，广袖，右衽，系红色腰带，穿青色八幅罗裙，头戴方褶纱帽，手持芭蕉扇一把。从服饰上看接近客老司。

3. 千岁公，戴法冠，穿法衣，系八幅罗裙，度关解煞时出场。蹲在火铺房门内，撑开一把布伞，设法遮住从房外桥上甑内送进房门口的小孩或纸人（拔帕）。此角可由其他人员兼任。在笔者采访的那堂愿中，系由老人专任。圣图千岁公万岁婆位于三清神之左侧。

4. 万岁婆，椎髻，插头饰，披坎肩，广袖，裙衣，与千岁公一道在度关解煞时出场。蹲在火铺房门内，接过从甑子（关煞）里送进门的小孩或纸人。此角由谢显武反串。其神位立于圣图第十一层左起第二人，即天地母的右侧。

5. 茶婆，挽发于头顶，插花戴朵，服饰俏丽。常挑选风韵标致的女性充任。

6. 热水婆婆，服饰简便朴素。有少量台词，一般情况都不参加对答，但并非局外人。她仍从事生前的活计——为八部大神和彭公爵主烧冲茶的开水和洗漱用的热水。这也是扮演者在全部法事中的仪式性戏剧行为。

二、神圣化仪式

梯玛走阴解钱，上天求子，全靠骑马，无马寸步难行。在落神的法事之后，梯玛便要“坐马”去太平和事堂给户主家先解钱，这里有“造马”或称“安马”的仪式。

梯玛围绕着神坛中的一条长凳，边念边唱，作生头、生眼、生耳、生脚的表演，其唱词是：

马儿无头生头呀，马儿无眼生眼啦。
马儿无耳生耳呀，马儿无鼻生鼻啦。
马儿无口生口呀，马儿无尾生尾啦。
马儿无蹄生蹄呀，马儿无脚生脚啊。
马儿无毛生毛呀，马儿无鸟生鸟啊。
……

梯玛不断摇动手中的八宝铜铃，扫拂生造的部位。最后造出了一匹“日行三千，夜行八百”的豹头海马。

三、禁忌

饮食的禁忌。梯玛从拜师的那天起便禁吃五爪肉，包括狗肉、马肉、狐狸肉、白面（果子狸）、野猫肉（以上皆属有五爪动物）、斑鸠肉（属无五爪动物，原有五爪，后被观音娘娘刷掉一只）。吃了五爪肉不但请师请不拢，就是阴兵阴将也团不拢，这样就丧失了施法的神力。

掌坛师彭昌顺向笔者述说自己误吃狗肉的故事：1958 年，梯玛从大炼钢铁的基地回到其岳母家，误吃了半鼎锅狗肉，后悔莫及。后来，他帮村民还土王愿时，双手端不得烧红的铧口，手刚接近，铧口上的火便呼呼地上手，忍无可忍。追魂、大解也上不得刀梯。后来师傅叫他带点彩，即在端铧口时垫一张钱纸，才勉强端得。其他如咬铧口、咬钉耙齿等都由祭师表演。

法器的禁忌。安装在刀梯上的刀或是地刀以及小金刀都十分锋利。祭师登上刀梯顶上以后，只要在朝天的刀口上垫三张钱纸，便可顶在心口，做磨鹰展翅等高难度的动作。但如果这刀以前曾切过五爪肉或是沾过耳屎、鸡屎等恶心的东西，这刀便封不住口，在封口前讨卦便不会得顺卦，老会拗卦，一般均不启用，可另换一把，否则会见血伤人。

接触的禁忌。忌去坐月（生小孩）的产妇家吃饭。如果端了碗，吃了饭，便永远做不得法事。

坛班的禁忌。禁止挑选户主，凡上门请他们去帮助还愿的，不论贫富都得前去开坛。在“讨打发”等程序中，禁止借神的名义向堂内众人敲诈钱财。忌在行法事时有蛊婆旁观。

日时的禁忌。忌在人格、神格的日子进屋还愿。忌在不适合的月份还愿。八月十五日开天门以前忌行法事。只做八月十五日之后，九月、十月、腊月，共三个半月。

梯玛进出户主家的日子不能犯破日和小孔。犯了破日，户主本年会蚀财；犯了小孔，主人家就会死人。此外，忌在第三人在场的时候传法，所谓“六耳不传”。

度职方面，忌父亲为儿子度职。即使儿子拜父亲为师，跟父亲学法，也必须请另一个师傅作入门传度师，为其度职。故有“一人不传法，二人不传艺”之说。

在没有供品的情况下，忌空口请师请神、赏兵散客。

赶白虎忌用黄脚鸡祭白虎。在作驱赶巫术时忌在堂屋内站人。

第五节　技艺传承

一、掌坛师简介

A）彭昌顺

（一）基本情况

彭昌顺，男，土家族，1933 年腊月初五生于龙山县内溪乡岩力村，法名彭光法。其家为世袭梯玛，其曾祖父法事精到，远近闻名，其祖父药功很好，接骨只用水，开刀也靠水。据说，邻乡咱竹湖贾明生的女人被鸡骨头卡喉数日，滴水难进，彭之祖父化一碗九龙水，向喉部喷了一口，便动刀破喉取骨，不疼痛，不流血。妇女难产，他也只让产妇吞三口催生水，婴儿便呱呱坠地。

其父彭祖武技艺亦颇惊人，尤善封丧。有一户人家六月办丧事，尸体在棺内腐臭，尸水流出装满三钵，地上的灰堆亦被湿透。祖武造水画符，念封丧咒，然后烧三张钱纸，用蒲扇扇了三扇，再掐了一截三尺六寸长的茅草秆，倒置钵内，上端接在棺材角上，约两分钟，尸水干、臭气散。据说，这么处理之后，可以保护尸体捱过六月炎夏。

（二）学艺经历

彭昌顺六岁时害了重病，黄皮寡瘦，父亲为之讨卦，说是必须学做梯玛，病才得好。于是拜父为师，是时九岁。此后不吃药，病自愈。十四岁度职掌坛。其入门传教师为彭正心，父亲则为父传子教师傅。因从小家贫，未读过书，所有法事全是心记口背，不舍昼夜。

彭昌顺因悟性高，记性好，一学就会，一记就牢，虽是被逼跟班，但其手艺大大超过同班中其他徒弟。他九岁开始接受正规严格训练，十四岁接受入门传度师的度职，成为小有名声的小坛主。

他自幼未进过学校，能写点简短的文字是零敲碎打学来的。恰好梯玛班子不兴动笔成文、书写文疏吊挂之类。因是跟土王们、土民家祖这些不识字的“文盲”神、“文盲”魂打交道，只要话到钱到就行。写疏文他们看不懂，等于白搭。所有法事需父亲一句一句教，平时跟在堂里陪神，充当香官、酒官之类，记法事进行程序与内容，学会所有唱腔与唱曲，学画所有符箓及剪贴各类旗号。平日练习祭神的诀与水时不能出声，要默挽、默念、心底牢记。度职前四十九天，便先要连日造水，一日三次，一连七七四十九天不能中断。练到碗里的水能扯成细丝，则算到了家。

法事中的一招一式，都需平时时时在意，心领神会。学徒期到了一年之后，一些普通法事便得出场替代。这样一来让师傅得到喘息的机会，二来让自己得到实习的场合。两年之后，一些难度较大的法事如解钱法事等，则需当场操练。第三年是实践关键法事的时候，封禁、度关、解煞、赶白虎等均得在师傅的指导下熟悉套路。满师度职是一次学徒期满的法术总测试，所有程序均需亲自操办，师傅袖手旁观，不再参与。

彭昌顺在正式度职之前，对父辈以上技能皆已掌握，并常用于法堂内外。1949 年以后他明里不再封刀接骨，暗地仍做一些还愿法事。如三四年前，内溪乡咱竹湖村民彭兴华的母亲病重反复几次住院，花去一千多元。彭请彭昌顺去许愿煞锌，之后病愈，于是彭兴华家兴高采烈地还了愿。该村彭兴福的侄儿彭清华，连生四个女儿，男的结扎了，因手术疏漏又生了一个女儿。彭清华不满足于拥有这五千金，做了第二次结扎手术后仍希望养个儿子，求彭昌顺在土王面前讨卦，卦象上现出明后年必定生下贵子。彭清华许下愿来：如果生了儿子，便还这堂土王愿。第二年，果然生了一子。据彭昌顺说：是彭清华讨回伢粑粑给妻子吃了以后生的。按规矩，每还一堂愿，掌坛师可以分到一个敬神度煞的伢粑粑。这个梯玛手中的神粑，据说是很灵的。有些妇女常常偷吃彭昌顺的伢粑粑，生了孩子以后才告诉彭她偷伢粑粑的事。

度职之后，彭昌顺便自立一坛，自招门徒，自行开业。可以在父亲的香脚内进行，也可另辟辖区。当师傅接纳太多户主、忙不过来的时候，徒弟有义务以帮师的身份参与师傅祭祀的活动，甚至可以担任祭师。对于供品的分享则只能按一般帮师待遇，而不能如自己班子内规矩拿掌坛师的那一份。

（三）家庭成员及产业

彭昌顺妻子张胜娥，58 岁，土家族，内溪乡沙湖村人，从小务农，文盲。

长子彭大发，28 岁，初中文化。14 岁开始跟父亲学艺，17 岁度职掌坛。现在外地做小生意谋生。

长媳易红英，19 岁，高小文化，内溪乡甘溪村人，生有一儿一女，长女一岁半，次子三个月。

次子彭吉，22 岁，小学毕业，19 岁跟父学艺，尚未度职。常年在外做短工。

三女彭吉香，17 岁，文盲，在家务农。

家有岩屋一栋，田 1.5 亩，每年收谷 1200 斤。土 5 亩，年收玉米 6000 斤，油菜 500 斤，小麦 400 斤，红薯 2000 斤。饲有生猪二头、耕牛一头。生活水平在当地处于中等偏下。

（四）家族病史

父亲长期患有痨病，1960 年 2 月 29 日病故。母亲因劳成疾，也于当年去世。彭昌顺本人经常咳吐，支气管炎严重，其长子（已度职）与次子彭吉（祭师）均患肝炎。这也许与长期行法事与众人聚餐，受到传染有关。

（五）特殊技能及其他

彭昌顺具备的特殊技能有：

1. 上刀梯，有较高的封刀硬功。屋内解煞，常人均可踩着他那把巫刀而不会划破赤脚。1992 年古历 9 月 19 日，笔者在现场目睹全过程并拍了照片。

2. 端铧口，只须用一张钱纸垫在手上，叫做带彩。咬耙齿系由他的徒弟代行法事。

3. 会些药功，如化水接骨、吹翳子、催生术等。

4. 还愿赶白虎。笔者目睹的现场情景是：当法事交天钱进行之后，户主所有坛堂全部撤完，堂屋不准留一个人，亦不准人走动，彭昌顺在堂内面对户主家神龛请神、造水、挽诀、讨卦。这时悬挂在户外院坝白虎坛竹竿上的雄鸡纹丝不动。但当他挽到“开门诀”转身向外的时候（请注意这时的他并没有什么较大的动作，且与鸡距离八公尺以上），场外的人也都屏住了呼吸。笔者握住相机，等待他挽诀的一瞬间，并吩咐内溪乡文化站的米显美用笔者的另一部相机抓拍白虎坛上雄鸡的动态。诀刚挽出，雄鸡突然拍翅惊飞，场外人无不惊诧。

关于踩刀梯、端铧口、赶白虎的技能，他曾于 1986 年在岩冲村为省电视台录像作表演，1988 年在县文化馆表演并录像，1990 年在内溪乡政府表演并由中央电视台录像。像这样能作真实表演的梯玛在龙山县尚有不少，可以随时献艺。但是彭昌顺的影响力是比较大的。

除了还土王愿，他还每年参加村上的舍巴日祭祖活动并任掌坛师，参加村民的度亡仪式。有的人家举办较大的道场（称文武道场或牛角道场）亦请他参加主持老司班的祭祀活动。

1949 年以前，他以老司为职业，一年有大半年穿乡走寨，还愿赎魂。农忙时才在家里下田收获，但未参加其他社团活动，也未在村里担任什么行政职务。

B）彭武庚

掌坛师彭武庚，男，68 岁，土家族，龙山县内溪乡双坪村人。其 12 岁跟父亲学艺，19 岁父亲病故，他便向叔叔彭显法（艺名彭玉林，法名三拐）学艺，22 岁度职，正式掌坛。

其父亲彭显义，法名四拐，与叔父同从一师，即祖父彭玉文，祖父师从曾祖父彭阳寿，曾祖父师从彭三拐，彭三拐师从其父彭二拐（内溪乡母洛坪村人），彭二拐师从彭龙魁。

彭武庚除了还土王愿，还可做大追魂，保胎催生，兼行草医。他可上刀梯，对端铧口等巫术亦很精熟。上刀治病，都靠三口法水、六道符。这六道符分别为紫薇符、井字符、五雷符、四正符、煞符、开门符。他给笔者介绍了治疯癫的神药两医法。其程序是请师、造水画符、念咒，然后将法水喷一口于患者脸上，在背心拍三下。当患者清醒后，服中药三剂。处方是：

当归十二克、茯苓十二克、党参十五克、白术十二克、忍冬十二克、胆星十五克、黄连十克、菖蒲十二克、枣仁十克、琥珀十五克、沉香十二克、甘草十克。

彭武庚为人爽直，好酒贪杯，对梯玛职业十分热爱。他保存了一个祖师骑马的铜像，据推算应是从明朝传下来的，由湘西传到河南，又从河南传回湘西。到他曾祖父手上已不知经过了多少传递师。他说凡有铜像在的法事均十分成功。因而笔者借拍铜像时，他十分虔诚地面对祖师铜像伏跪在地。

二、传承规则

（一）父不传子

梯玛坛门有“父不传子”的规矩。所谓父不传子，并非父亲不能将法事、绝活教给儿子。相反，儿子最容易得到父亲的真传，父亲也最乐于将硬功夫、真本事传给儿子，大部分梯玛均为世袭。坛门禁忌的是举行传度仪式时，必须另请一位非直系亲属的掌坛师作入门传度师。度职这几天（一般为三天），这位师傅必须临场授法，并且亲自审视徒弟独自首次掌坛的技术掌握与功夫熟练程度。也许这位入门传度师的本领尚不及徒弟的父亲，却非得他来，这才能使儿子掌坛获得社会的公认。究其原因大约有三：

其一，使法事的传度受到社会（包括临近坛门）的监督，以保证继任者具备优秀的水平与技巧。入门传度师如同监考官，有公正裁判的资格与权力。技艺生疏的“考生”，他可以提出批评，确定重新“报考”的日期。这样便可杜绝度职时，儿子滥竽充数，而父亲睁一只眼，闭一只眼，让其蒙混过关等舞弊行为。

其二，增加一位师傅可使徒弟掌坛后获得更多的教诲和技艺，增强其社会竞争实力，使坛门逐代兴旺，不至于衰败。

其三，加强坛门之间的交往与团结，徒弟便成了两个坛班之间的纽带。因此，土家族地区的梯玛大多是团结、友好、互助的。

（二）六耳不传

所谓六耳不传，是指徒弟学法时，只能有师徒二人（四耳），不能有第三者在场。这固然带有神秘色彩，但其主要目的不是为了神秘化，而是为了祖传的技艺不至于外流，有利于始终保持坛门的优势与特点，使之能在社会上长期立足。

（三）六字真言

所谓六字真言即符、箓、咒、诀、水、罡等六个方面的绝活。这也是在无第三者的场合中秘传的。固然各门派之间的六种技法大同小异，但他们还是谨遵祖师训诫，不敢越雷池半步。由是坛门之间便有高下之别、文野之分。有的坛班水狠（即法水功力特好），封刀、踩刀十分保险，邪教做不了手脚，洒净效果明显；有的坛门诀硬，如赶白虎，“开门诀”一出手，白虎坛边吊挂着的鸡公，马上会惊叫拍翅、失魂丧魄；有的老司药功好，奇症、险症、绝症，药到病除。

作为梯玛，必须具备较强的模仿力和表现力，以适应完成法事、娱神、娱人等需要。模仿力表现在扮演祭师、模仿神灵、模拟生灵等方面，以神坛弟子的面目出现，必须跳出自我、实现忘我，体现出神圣与肃穆感。他时而装神，时而变鬼，时而是户主的祖先，时而作堂内的婴儿，均得扮演得逼真生动、无可挑剔。同样是扮马，走阴的豹头海马和上天会飞的龙马则有许多区别。梯玛通过不同的嘶叫声，不同的马蹄节奏，不同的骑马震幅来区别处理，特别是借助道具——八宝铜铃的使用。这种道具有六颗铃子，发出的复合音便与普通马颈上系的单铃不同。其主干木棒上雕有马头，给人具体的联想。几乎百分之七十的法事是在马背上完成的，这就把祭师的表演区限制在一条长凳（坐骑）上。像唱戏一样，必须有超乎一般演员的模仿力，才可能表演得出色，抓得住观众。

（四）五种技能

梯玛的表现力常常借助于手、眼、身、法、步。

手。手操纵马头铃要非常灵活。而且天梯、天门图、人头纸，以及五种行法事用的旗帜，包括祖师旗、八峒神仙旗、五猖旗、梅山旗、藤缠旗

（游士武道的旗号），均得出自梯玛之手。挽诀法时，十指均得灵活、柔软，相互缠绕须自如、迅速。有时诀与诀的变化须在短促的唱曲的一两小节内完成，手诀如果慢了，会引起大失误。如挽“五子大炮诀”之后马上得换“五子大山诀”（又叫五大元帅诀或五路梅山诀），挽慢了，念到“五大元帅”时手中若还捏着“五子大炮”，则出现五子大炮瞄准五大元帅，产生炮打正神的危险。其寓意与临堂效果必然是很糟糕的，梯玛会指责：“犯忌了。”又如先挽“灵官诀”，马上挽“鬼王诀”，换迟了会出现神鬼混乱的情况，或造成所念鬼神的错位，这都会有砸牌之虞。

诀法本身也是多姿多彩的。俗话说“一十二手师父诀，三十六手连环诀，七十二手老君诀”，可谁也挽不了这么全套，因每一诀都有一定的形象可以观照。

梯玛的手必须是灵巧的，不但要擅长于民间剪纸艺术，还必须进行挽诀化水的动作。若论化水，即造水，亦需挽诀画符。常见的紫薇符、井字符、五百蛮雷符，虽属简易，然皆须按笔顺进行，不能画倒一笔。造一种水，不论是封刀水、鸬鹚水或是泥山水、雪山水，常常需要画上几种符，谁先谁后亦有一定的规矩，须得十分熟练。

眼。它是梯玛用以表现神鬼、人、兽的重要工具。喜怒哀乐，皆可从眼神中流露。

身。身段亦是表现神、人、鬼的重要部位。单就坐马，便有走阴马、飞天马的不同坐法；遛马、游马、冲马、奔马亦各有不同姿态。表演奔马一段，须得单腿跪地，弓着的腿要迅速地抖动，左手紧握铜铃，应着腿的节奏不停地震响，右手挥动司刀，在头、颈、背、膝处循环绕动，身子亦快速地前俯后仰。如此剧烈地运动长达十小时之久，较一般京剧武生在舞台上开打的运动量要大得多。这堂法事做完，祭师已汗流浃背，严冬亦无例外。

法。法术是表现梯玛上天入地、惩恶压邪、治病救人的极重要的手段，是衡量一个坛班差鬼通神能力的重要标志。法，凭借符、箓、咒、诀、水产生力量，梯玛常说：“师傅扶身就有法。”意味着法力来源于一种意念，如同目前盛行的中华气功、香功之类。无形的意念凭借符、箓、咒、诀、水的形式得到实现。据说有些成熟的掌坛师倒不需要师傅传授的那么多程序，只需明晰的意念加上一两手诀法或一两句咒语，便自有师傅扶身，法力在一瞬间便可爆发出来，而且无穷无尽，连梯玛本人亦颇吃惊。这一点是以巫术为职业的梯玛（术士）与以表演为职业的演员（艺人）所不同的地方。当然，有些演目连神戏的主要演员、掌坛师亦兼有舞台演艺与宗教巫术这两种技能，这是介于纯舞台演员与巫师之间的演艺兼巫术的中间型艺人。

步。指各种步法。梯玛最常用的是骑马步，用于室内的与骑马有关的各种表演；其次是云步，用于翻刀梯；轻步用于踩铧口等户外法事。仅“踩八卦”便有十余种步伐。

以上五法，是梯玛具备的带有巫术色彩的表演技艺，其表现力无疑是强而有吸引力的。一般三年满师的学徒，必须人人具备，不可或缺。

（五）五项硬功

梯玛还得具备以下五项硬功，即唱、念、做、武、卜。前三者是老司和道士都必须具备的。而武，即武术，则文武两教各有不同的表现形态和应用价值。

唱。梯玛还土王愿，除了第三十四堂法事（赶白虎）属于哑剧，不能开口外（一开口出声白虎便闻声扑人，叼人魂魄），其余三十三堂法事均得歌唱。梯玛素质的优劣，很重要的一项便是嗓子好坏，歌声能否娱神、动人。据彭昌顺梯玛提供的唱腔来划分，大约有二十来个调子，一般来说梯玛吟唱调，旋律性不强，但由于环境、目的功用的不同，仍然可按类划分出来。（参见附录：还土王愿全堂法事科仪译本）

念。在上疏念奏章时，在念咒语时，在吟唱之余的道白以及在掌坛师与帮师或户主的对白时，均可检验出梯玛的念功水平来。（例略）

做。做功几乎贯穿到所有法事神戏中。“赶白虎”一堂戏，由于特殊环境的制约，几乎摒弃了唱、念、武等重要的有形有声手段，但仍然需要凭借做功来达到扫邪驱秽的目的。这堂戏的做功，又集中到化水、挽诀的法事行为上。基本诀法只三种，在大门外面对白虎坛挽出“砍路诀”，目的是砍出一条阴路，让白虎出门。“开门诀”是打开一道阴门，让白虎从此门出户。“搭桥诀”是在阴路上遇水时架桥通行。其他如“祖师诀”即请动祖师、满屋驱虎。如果白虎再不出门，便挽“五子大炮诀”。

做功还运用到求子、娱神等情节中。如“造魂”，掌坛梯玛躺在堂内竹垫子上，腹部压两三百斤重的大石磨，帮师要用这石磨推三石六斗玉米，掌坛梯玛还要不停地吹响牛角，这些做功已经超过了纯舞台做功的范畴。又如“产子”，梯玛装扮产妇，表演分娩全过程，必须表演得十分逼真而滑稽，取得娱神娱人的双重效果。

武。彭昌顺坛班最有“剧场效果”的武功，一是表现在堂内的“踩地刀”、“端铧口”、“咬耙齿”等巫术表演，一是表现在室外的上刀梯、摸油锅、吞铁条、咬碗吞碴等。

卜。指卜筮。还土王愿常用的占卜有两种：一种是打筶，分小筶和楠竹筶（大型）。小筶用于一般神灵前的祈求，楠竹大筶用于向土王八部大神祈求。据说法术高、师傅经常扶身的梯玛，讨筶较顺利，一讨便得，很少拗卦。另一种是打栏杆，即用穿有十二个铁圈的司刀掷地看卦象，一个铁圈表示一月，从左至右，大小圈相间，一直数到十二月。每个圈倒勾邻近圈所组成的卦象，则表示这一两月所出现的运势。

打筶、打栏杆全靠梯玛凭卦象和经验作出判断。表演中，梯玛的身份不时变动，时而以户主的身份讨筶，时而以土王的身份封赠，时而以祭师的身份为户主讨保佑。对各种卦象的解说尤需梯玛善于辞令。这种即兴对答的功夫需要几十年的苦练和积累。

第五章 表演与形式

第一节 仪式坛场

一、坛场设置

梯玛的活动空间是三元的，即人间、阴府、天上仙境。所布设的景物是为了营造出这三种环境，为神、鬼、人提供活动的场所。

土王殿，除了前面说过的以衣物与垂帕布设出两座并列的阴府，还在神台（八仙桌上）用九个“间碗”（即起间隔作用的碗）把桌上的宴席划分为两桌，左为八部大神席位，右为彭公爵主席位。祖师殿则用竹席封住门槛内的五分之四处，正面挂上圣图，升子里插有祭师本人上天下凡的天梯剪纸。如果演上天的那部戏，则挂上七姊妹图。茶婆的演出，即是在火铺边靠窗之处设一神位，置一奉神陪神的用具——擂钵。向王天子的神殿设在屋外八仙案上，挂一块带有七根肋骨的猪后腿即可，这是生祭，是这位天子生前一餐的食肉量。

还土王愿的演出区主要是以上四区，其他属临时性的表演区，如送瘟头的场地在村口路边，便不需另作布景。

坛堂即舞台。由于屋场的结构特定性，产生了镜框式、单墙式、无墙式以及复合式等四种形式。

（1）镜框式。户主堂屋里土王殿属这类。由于其背面封住，两侧只有房门可供少数人观赏演出，观众主要是挤在大门外的坪坝里观看。

（2）单墙式。祖师殿的场地属这一类，茶婆神殿亦属此类。只有竹垫立于圣像之后，观众可从左前右三方观看演出。

（3）无墙式。向王天子的场地属此类，一张八仙桌立于大门外表神位，观众环立四周。

（4）复合式。这种场地由镜框式与无墙式两种组合而成，主要是用于烧天钱与赶白虎两堂法事戏，将户内、户外连在一块。梯玛在堂屋内表演法事，观众既可观看堂屋里的表演，又可观看屋檐外、院坝中白虎如何叼去雄鸡魂表示它已窜出的戏。这四种场景的摆设都十分简洁，主要是由于单户百姓还愿，其物资十分贫乏的缘故。以后世代传承，以致形成土家民间祭祀性戏剧的诸种剧场的特点。

这四种表演区可以单独使用，表示某一固定的场所，如白虎坛、茶婆殿、土王堂等，有的也可代表多种场所，如祖师殿前，既表示走阴或上天的各个路经的场所，如起虎槽、天河岗、太平和事堂、七姊妹殿等，亦可随法事的变化而迁换。

二、梯玛的时空观念

还土王愿的时空划分、设想与运用，产生于梯玛出入于阴间、人间、天上三界，与鬼、人、神三种不同属性的人与灵打交道的那种特殊的需要，是所谓人、鬼、神共存，天、地、阴相通，过去、现在、将来同在的三元混合观。

（1）人、鬼、神共存的神堂。出于灵魂不灭的观念，梯玛和村民认为可以在愿堂里酬还头年许下的愿心，可以酬谢曾经保佑过他们的神灵，于是取得了三者共存的空间。户主将实现了的夙愿归结到神的保佑，便按当年许下的物资逐一在神堂兑现。神堂为人鬼神的交往提供了必要的场所。在神堂里，孤魂野鬼、游魂邪神被请来，供养到指定的地方。桌下瘟头神被看守在封禁之地，直到法事结束才打发一点纸钱水饭，送他们远离村寨。

在神堂里，神是唯一的主宰，这神是三位土王。他们是户主的恩神，也是殿堂的主宰。在土家族的祭祀活动中，最隆重的仪式是敬土王。春节期间的舍巴日是专祭土王的，不论是跳摆手舞、唱舍巴歌或是演毛古斯，都是敬土王、颂土王、祈土王的传统仪式。对于三清，土民比较生疏，只有梯玛尊奉他们的威灵。

还土王愿和还傩愿不同的一点是前者不如后者那样搬请各路神祇，包括二十四个戏神降临堂上独角表演，接受供奉，勾销良愿，而只是请来三位土王供奉和还愿。他们（梯玛）把大部分时间和程序放在还愿之后娱神祈神的法事上。在走阴解钱的法事之后，全都是为户主求子讨保佑的内容。解邪、绹手、赐子无一不是令人急切参与的法事，故村民们的参与意识是强烈的。入地上天，梯玛是主动的；煞铧上刀，那种为他人热心赴险的精神也表现得很充分。神堂里的一切活动都得服从人的意志。那种“仙洞方一日，世上已千年”的构想，在土家族的神堂里是绝对没有的——天、地、阴之时辰取得了一致性。这是愿堂里时间观念的基础。

（2）天、地、阴相通的境地。梯玛祖师为后人绘出了这一理想的境地，只要面对圣图便一目了然：天地阴三者之间只是层次的不同，而没有地域的阻隔。梯玛可以畅行无阻，上下求索。也只有梯玛可以沟通阴府与仙境两个不属于人生的领域。在这种神堂里才可能产生土家族的神鬼戏剧——还土王愿。

本来“烧天钱”是梯玛在七姊妹堂接到天赐的儿女后，就在南天门将天钱交给天地公和玉皇大帝。法事表演时，只需将天钱用竹篙举过屋檐门烧掉即可。这表明南天门就在神堂的檐口外。祖师在阴，七姊妹在天，然而一张“车嚓”（即七姊妹图），梯玛便可将他们请进神堂接受供奉。

（3）过去、现在、将来同在的时序。在“打栏杆”、“托梦”、“坐马”等法事中过去、现在、将来似乎是同一的，消除了古往今来在时间上的差异。这就带来了剧场里时间的写意性。

第二节　仪式戏目

一、戏目的定义

还土王愿尚无比较定型的戏目，其戏剧因子散见在各堂法事中，但如果按照被公认的戏剧定义“演员当着观众演故事”来衡量，还土王愿则根本具备了演员（梯玛化身）、观众（所有就座的祖神和神堂四周的看客）、表演（歌、舞、念、做法事表演）、故事（一些具体法事情节）等四种戏剧基本因素。如果按这四个因素来检验，则每堂法事可认作一部戏（或一折戏），全堂共计有 34 堂（折）法事神戏。如果加上度职时演出的《团兵》，则共有 35 堂（折）。

二、戏目的分类

整个还土王愿仪式共有四部法事戏。

第一部法事戏为《请师敬神》，第二部法事戏为《走阴解钱》，第三部法事戏为《上天求子》，第四部法事戏为《驱赶白虎》。

从起、承、转、合这种结构形式来划分，起在《请师敬神》，为全戏的开端。由掌坛梯玛以神坛弟子的身份请动师傅，请来神祇，向他们禀报户主还愿的目的，请他们享用供品。主神为八部大王、彭公爵主、向王天子。承在《走阴解钱》，为全剧的发展。以“解三钱”（即解三道钱）为骨干戏，旨在向以上三位土王解送纸钱，酬谢他们保佑户主了却心愿，如愿以偿，同时也表现梯玛解钱的难度和梯玛那种事神王、事户主的虔诚与百折不挠的精神。转在《上天求子》，为全剧的高潮。从户主的宗旨来说酬神是手段，祈神是目的：而祈求种族的繁衍，家庭的兴旺是其重要的内容。因而梯玛在为户主讨得土王的保佑后，便换马登天，为户主求子。以度关解煞为重场戏，戏剧性亦颇强。合在《赶白虎》，为全剧的尾声。它表明全堂法事的功成圆满，是一场十分精彩而神秘的哑剧。

第三节 音乐

一、声腔

（一）性质与分类

土家族“还土王愿”尚未具备完整的戏曲模式，其演唱无定型的声腔曲牌，有如吟诵、吟唱之类，属少数民族原始宗教音乐范畴。

其演唱形式与湘西其他的少数民族宗教音乐有一个共同的特性，即由吟诵和吟唱两大部分组成，亦有以韵白为主的长段诵词。它没有固定的伴奏乐器，只以八宝铜铃或徐或疾、或轻或重等多种震响来烘托气氛，增添色彩。

从总体上可将全堂法事的十七个唱曲和十八曲度职分为如下三类：

一是吟诵类。如：曲一、曲二、曲四、曲六、曲八、曲九、曲十五。

二是吟唱类。如：曲三、曲五、曲十、曲十一、曲十四、曲十六、曲十七、曲十八。

三是唱诵混合类。如：曲七、曲十二、曲十三。

现分类介绍于后：

吟诵类

曲一　敬家先（第一堂法事）

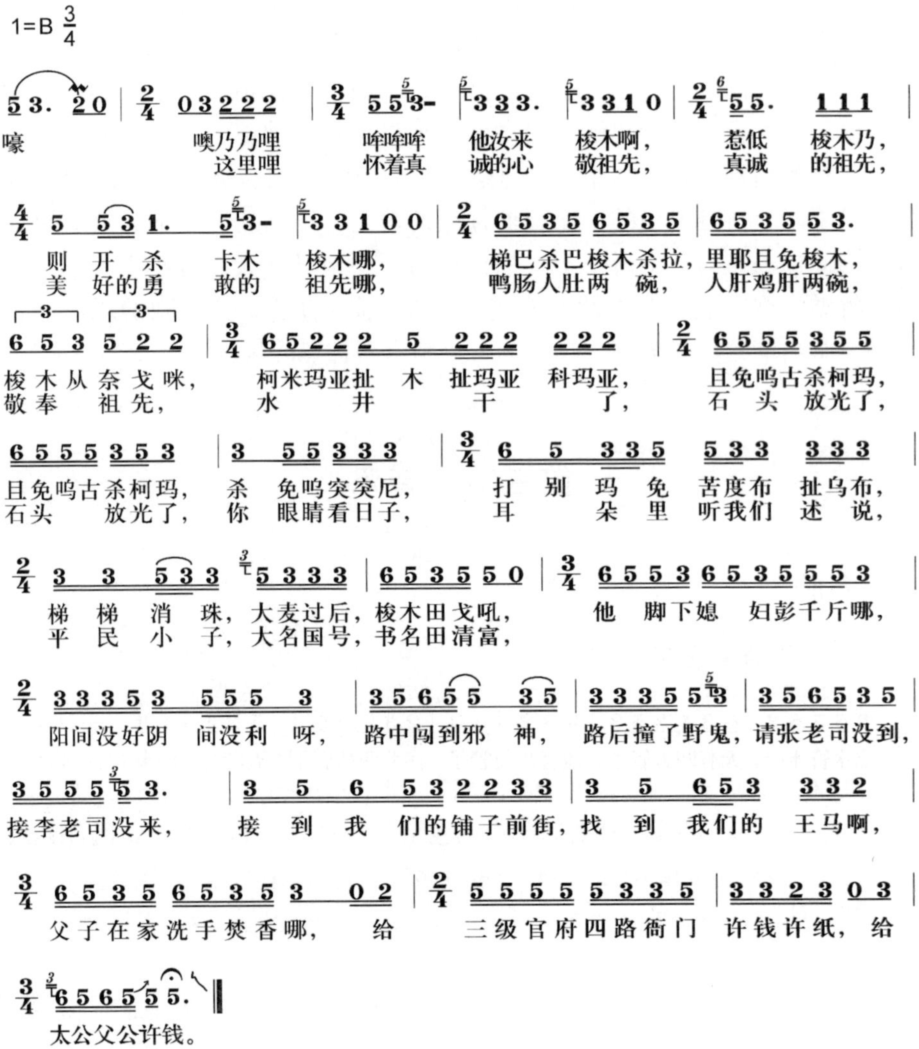

曲二 接土王（第二堂法事）

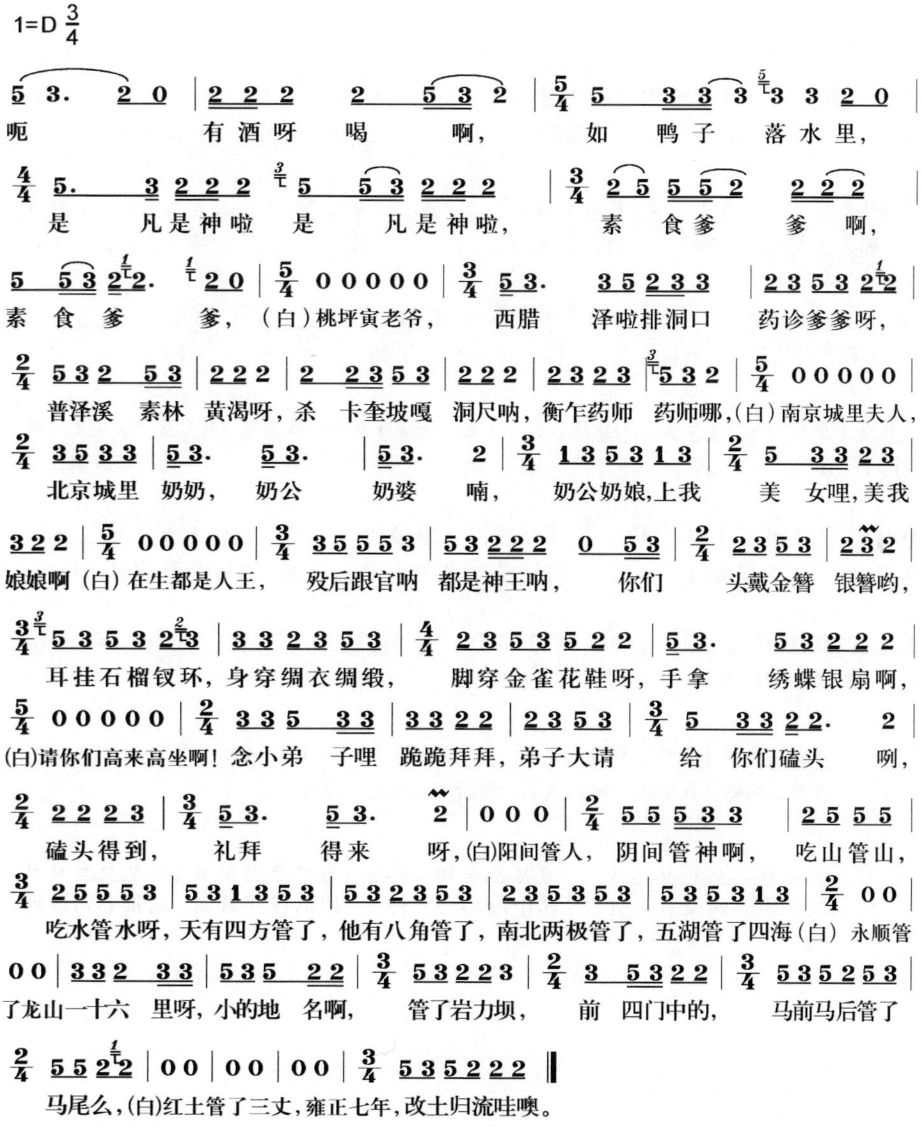
1=D 3/4
呃 有酒呀 喝 啊，如 鸭子 落水里，
是 凡是神啦 是 凡是神啦，素 食爹 爹 啊，
素 食 爹 爹，（白）桃坪寅老爷，西腊 泽啦排洞口 药诊爹爹呀，
普泽溪 素林 黄渴呀，杀 卡奎坡嘎 洞尺呐，衡乍药师 药师哪，（白）南京城里夫人，
北京城里 奶奶，奶公 奶婆 喃，奶公奶娘，上我 美 女哩，美我
娘娘啊（白）在生都是人王，殁后跟官呐 都是神王呐，你们 头戴金簪 银簪哟，
耳挂石榴钗环，身穿绸衣绸缎，脚穿金雀花鞋呀，手拿 绣蝶银扇啊，
（白）请你们高来高坐啊！念小弟 子哩 跪跪拜拜，弟子大请 给 你们磕头 咧，
磕头得到，礼拜 得来 呀，（白）阳间管人，阴间管神啊，吃山管山，
吃水管水呀，天有四方管了，他有八角管了，南北两极管了，五湖管了四海（白）永顺管
了龙山一十六 里呀，小的地 名啊，管了岩力坝，前 四门中的，马前马后管了
马尾么，（白）红土管了三丈，雍正七年，改土归流哇噢。

曲四　敬天子龙王（第五堂法事）

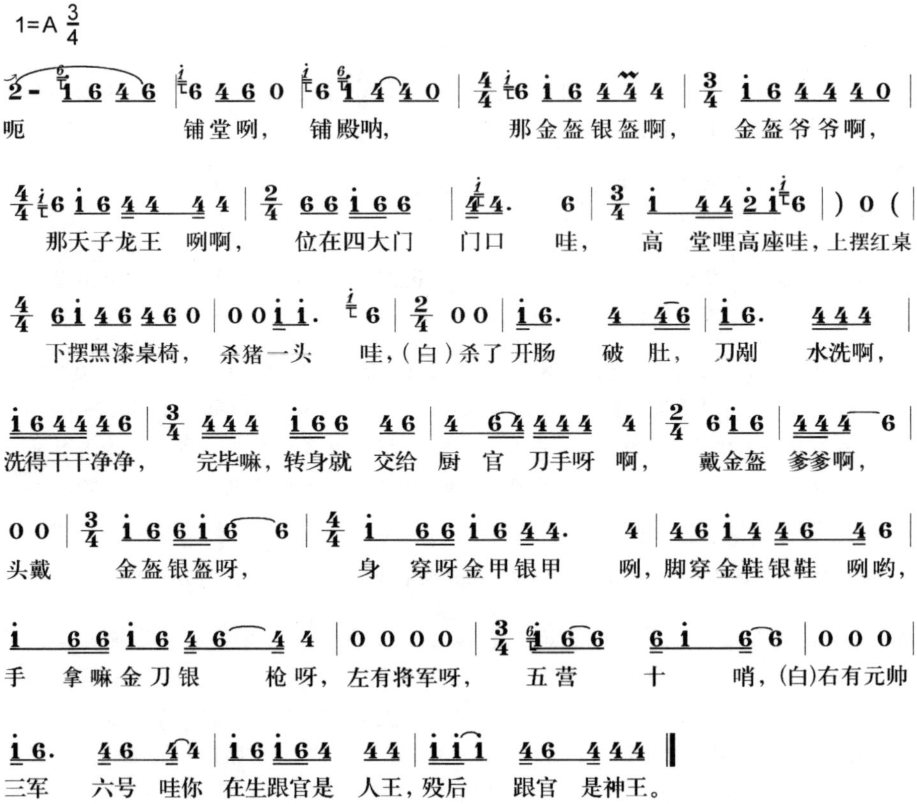

曲六　起坛（第七堂法事）

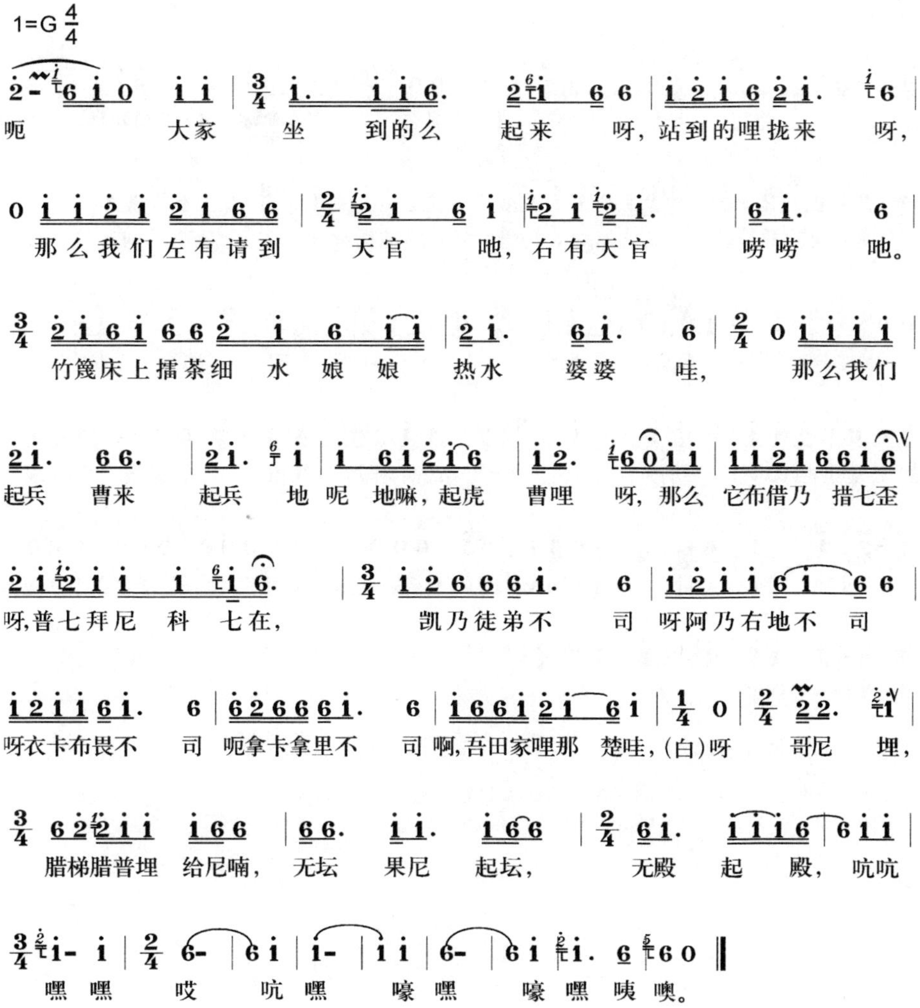
1=G 4/4
呃 大家 坐 到的么 起来 呀，站到的哩拢来 呀，
那么我们左有请到 天官 吔，右有天官 唠唠 吔。
竹篾床上揺茶细 水 娘 娘 热水 婆婆 哇， 那么我们
起兵 曹来 起兵 地 呢 地嘛，起虎 曹哩 呀，那么 它布借乃 措七歪
呀，普七拜尼 科 七在， 凯乃徒弟不 司 呀阿乃右地不 司
呀衣卡布畏不 司 呃拿卡拿里不 司 啊，吾田家哩那 楚哇，（白）呀 哥尼 埋，
腊梯腊普埋 给尼喃， 无坛 果尼 起坛， 无殿 起 殿， 吭吭
嘿 嘿 哎 吭 嘿 嚎 嘿 嚎 嘿 咦 噢。

曲八　绹手（第十堂法事）

1=F 3/4
呃　祖师　神坛　脚下　（白）那么　千千兵符嘀，万　万嘛兵马　中，
太公朝的兵符哇，父公朝的兵马呀，龙跪铺花梯哩，太公哩　铺老　纱，
衣　川　柯埋养义哇　那么　历　代　祖师　啊，　那么　牛哇
蛇王堂里赵氏啊，纺纱　呀，　李　氏　哩造　线呀　麻线　麻烦
铺里哩　胜呐　间　织布呀嘛出民　间。(白)冤家坛里拿来用了，世人弟子拿在手中嘛，
绹神　绹鬼　拿了　哇。

曲九 坐马（第十一堂法事）

借马

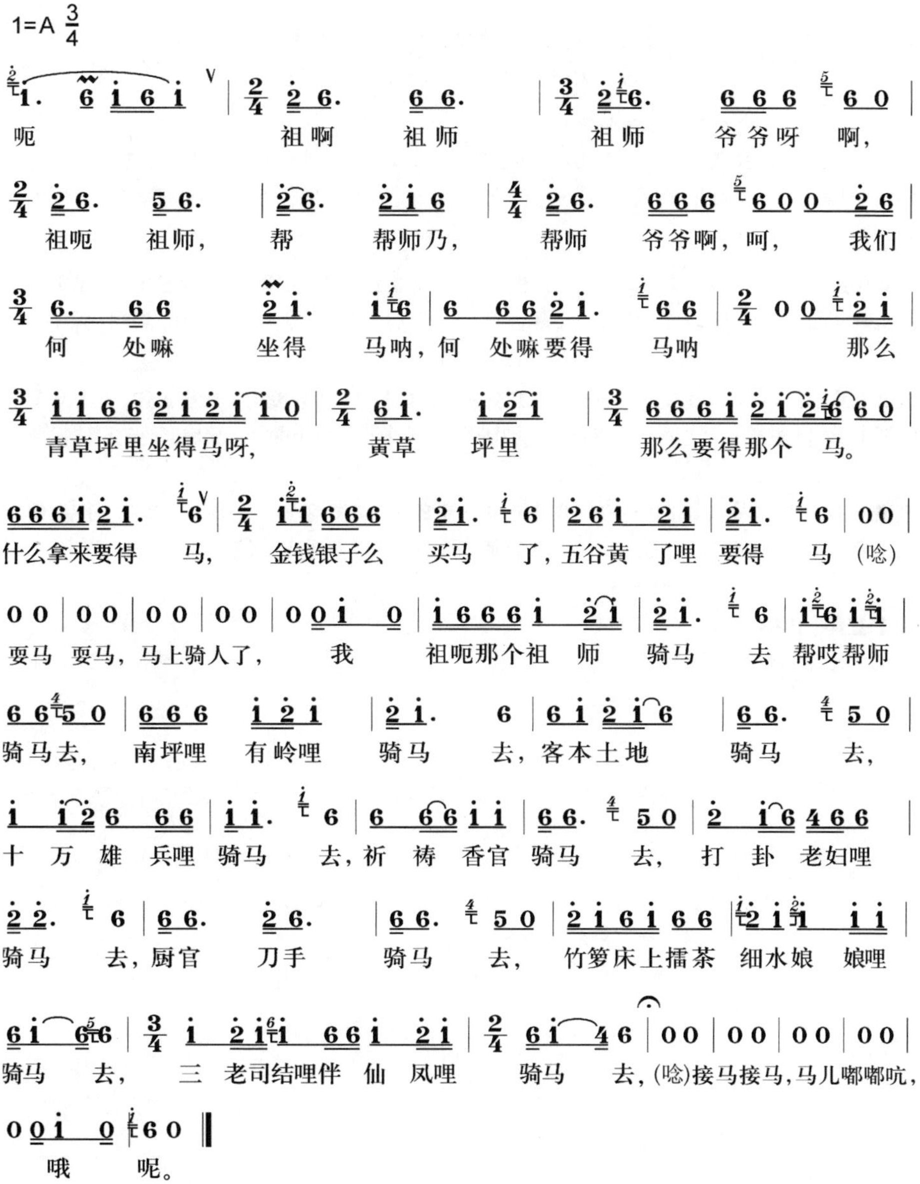

曲十五　交头钱（第十六堂法事）

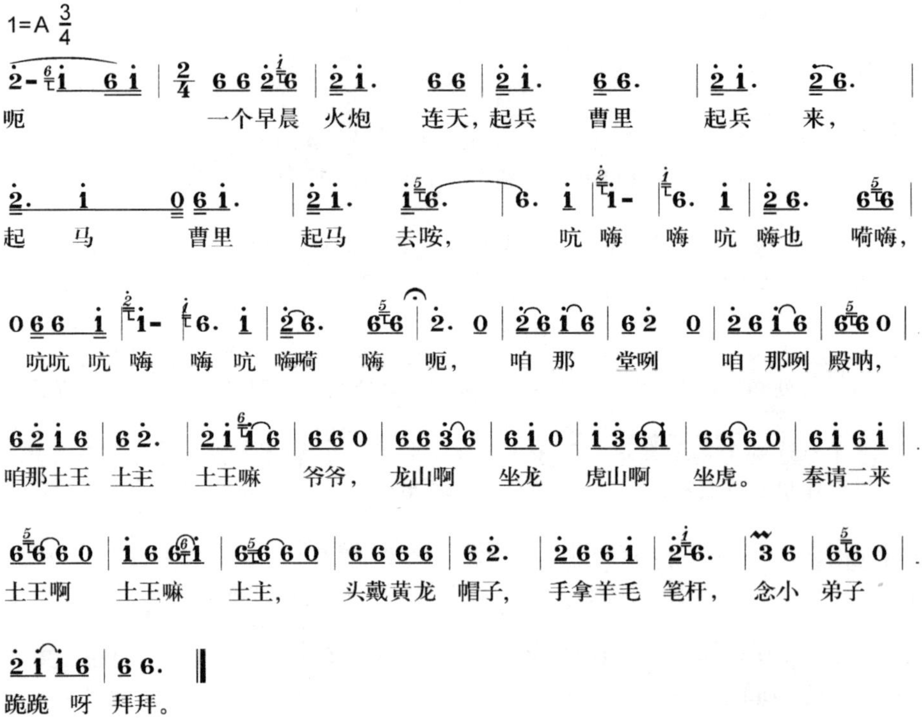

吟唱类

曲三　牵瘟头（第三堂法事）

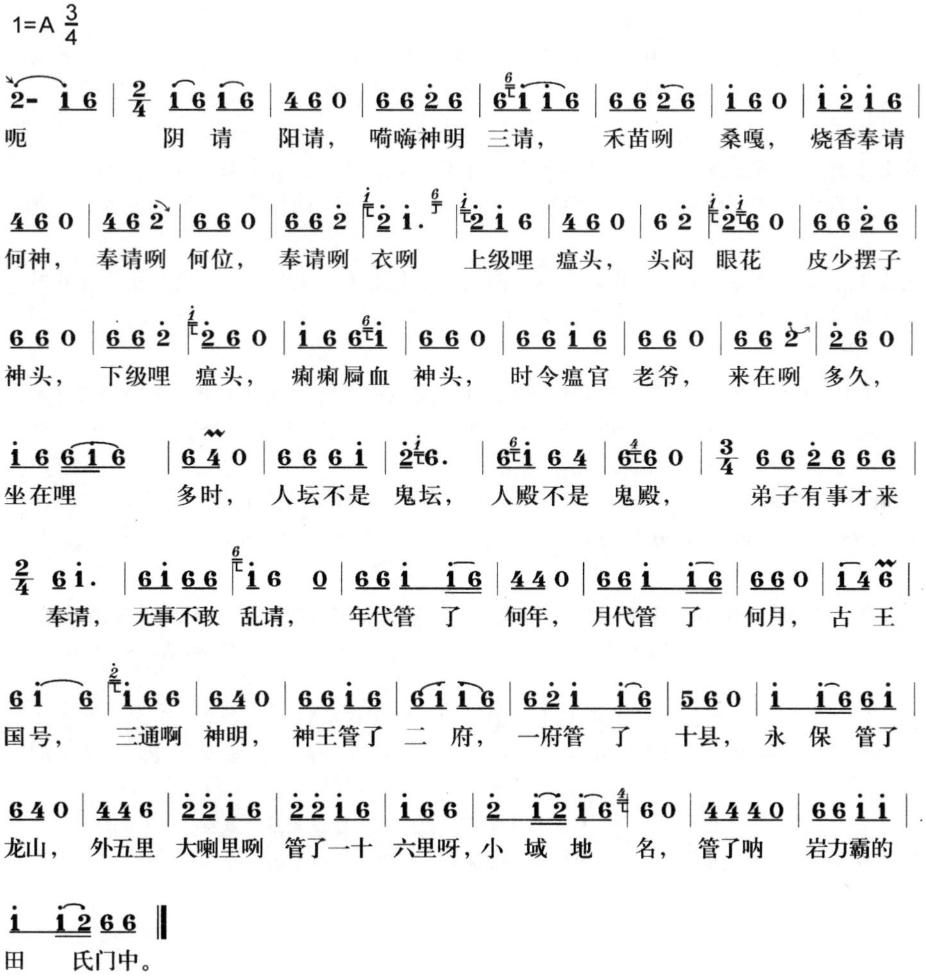

曲五　赏兵（第六堂法事）

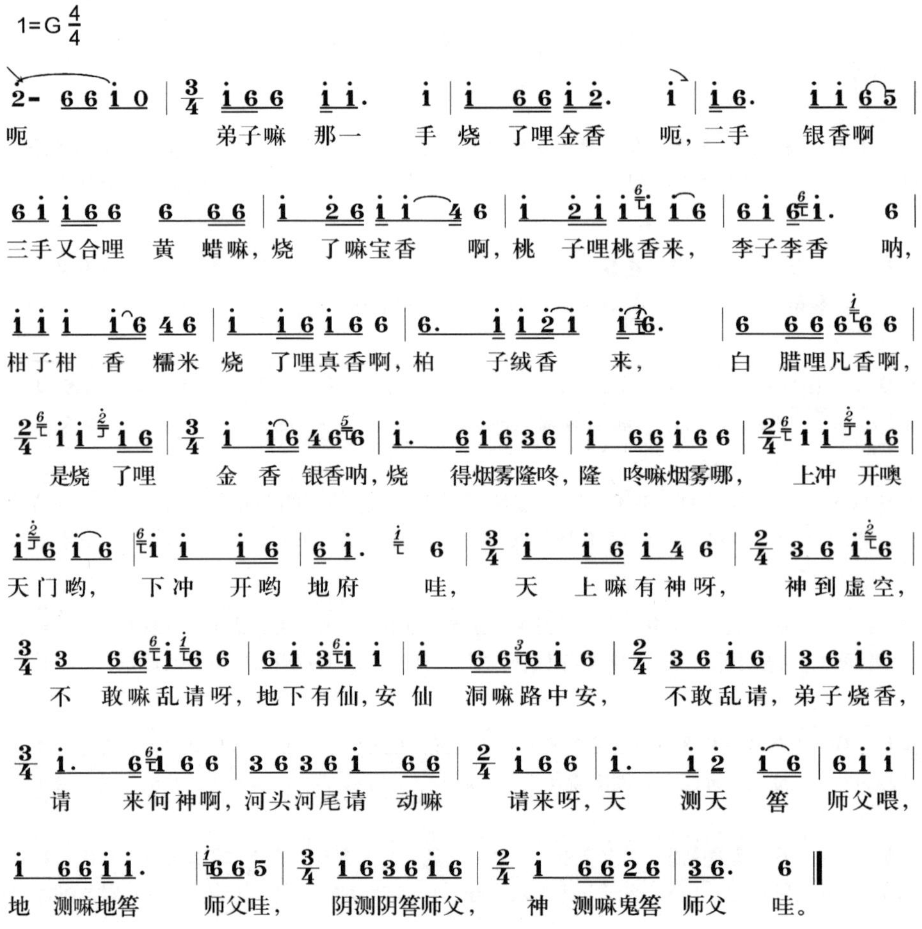
1=G 4/4
呃　弟子嘛 那一 手 烧 了哩金香 呃，二手 银香啊
三手又合哩 黄 蜡嘛，烧 了嘛宝香 啊，桃 子哩桃香来， 李子李香 呐，
柑了柑 香 糯米 烧 了哩真香啊，柏 子绒香 来， 白 腊哩凡香啊，
是烧 了哩 金 香 银香呐，烧 得烟雾隆咚，隆 咚嘛烟雾哪， 上冲 开噢
天门哟， 下冲 开哟 地府 哇， 天 上嘛有神呀， 神到虚空，
不 敢嘛乱请呀，地下有仙，安 仙 洞嘛路中安， 不敢乱请，弟子烧香，
请 来何神啊，河头河尾请 动嘛 请来呀，天 测天 筶 师父喂，
地 测嘛地筶 师父哇， 阴测阴筶师父， 神 测嘛鬼筶 师父 哇。

曲十 坐马（二）

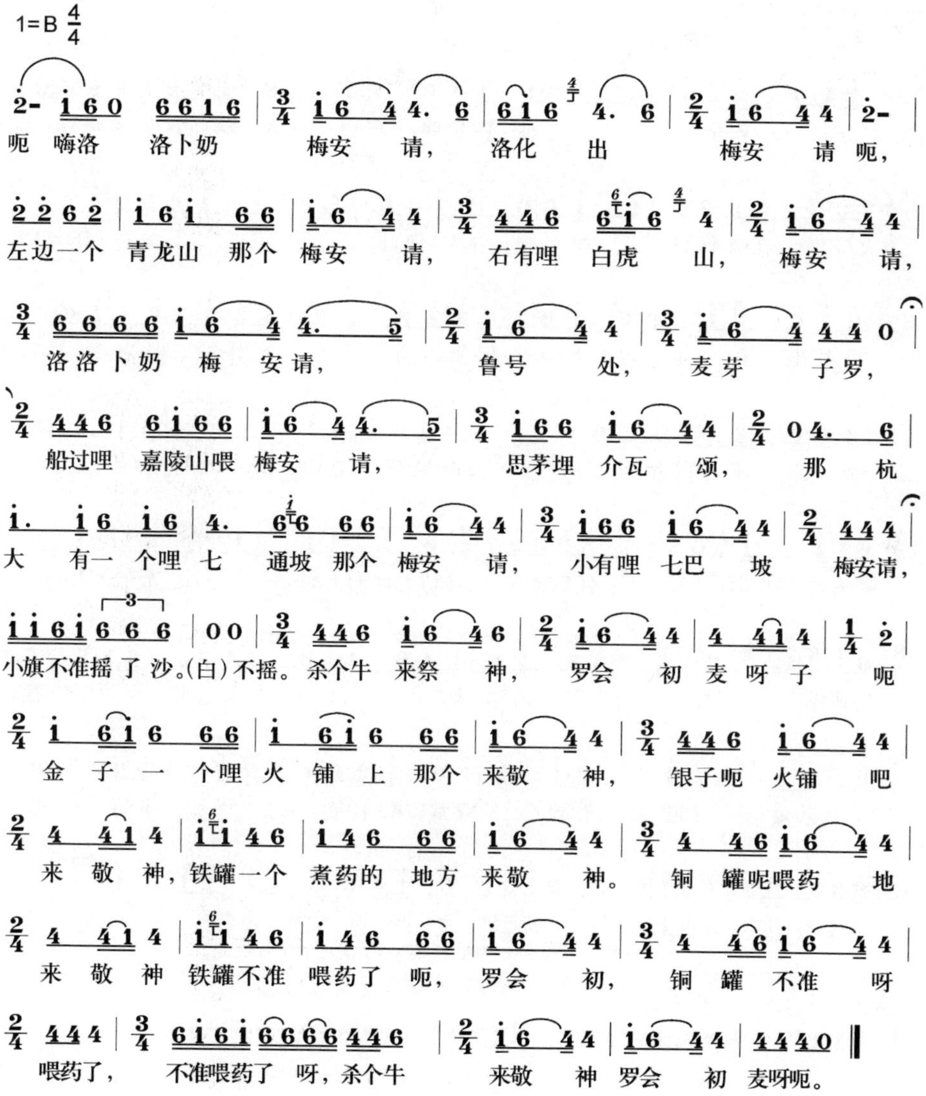
1=B 4/4
呃 嗨洛 洛卜奶 梅安 请，洛化 出 梅安 请 呃，
左边一个 青龙山 那个 梅安 请，右有哩 白虎 山，梅安 请，
洛洛卜奶 梅 安请，鲁号 处，麦芽 子罗，
船过哩 嘉陵山喂 梅安 请，思茅埋 介瓦 颂，那 杭
大 有一 个哩 七 通坡 那个 梅安 请，小有哩 七巴 坡 梅安请，
小旗不准摇 了 沙。(白)不摇。杀个牛 来祭 神，罗会 初 麦 呀 子 呃
金 子 一 个哩 火 铺 上 那个 来敬 神，银子呃 火铺 吧
来 敬 神，铁罐一个 煮药的 地方 来敬 神。铜 罐呢喂药 地
来 敬 神 铁罐不准 喂药了 呃，罗会 初，铜 罐 不准 呀
喂药了，不准喂药了 呀，杀个牛 来敬 神 罗会 初 麦呀呃。

曲十一　敬四官老爷（第十二堂法事）

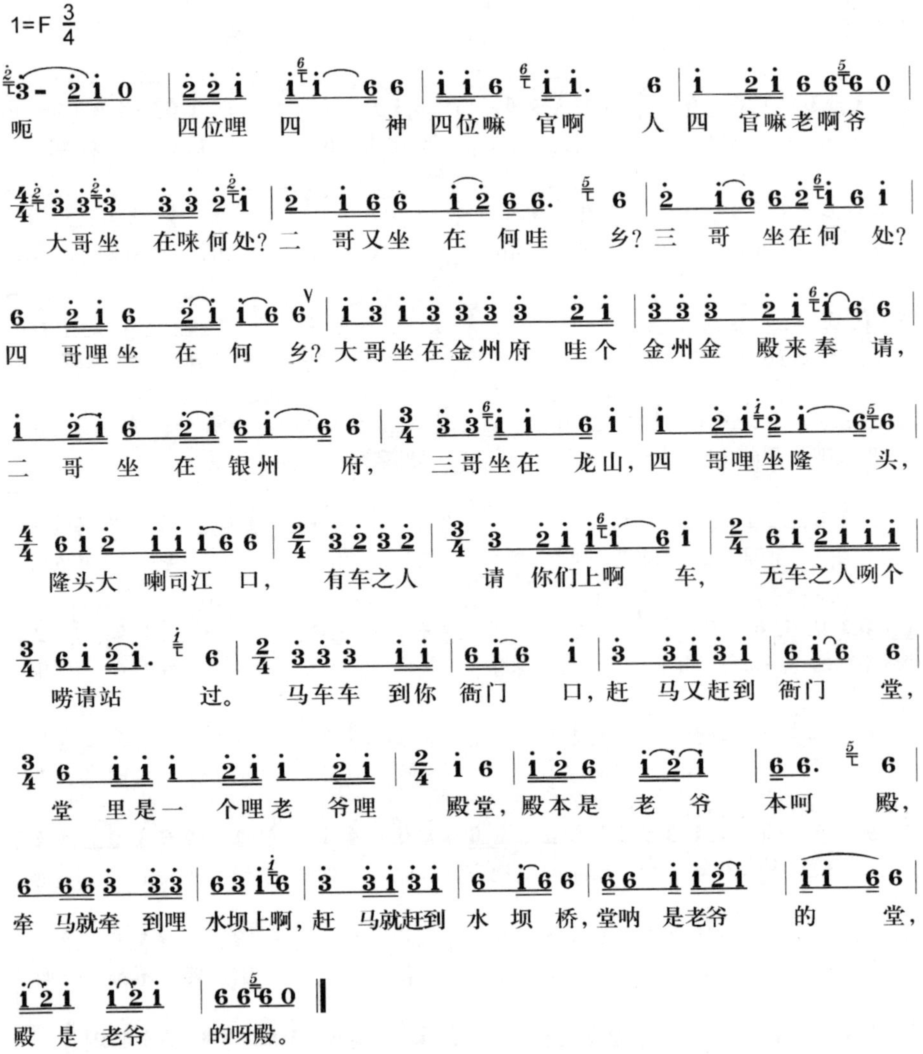

曲十四 团兵（第十四堂法事）

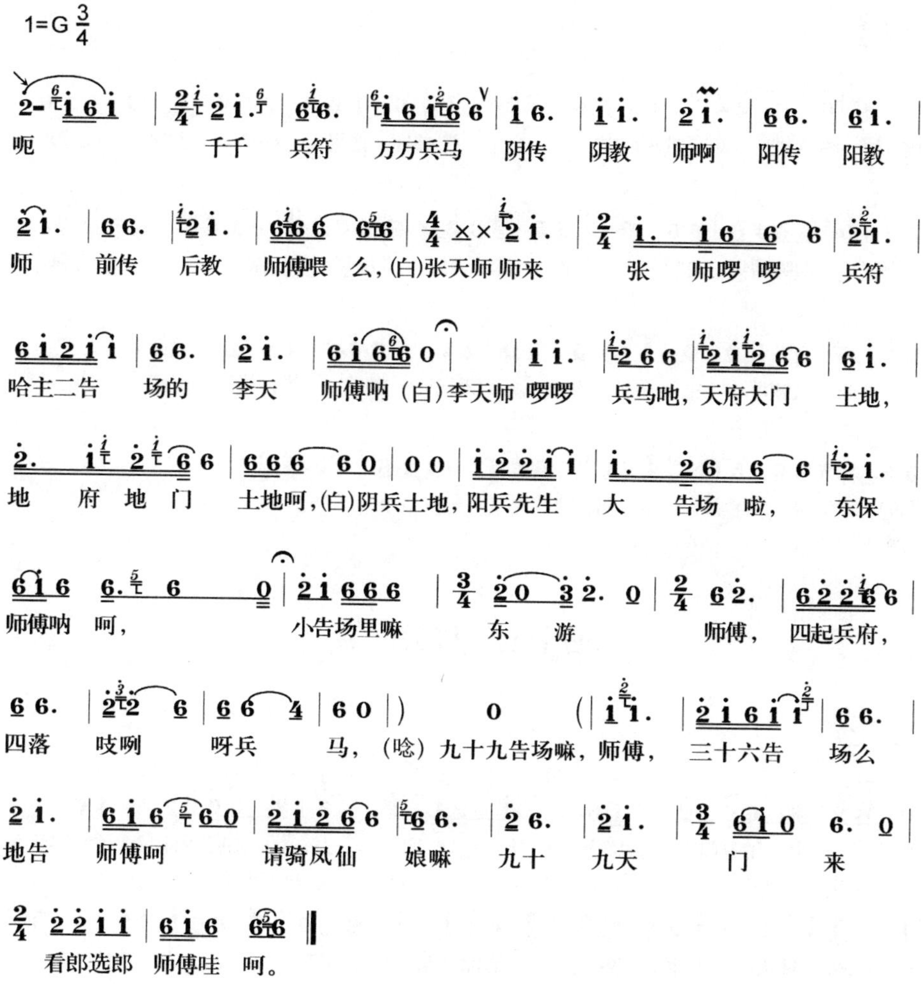

曲十六　摆男（第二十五堂法事）

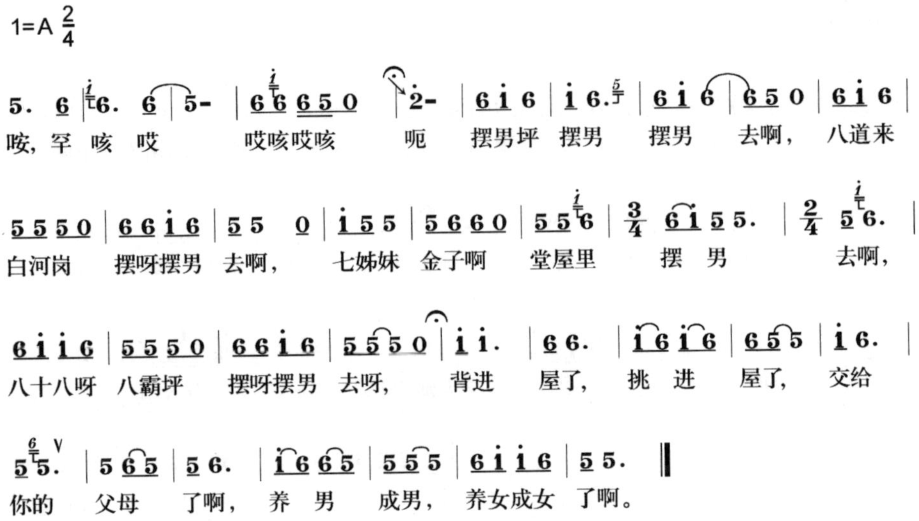

曲十七　打关度煞

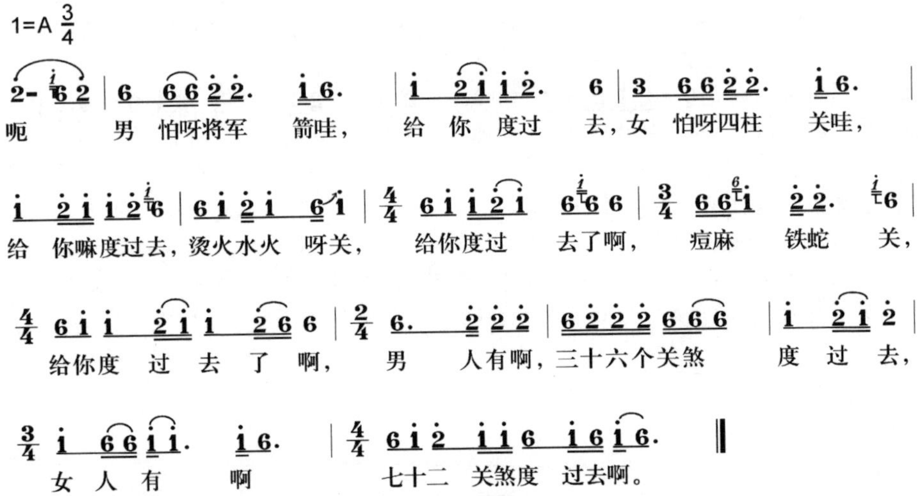

曲十八 度职·传法水

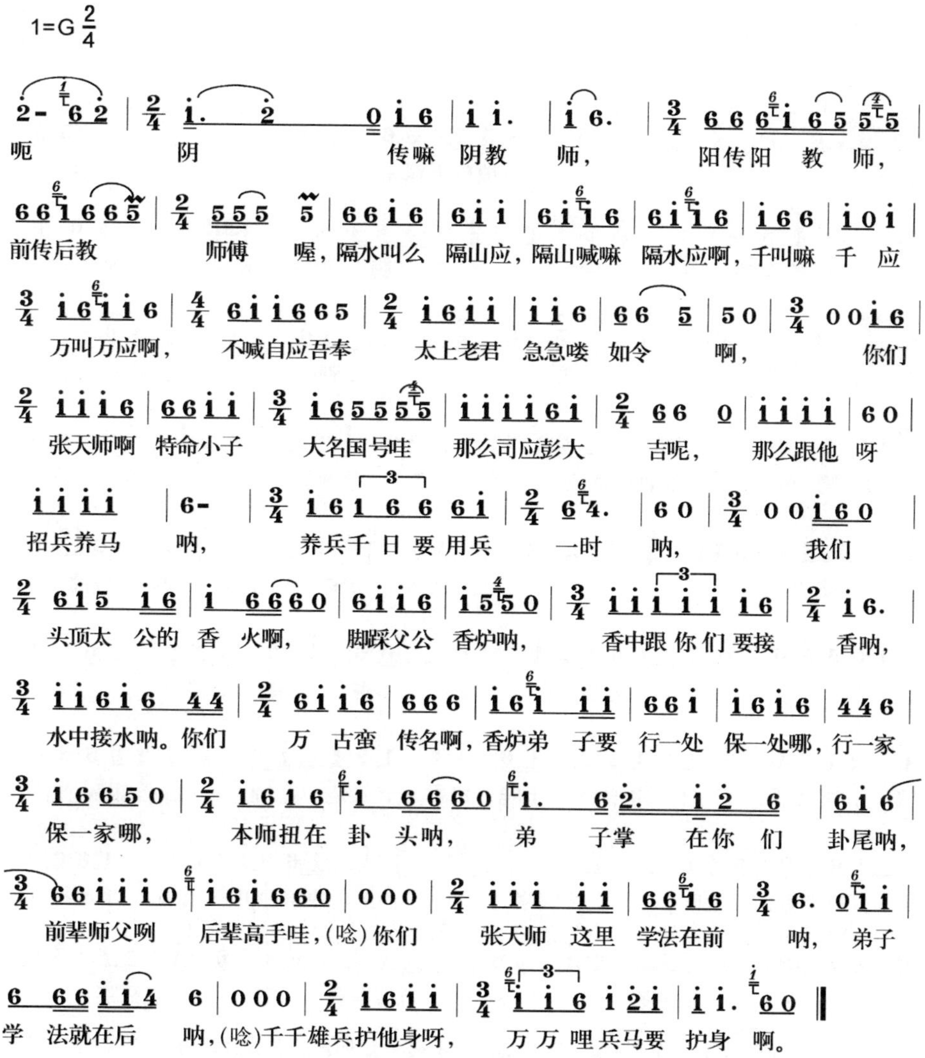
1=G 2/4
呃 阴 传嘛 阴教 师， 阳传阳 教 师，
前传后教 师傅 喔，隔水叫么 隔山应，隔山喊嘛 隔水应啊，千叫嘛 千 应
万叫万应啊， 不喊自应吾奉 太上老君 急急喽 如令 啊， 你们
张天师啊 特命小子 大名国号哇 那么司应彭大 吉呢， 那么跟他 呀
招兵养马 呐， 养兵千 日 要 用兵 一时 呐， 我们
头顶太 公的 香 火啊， 脚踩父公 香炉呐， 香中跟 你 们 要接 香呐，
水中接水呐。你们 万 古蛮 传名啊，香炉弟 子要 行一处 保一处哪，行一家
保一家哪， 本师扭在 卦 头呐， 弟 子掌 在你 们 卦尾呐，
前辈师父咧 后辈高手哇，(唸)你们 张天师 这里 学法在前 呐， 弟子
学 法就在后 呐，(唸)千千雄兵护他身呀， 万 万 哩 兵马要 护身 啊。

唱诵混合类

曲七　落神（第八堂法事）

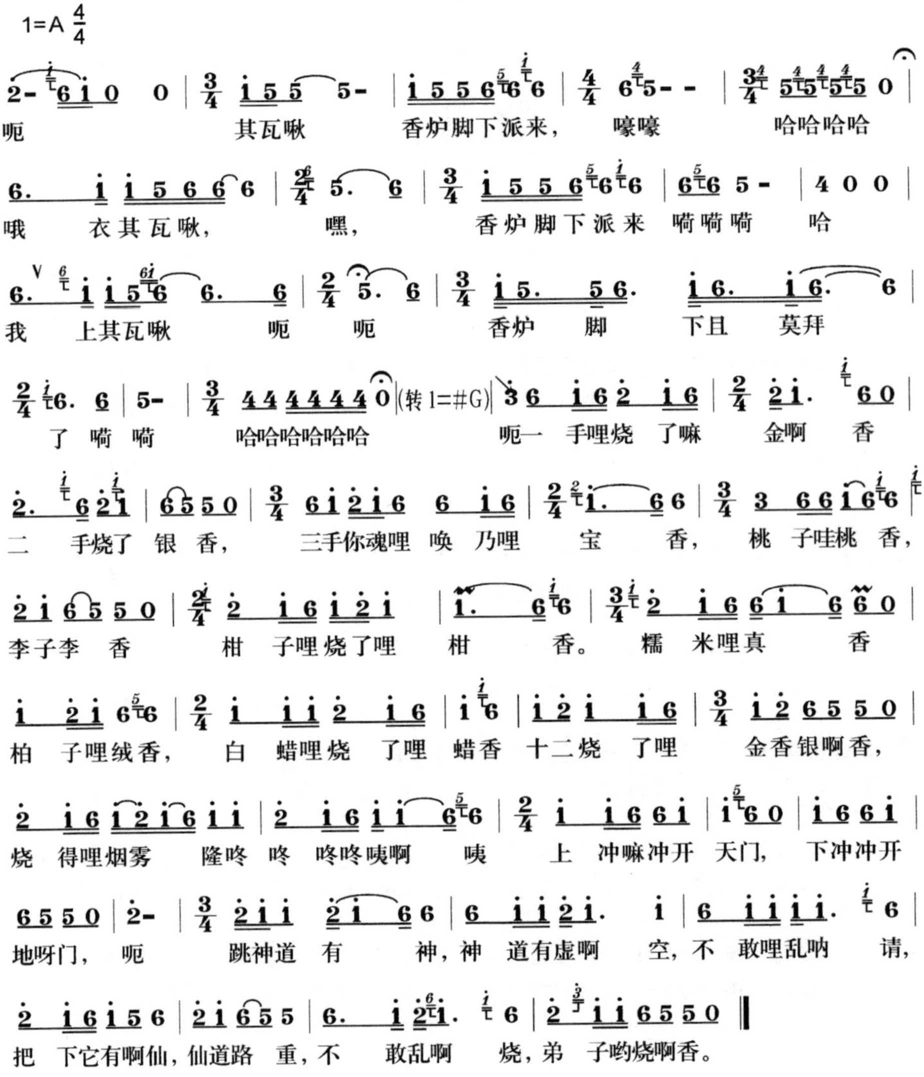

曲十二 解头钱·出门（第十三堂法事）

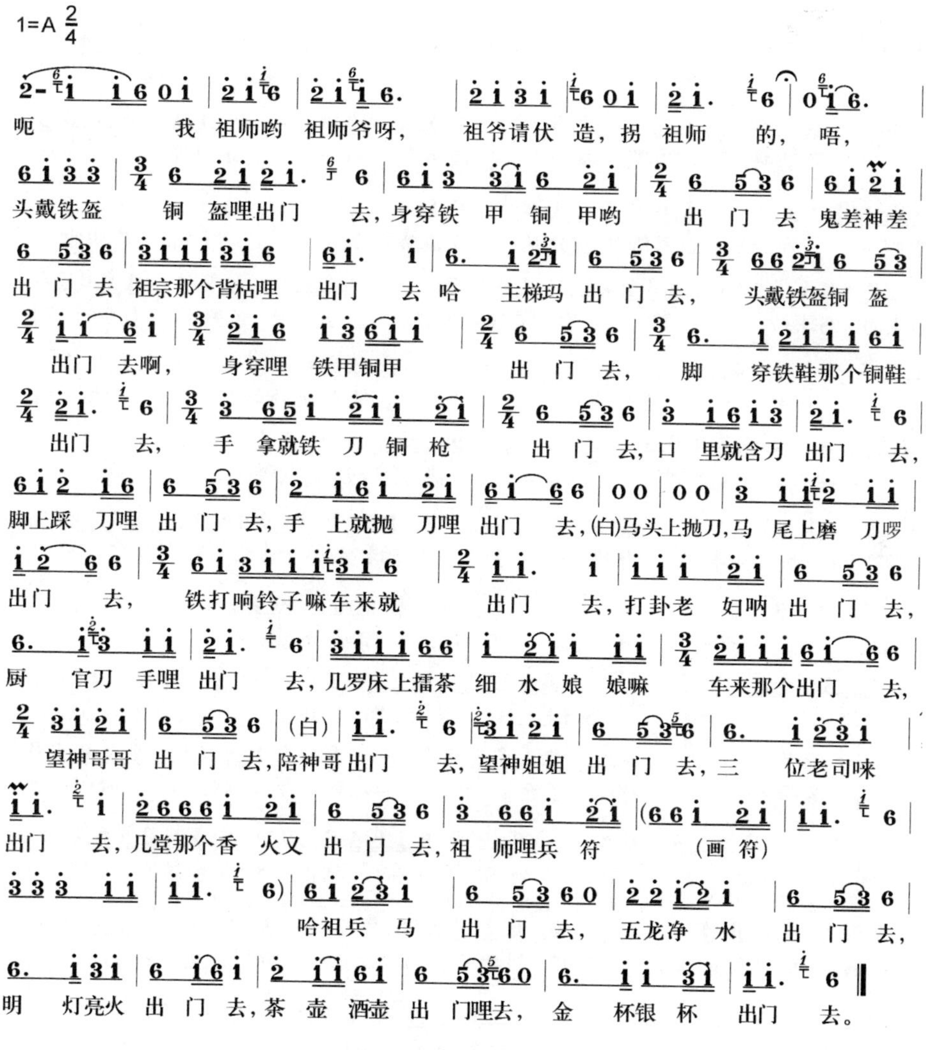

曲十三　解头钱·踩八卦

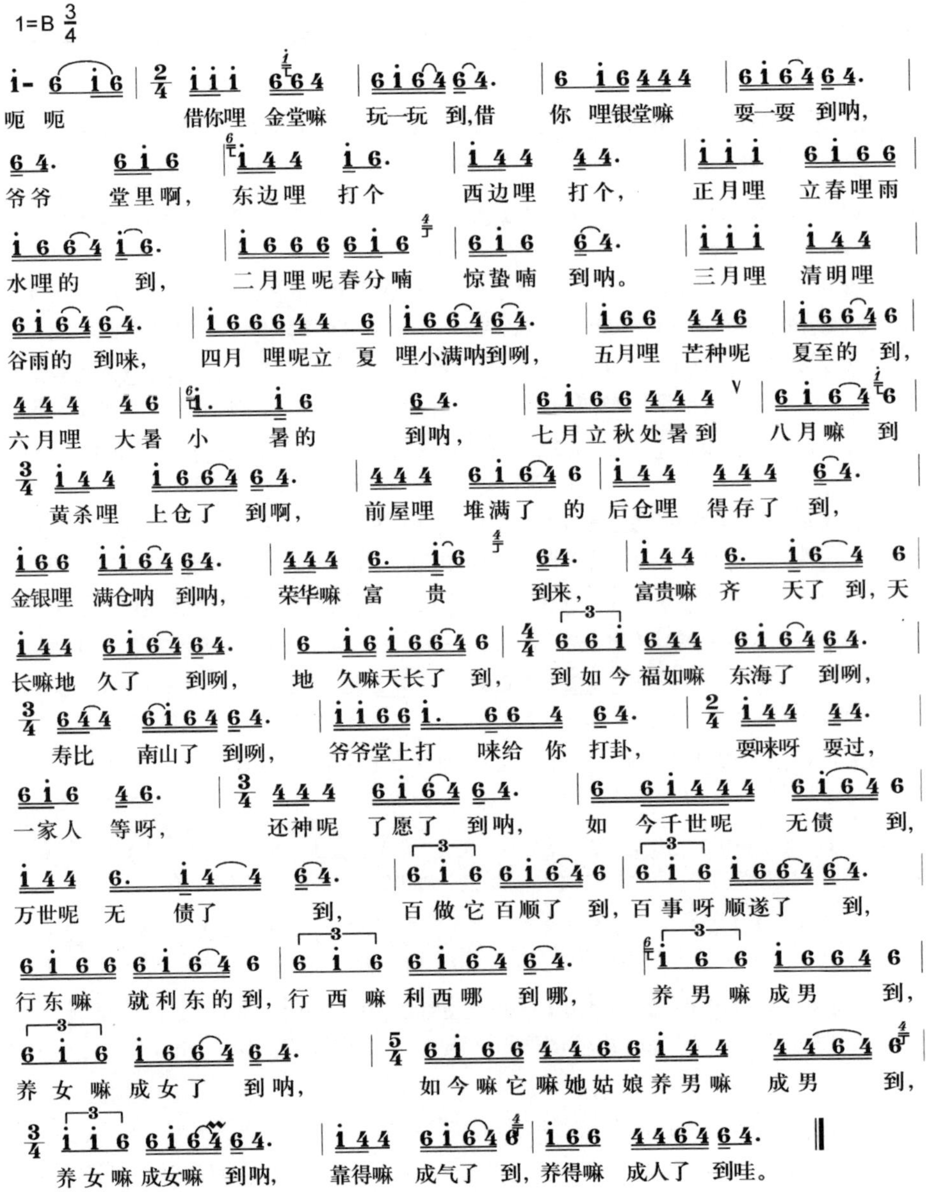

（以上“还土王愿”祭祀巫歌曲谱由彭昌顺演唱，张子伟录音整理，肖幼林记谱。）

（二）弦法与调式

1. 弦法。其走向较为简练，各堂法事的声腔开头都安上一个较短的引子（如：b6——｜556—｜），接着是几句吟诵，再转入正曲。一般来说，其声腔分为上下句，有的中间穿插变腔或念白。另外，亦有唱、数板结合的不规则词句，即单句结构。各调的唱腔（旋律）基本上由主音、核心音、色彩音组成。它在基本格式、旋律线条不变的情况下“以字行腔”。

如：

此为羽调式：

66 i | 66 0 | $\dot{2}$i 6i | 66 0 |

主音　色彩音　　核心音

此为征调式：

6i 6 | 55 0 | 66 i6 | 55 0 |

色彩音 核心音 主音

2. 调式。按调式划分，大部分为羽调式。第 1、2、7、15、16 等 5 曲为徵调式（实际为“变徵”），第 4、9、13 等 3 曲为宫调式。这 3 个曲调记谱时是以“4”为音记录的，为的是记谱和演唱时的顺畅，按“请角为宫”法的原理，应视为宫调式。

二、唱曲

（一）曲式

可分为双句式、单句式、复合句式或自由句式。它在演唱形式的运用上，有专用唱腔、同腔异调、同词异腔等三种手法。

（二）音乐特点

还土王愿采用土家语和汉语两种语言演唱。在使用土家语言演唱时，由于它的语言（唱词）结构不可能像汉语那样工整（如五字句、六字句、十字句或是有规律的韵白等），这样便使其音乐结构出现了“不工整”的特点。

另外，仪式之唱（念）词同其他宗教仪式的一样，一般都较长，若照此入曲，则显得节奏过于缓慢，演唱慢条斯理，所以演唱者（梯玛与帮师）、听众均要求对唱法进行处理，使其适应仪式的需要，如此便形成了以吟诵和吟唱为表现形式的音乐体裁。吟诵曲（有时加进大段的念白）可以解决词句表现与演唱冗长拖拉的矛盾，而吟唱曲由于旋律性较强，则能够美化词句，表现情感、情绪的多种变化，给人以清新之感。两者搭配，松紧适度，快慢得当，相互衬托，相互补充，有利于塑造出较好的音乐形象，给人完整之感。

一般来说，用土家语演唱时多以吟诵为主，吟唱曲大都是用汉语演唱的。采用哪种形式来演唱，梯玛常常得根据法事表现的需要及唱词的长短作出选择。他们表演灵活，时而将两者分开运用，时而使两者结合，做到了按语言的基本特点，在旋律基本走向不变的情况下，以字行腔，收放有度。

由于音乐上的简练、形式上的灵活，唱曲形成了易记、易学的特点，便于传唱。此亦土家族宗教音乐经久不衰、源远流长之重要原因。（曲例略）

三、乐器

土家族还土王愿均采用清唱形式，无弦乐或管乐伴奏，唯一的敲打节奏的乐器是八宝铜铃。八宝铜铃奏出的音乐效果，尤其适合塑造土家梯玛上天走阴、不停奔波的骑马巫师的形象。

牛角在请师请神时，常被用以发出信号。（用法见道具条）其曲牌有两种：“玉皇角”、“老君角”。例如：

玉皇角：

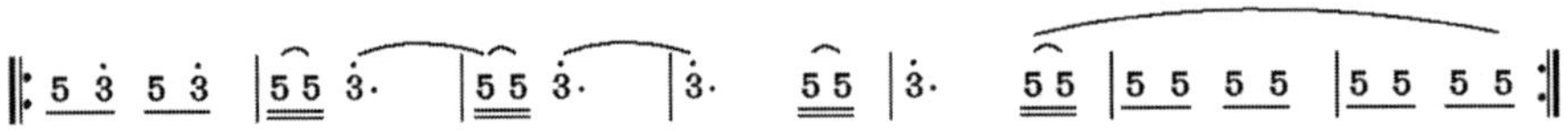

老君角：

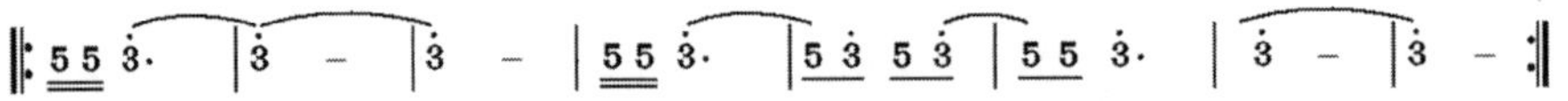

此外，司刀圈上铜环发出的声响亦有伴奏功效。（曲例略）

第四节　铜铃舞

出于梯玛解钱的需要，系着铜铃的木雕马头柄成为不可替代的法器和道具。它的作用是供梯玛上天入地作乘骑。由此而产生了优美多姿的舞蹈，通常称之为“铜铃舞”，属仪式性质，与神歌搭配，具有娱神娱人双重目的。

铜铃舞分“行堂”、“坐堂”两种。

所谓“行堂”，是指主动出门给户主作法事的坛班。所谓“坐堂”是指在家被请出门给户主作法事的坛班。它们也可以法器上铜铃的个数来区分。这源于两种传说。坐堂铜铃舞，其铜铃只有六个。传说梯玛祖师原有铜铃八个，称八宝铜铃。他学法归来，被客老司和苗老司各要走了一个，只剩下六个。如今，苗老司的大苗铃上系有一颗小铜铃，客老司（汉巫）司刀圈顶上也有一颗小铜铃。行堂铜铃舞，其铜铃只有七颗。传说土家族祖先有四兄弟，某日上山碰上猛兽，全部遇难，其中一人的睾丸被叼去一颗。后人为祭祀四兄弟，把余下七子做成相形的铜铃，仍称八宝铜铃，行堂咒唱，摇铃起舞，以示怀念。①

一、基本特点

从舞蹈形式看，出于求神的需要，多有下跪、叩头、拜神等舞蹈身段。出于解钱骑马的需要，多有喂马、逗马、上马、跨马、奔马、下马和造马等动作。

从舞蹈风格看，它独特、粗犷。表演者经常运用双膝稍屈、顺势摇铃、浑身颤抖扭摆等来模拟原始初民的习惯动作，比较接近毛古斯中模拟初民特形的基本动作。有的动作技巧很高，如该县许多梯玛保留有“跳火坑”的动作，表演时腾空跳起，双腿向前伸，右腿跨过左腿，转身三百六十度。又如“打八铃”，要求全蹲，两腿交替向前伸出，双手交换不断打小腿、大腿、手板和肩，反复两次为八响铃，动作难度大，风格特点浓。

从舞蹈步伐上看，有十字步、踩三角、屈膝辗转、交叉撇步、旋转、跳转等。

整个舞蹈以铜铃的震响声伴奏，声音铿锵，节奏多变，无其他乐器伴奏。

20 世纪 50 年代以后，舞蹈、音乐工作者对其发掘整理，并为其配以民间吹奏乐器。首先，原州文化馆舞蹈干部石远鳌和龙健珍夫妇合作编舞、州歌舞团李卓干先生编曲，共同把原来仅由梯玛一人跳的铜铃舞，改编成由十个土家青年跳的集体舞，参加 1979 年全省业余文艺会演，荣获创作一等奖、演出二等奖，并获 1981 年 12 月湖南省文学艺术创作奖。此舞

① 《湖南民族民间舞蹈集成·湘西土家族苗族自治州资料卷》（内部版），“铜铃舞”概述，1984 年 8 月，第 67 页。

1980 年和 1983 年先后两次登上北京舞台，深受观众欢迎。

二、舞蹈分类

第一类，行进摇铃舞。

这类舞用于下阴解钱。共计八种，详述如下：

1. 八字步摇铃（图 5 – 1）

准备：左丁字步，双手屈肘于胸前，竖握铃。

动作：第一拍，双腿屈膝，左脚稍提起，外撇步落于右脚前，脚跟与右脚尖靠拢，同时双手竖握铃，由右往上前左划半圈，铃至左腰前成横握铃。第二拍，与第一拍动作对称。第三至四拍，同第一至二拍动作。第五至六拍，双手胸前竖握铃，双脚原地向左磨转一圈。第七至八拍，左腿全蹲，右腿稍屈，前伸，脚跟着地，同时右手竖握铃，向右斜前推出。右手屈肘于胸前向后拉与肩平，掌心朝里。

图 5 – 1 八字步摇铃

2. 大八字步摇铃

准备：大八字步，双手于胸前竖握铃。

动作：大八字步移动，由左向右，同时双手竖握铃，从左向右摇铃三次，停止一次，上身随着摇铃摆动。

3. 十字步摇铃之一

准备：正步，右手横握铃，屈肘举于肩前，左臂自然下垂。

动作：第一至四拍，左右脚交替走十字步，右手拍铃一次，左手随身自然摆动。

4. 十字步摇铃之二

动作：左脚起走十字步，四拍一次，动作与十字步摇铃同，在第三至四拍时，左手由右胸前向外推掌，手画至左旁。

5. 踩四方

准备：右腿半蹲，左腿伸向左侧，内撇脚全脚掌踏地，右手持铃，弯肘撑在右膝上，左手持铃屈肘于左胯旁。

动作：第一拍，右脚半蹲原地向右辗转，左内撇脚，腿伸直由左移踏至一点方向，身体向右转四分之一圈，同时左手持铃打左旁胯一次。第二至四拍，动作同第一拍，第二拍右辗转，左腿由一点移踏至三点，第三拍右辗转，左移踏至五点方向，第四拍踏回七点方向（即前、右、后、左）。

6. 踩五方

准备：正步，双手竖握铃屈于胸前。

动作：第一拍，左脚向前一步，同时双手于胸前打开平抬。第二拍，右脚收成正步，以左脚为轴心，向左辗转半圈，双手屈肘合于胸前竖握铃，面向后。第三至四拍，双手保持第二拍姿态，左脚向左移一步，以左脚为重心，向左转身四分之三圈，右脚稍提起随身转动，第四拍，右脚落于身后，重心在右脚，左脚前伸勾脚，脚踏着地，双手于第四拍由胸前打开平抬。第五至六拍，左脚向右斜前进一步，以左脚为重心向左转一圈，面向后，右脚跟上，前伸勾脚着地，重心在左脚，双手在第五拍时于胸前竖握铃。第六拍，双手打开至两旁平抬，面向后。第七至八拍，左脚移一步，转法与结束姿态同五至六拍动作。

7. 踩八卦（图5－2）

动作：第一至四拍，左脚起走十字步，第四拍时双脚成正步，双膝颤动一次，同时双手在“提襟”位，左手拳口打左胯，右手横握铃打右胯。第五至六拍，右脚向右前进一步，左脚跟成左靠步，双手同一至四拍动作。第七至八拍，左脚向左前进一步，左转身四分之一圈，右脚跟成右靠步，双手同第一至四拍动作。

8. 移步摇铃

准备：正步，双臂自然下垂，右手横握铃。

动作：第一至四拍，面向前，右脚起向旁移三步，连续屈膝颤动，双手在提襟位上下摇铃四次，第四拍左脚成靠步。

图5－2 踩八卦

第二类，旋转摇铃舞。

此舞在原地旋转起舞，表现迷失、观望之情态，还土王愿解钱法事中用于“迷路”、“问津”等处或“盘路”、“盘花”、“盘歌”等逸情场面。共计四种，详述如下：

1. 转马摇铃（图5－3）

准备：八字步半蹲，上身前俯，左手屈肘于左肩前，右手斜握铃接于后斜上方。

动作：第一至四拍，保持准备姿态，左脚为重心，向左点地转一圈（转时右脚在后连续踏地随左脚转动），右手在后连续上下甩动。

图5－3 转马摇铃

2. 转圈摇铃

准备：小八字步，双臂自然下垂，右手横握铃。

动作：左脚为重心向左旋转，右勾脚，脚跟随之前、左、后、右蹬地，同时双手在两侧上下摇铃四次。

3. 勒马摇铃（图5－4）

动作：面向前，右手握羊腿，向右扭腰，上身稍前倾，左臂屈肘握拳，肘部靠在右大腿上。右手稍屈肘斜握铃，举至头上方，左扭头，眼视下方，同时左腿向右跳转，一拍一次连续进行，越转越快。

图5－4 勒马摇铃

图5－5 金鸡独立

4. 金鸡独立（图5－5）

动作：左腿独立式。第一拍，左脚原地小跳一下，同时右腿向前吸腿，左手自然向前甩出，右手向后甩。第二拍，左脚再原地小跳一步，右吸腿姿态不变，左手自然向后甩，右手屈肘向前伸，肘弯撑在右膝上。

右腿独立式，动作相同，方位相对。

第三类，跑跳摇铃舞。

此类舞用于表现梯玛解钱时急速奋进的情状、上坡下坡的姿态。“过黄河岗”、“上八十八坝坪”、“上无兵借兵山”等法事常用此类舞。共计五种，详述如下：

1. 萨玛

准备：大八字步，双臂左右屈肘与肩平，仰头挺胸，双腿打直。

动作：连续向前小跳，同时右手横握铃，捶打右胸前，左手拳口打在左胸前，随双脚跳动连续打胸。双脚小跳，脚尖不离地，身体保持平稳。

2. 跳莲花

动作：第一至四拍，双起双落前后交叉换腿作“插秧跳”。一拍跳一次，同时左手屈肘与肩平，拳心向里，右手竖握铃打右肩，再向前斜上方推出，反复一次。

3. 跳马摇铃

准备：左丁字步，双臂自然下垂。

动作：第一至二拍，右脚前吸腿，小跳一次，上步落地半蹲，左脚勾脚蹬弹前伸，脚跟着地。同时，右手竖握铃向里屈肘，左手拳口朝上屈肘于右手处，双手端于胸前同时向外互相绕一圈。第三至四拍，姿态不变，上身前俯，右手持铃打在左小腿内侧。

4. 跳火坑（图5－6）

动作：第一拍，左脚起向左后侧单起双落跳步，同时右脚靠步半蹲，左手单晃手回胸前端掌，右手横握铃盖至左腰旁，扣左旁腰，眼看左下方。第二拍，双腿与左手姿态不变，右手由下向上翻腕，经胸前屈肘举于右肩前横握铃，上身随手稍后仰，眼看右旁。

图5－6 跳火坑

5. 跑马摇铃

准备：八字步半蹲，上身前俯，左手屈肘于左肩前。右手斜握铃抬于后斜上方。

动作：第一至四拍，保持准备姿态，双腿同时连续向前跳跃，一拍一次。

6. 祈神摇铃舞

此类舞蹈用于梯玛下阴上天拜神祈神的各堂法事，分敬神、娱神两种。中速或慢速，气氛肃穆，情态虔诚，共计八种。（例略）

第四类，敬神舞。

专用于进堂、呈牲、献酒等仪式。主要有以下七种：

1. 过门坎

第一至二拍，左脚移一步，同时左转身半圈面向后，右脚收成正步，左手半握拳，拳口打胯两次，右手横握铃打右胯两次。第三至四拍，右脚原地踏一步，向左转身半圈，左腿勾脚，前抬45度，右脚单起单落跳两次，双手动作同一至二拍动作。第五至六拍，左脚落地，右小腿后撞，右脚单起单落两次，双手动作同一至二拍动作。第七至八拍，右脚落地向右后转一圈成左踏步面向前，双手动作同一至二拍动作。

2. 望神

第一至二拍，左脚为重心，右勾脚向左扫堂腿蹲转一圈，同时双手于胸前竖握铃。第三拍，右膝跪地，头后仰，右手举至头上方，斜倒铃，左手提襟位。

3. 勒马望神（图5－7）

准备：小八字步，双臂自然下垂。

动作：第一至四拍，做转圈摇铃。第五至八拍，做跳马摇铃。第九至十二拍，做勒马摇铃。第十三至十六拍，做望神。

图5－7 勒马望神

4. 拜菩萨

第一拍，左脚向斜前跳一小步，面向右斜前，右腿后吸起，同时左手半握拳，拳口打胯一次，右手横握铃，打胯一次。第二拍，右脚由后向左斜前跳一步，左腿后吸起，面向左斜前，双手动作同第一拍动作。第三拍，做第二拍对称动作。第四拍，左腿向前，右膝在后跪地，双手同第一拍动作。第五至六拍，腿的姿态不变，双手捧于胸前，竖握铃，摇铃两次。第七至八拍，腿的姿态不变，上身前俯，埋头，双手分开撑地；第八拍起身，双手于胸前竖握铃。

5. 打神堂（图5－8）

准备：右斜丁步，双手于胸前竖握铃。

动作：第一至二拍，向后闪腰，同时双手从胸前拉开与肩平，前后摇铃两次。第三至四拍，右脚向左盖步，同时转身四分之一圈成左大踏步，上身前倾，双手左绹手，右手斜摇铃举于右上方，左手提襟位。第五至六拍，准备姿态不变，同时双手原位向外摇铃两次，向左扭头，眼视左下方。第七至八拍，保持姿态，原地向左磨转四分之三圈，左斜丁步，面向前，双手原位摇铃两次。

图5－8　打神堂

6. 跪地摇铃

准备：右膝跪地，左腿屈膝前伸，脚跟着地，左手竖握铃，一头朝上，一头按于左大腿上。右手自然下垂。

动作：左手原位连续向前压铃，一拍收，一拍压，斜倒铃，上身先俯后仰，右手由胸前至右旁随着上身起伏，连续平绕“8”字。

7. 扫堂摇铃

准备：正步，右手竖握铃，左手握虚拳，双手自然下垂。

动作：第一至二拍，左侧身前倾，左腿勾脚向斜前上一步，左绹手，于右斜前平划至左旁摇起25度，手心向上。右侧身右脚跟上，成正步，同时右手竖握铃，在右胯旁摇铃一次。第二拍身子转向一点后，同时右手竖握铃抬至右腰旁摇铃一次。第三至四拍，左脚后撤一步，右脚收成靠步，双手姿态不变，右手每拍摇铃一次。

第五类，娱神舞。

用于娱乐神灵的法事，共计七种，详述如下：

1. 左右摇铃

第一至四拍，双手竖握铃，由右向左一拍一次摇铃三次，最后一拍静止，摇铃时上身随手向左摆动，同时双膝颤动。

2. 上下摇铃

第一拍，左撇脚上一步，捧双手竖握铃，向左摆。第二拍，右撇脚向前一步，同时双手向右摆，眼看右斜前。第三拍，左脚向右撤成大踏步，双手握铃向左摆。第四拍，大踏步向左转身半圈，成右大踏步，同时双手往上翻腕右摆铃。第五拍，起身，双脚收成正步，双手向上翻腕左摆铃。第六拍，左脚撤成大踏步，双手向上翻腕右摆铃。第七拍，起身，右脚后撤成大踏步，上分掌举铃。第八拍，双腿姿态不变，双手由肩前向下按铃。

3. 马步摇铃

第一至四拍，保持准备姿态，连续颤动左手在腹前平绕“8”字，右手持铃连续打胯。

4. 横步双铃打肩胯

第一拍，左脚原位不动，右脚向旁移一步，右手屈肘抬起翻腕，将铃上端转成下端，打在右肩上，同时左手持铃打左旁胯。

5. 双铃逗打（图 5－9）

第一拍，前半拍，左脚原地踏一步，左手持铃竖起打在左腿下；后半拍，右脚原地踏一步，同时右手竖握铃打在右大腿上。第二拍，前半拍，左脚原地前迈一步，双手不动；后半拍，右脚原地小跳一次，同时右小腿向后抬起 25 度，右手屈肘抬起向外翻肘，左手自然停于左旁，右扭头，眼视右肘下方。

图 5－9　双铃逗打

6. 抖肩摇铃

第一拍，右手持铃向前击地，左手持铃向后平伸。第二拍，双手做第一拍的对称动作。第三拍，双手持铃在胸前相碰。第四拍，双手持铃向前后拉开，同时双肩抖动一次。

7. 打八铃（图 5－10）

第一拍，右手握铃，打在左小腿内侧。第二拍，打左大腿。第三拍，打左手小臂内侧。第四拍，右手向外翻腕，经左肩向后绕头，打右肩，同时换成左腿全蹲，右手铃交换给左手后，握拳向前伸出，拳口朝左，左手竖握铃屈肘于胸前。①

图 5－10　打八铃

第五节　巫术及其表演

一、巫术与魔术

在法事神戏的演出中有大量的巫术行为被运用，它有别于武术和魔术。

梯玛为表现法术的高强，也曾有人引用魔术，其实那并非巫术。例如背笼装水。背笼用竹篾编织而成，到处是缝隙，且有层层空花作图案装饰，如何能够装水？笔者在全州傩文化普查中得到巫师的破释。表演者对背笼在事前作了如下处理：

春天青蛙产卵于水田中，分泌大量黏液，无色透明。巫师将它取来涂在背笼上，将缝隙封住，阴干，肉眼难以发现。其膜十分坚韧，用以盛

① 《湖南省民族民间舞蹈集成·湘西土家族苗族自治州资料卷·铜铃舞》（内部版），“基本动作”，第 78 ~ 86 页。

水，自然滴水不漏。

巫术则没有前期制作阶段，皆为即兴表演，并可以让原本与此术毫不相关或毫无常识的人以身试“法”，如上刀梯、踩地刀。巫师在前面赤脚踩着锋利的刀刃，一步一刀，往前行进，祈求解邪煞的乡民，亦可随之踩刀前行。有的可踩三十六把刀。不过参加解邪煞的亲属须让掌坛师将法水抹于脚板，这样依着次序从刀上踩过，脚板丝毫不会受损伤。

据梯玛们说，请了师傅，化了法水，便有师傅附身，乱做乱成。笔者曾采访过十余位掌坛梯玛，均得出这样的答复。现将彭昌顺在还土王愿中的巫术表演陈述于后。

二、巫术七种

其一，请师请水术。巫师在进行所有法事之前，必须先进行这一项，搬请祖师。

彭昌顺请的是道教祖师，俗称红衣老司。念咒，从张天师一直请下来，请到他本人的父传子教师、入门传度师。咒语是：

抬头看青天，师傅在身边，隔山叫隔山应，隔水叫隔水应。弟子奉请何师，弟子奉请何神，奉请大教堂张天师、李天师、天门土地、地门土地、阴兵先师土地、阳兵仙人土地、骑龙师傅、骑凤仙女、扯风叫风师傅、扯雨叫雨师傅、阴传阳教师、水传梦教师、龙魁彭法头、泰山赵本彭法头、热底向法头、阿里向老司、我姓二拐彭法头、三拐彭老司、四拐河南端公师、本堂本殿坛远太公彭法头，你的香炉弟子，头顶香火，头顶香炉，香中接香，水中接水，弟子行一方（祖师）保一方，行一乡保一乡。

以上为第一段。第二段请杭都十万兵符、土王堂兵马、天子龙王堂兵马、杨氏大将军、铁将军铜将军三十六将军、金将军银将军七十二将军、五五二十五洞梅山大王、五五二十五路五猖、扬州大坝坪的十万雄兵九万猛将，一直讲到二拐彭法头等。第三段奉请东南西北中五大海，咒曰：

天上纷纷落在井中，井中纷纷落在挑中，挑中纷纷落在沙中，沙中纷纷落在碗中，碗中纷纷落在弟子手中。一更下凌龙，二更下大霜，三更下大雪，四更下了马儿霜，五更锦鸡来报晓，龙来龙推子，虎来虎推得，山中龙鹰推木叶，山中木叶响叮当，吾神不到影无踪，吾奉太上老君急急如律令。

在念请师咒语时，左手以三指托碗，右手持令牌在水碗中画符，此为造水。

造水分五个步骤：

①端水碗面对大门正前方画紫薇符、画四正符（即罡符）、画井字符；

②对着东方（堂屋的左手角）画紫薇符、四正符、井字符、东字符；

③面对南方画东字符、紫薇符、四正符、井字符；

④面对西方画紫薇符、四正符、井字符；

⑤面对北方画“找”字符（即开门符，放邪神野鬼一条出路）、紫薇符、四正符、井字符。

其二，封禁安神术。将神堂神殿净化，清除邪神野鬼出境。咒语曰：

上不安天，下不安地，单安远都远千，门前渡口，画船打卦，五丁血师，赤教蛮师，藤精树精，古木妖精，怀胎夫人，猪牛六畜，都要安在清平重黄坪县，千年不准相见，万年不许相会，弟子明早鸡啼天亮，倒堂谢店，功果圆满，各归原位，今晚一夜把你压到十八层地狱，一脚踏上，永不准你回来，弟子一正压千邪，吾奉太上老君急急如（律）令。

动作：（1）两手中指蘸碗中法水，放进口里吸吮，共三次。此为张天师所赐神水，喷出可驱逐邪魔妖怪。（2）挽开路诀。双手出中指并拢，再向左右两边分开，共三次。（3）配合开门诀，喷三道法水。（4）配合三道法水，拍空心手板三次。（5）双手在额头前扪一次，两掌交叉成十字，顿足一次。（6）将并拢的两手指向左右两旁分开。

其三，退煞术。人们认为遇上不吉之兆，会遭遇煞星，须请梯玛做法事避开，故谓之退煞。下分四类：

（1）天煞，指天兵天将从天上射下阴箭，阳人撞到，跌倒昏迷。此煞又叫阴煞。

（2）地煞，指地脉龙神，判官小鬼放出阴箭，中伤阳人。

（3）四煞，即年煞、月煞、日煞、时煞，这四个时限的煞星作祟，使阳人倒霉。

（4）九连大煞，在上述天地四时之外煞星的统称，又谓之“百凶神恶煞”。

退煞程序之一：画头额。

（1）念咒语：“头戴大金魁，留人门，塞鬼路，上不收天，下不收地，弟子单收邪神野鬼。”

（2）画符：面对患者，先用鸡脑壳画额门一次，再用令牌醮净水在额门画符一次。如无令牌则用右手食指蘸鸡血画符。画符次序如下：五百蛮雷符、四正符、紫薇符。

退煞程序之二：画胸口。

（1）念咒语：“身穿稀稀疏，留人门，塞鬼路，鬼服鬼法，归依服法，一变二变，变成鬼王。”

（2）配合动作：用令牌蘸净水或用右食指蘸鸡血在患者胸前画符，符的次序如前。

退煞程序之三：画手心。

（1）念咒语：

> 手拿大金刀，斩断邪神妖。令尺一手，令箭一把，斩断邪神。手拿丹桂剑，邪神空空颤，野鬼望了空空望。老君赐的大金刀一把，小金刀一手，斩断邪神，斩鬼头，锯神腰，吾奉太上老君急急如（律）令。

（2）画符：在患者左手心画紫薇符，右手心画四正符。

（3）挽诀：大金刀、令尺、令箭、小金刀。

退煞程序之四：画脚心。

（1）念咒语：“日里不准摇筋乱窜，夜里不准手筋打颤，人见鬼，鬼见哭，吾奉太上老君急急如（律）令。”

（2）画符：左脚板心画四正符，右脚板心画井字符。

（3）挽诀：祖师诀（即祖师一颗印）、铜锁铁锁诀。

（4）在两脚板心盖上祖师印。

其四，解煞术。人突然昏倒，不省人事，梯玛谓之煞星缠身，须得解救，故谓之解煞。

解煞程序：

（1）念咒语：

亲眼观青天，师傅在身边。呜呼，神通浩浩，浩德昭昭，求财有与，四大帝，上元一品天官大帝，下元一品水官大帝，中元一品灵官大帝，上来有天罗网，下来有地虎关，左来有铜墙，右来有铁壁。入门传教师，隔山叫隔山应，隔水叫隔水应，千叫千应，万叫万应，不喊自应，吾奉太上老君急急如（律）令。

（2）画符：捉鸡公，咬鸡冠，以右食指醮血，在患者额门画三符：雷令赶煞符、紫薇符、五百蛮雷符。

（3）念二道咒：

（接前咒末念）退天煞、退地煞、退年煞、月煞、日煞、时煞、五百凶神恶煞、九连大煞，雄鸡一只避煞，龙来龙退爪，虎来虎退皮，山中百鸟退毛衣，要退就退，如还不退，弟子用下五百蛮雷打退，吾奉太上老君急急如（律）令。

（4）挽诀：（按诀次排列）祖师诀、藏身躲影诀、虎诀（先阳虎、后阴虎）、鬼尺诀（又称阴武尺）、大炮诀、铁板诀、铁栏杆诀、铁锁铜锁诀。

其五，踩刀术。梯玛还土王愿，为户主解煞则必须踩刀，以便解脱煞星所致之灾。

踩刀的方式有三种：一是在户外竖刀梯，梯玛赤脚从接近地面的第一把刀口踩起，一直踩上梯顶，表演一番以后又从梯顶的朝天刀尖上翻越过去，又一步一步踩着刀口下到地面；二是在房外院坝内地面上，下放刀梯，刀锋朝上，梯玛赤脚从刀口上踩过；三是在户主堂屋内，将梯玛的巫刀横置，刀口朝上，让被退煞的小伢或青年男女赤脚踩着刀口，从堂中由两个帮师接至伙铺房门口。前两种户外踩刀，亦需被解煞之人、其亲属或本寨内欲脱灾难的村民赤脚踩刀。

彭昌顺梯玛在田清富家里摆设的是第三种：踩地刀（又叫踩金刀）。

踩地刀程序：

（1）请师。用“赶白虎”请师咒语，加一段词：“老君赐的大金刀一把，小金刀一手，斩断邪神野鬼，人走刀上过，邪神永不回头了，千年血关断绝，万年缘刃断户。吾奉太上老君急急如（律）令。”

（2）挽诀：祖师诀、收影诀、阳虎阴虎诀、鬼尺诀、大炮诀、铜板铁板诀、铜栏杆铁栏杆诀、铜锁铁锁诀。

以上八诀，除了用两手十指缠绕出一定的形态，还得配合口诀，边挽边念，现分录于后。

祖师诀（以双手指醮净水，口喝食指净水，拍掌。以下各诀均同此动作，不再重复。）

隔山叫隔山应，隔水叫隔水应，千叫千应，万叫万应，千千雄兵扶身，万万猛将扶身。吾奉太上老君急急如（律）令。

收影诀（图5－11）

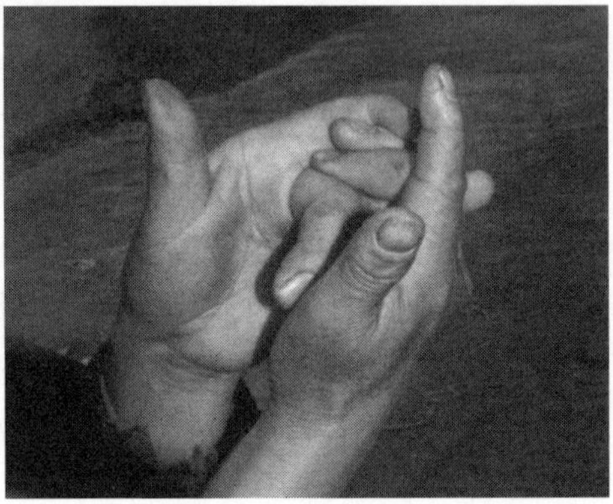

图5－11 收影诀

……藏身藏身去藏身，九霄云中去藏身，半天云中去藏身，龙王净水去藏身，海豹肚中去藏身，香炉火盘底下去藏身，泥里土里去藏身，岩板脚下去藏身，风吹乌云朵朵动，不见他的本面身，吾奉太上老君急急如（律）令。

虎诀分两种：

阳虎诀：……羊落虎口，邪神永不回头。一步火焰登天，人要有路，鬼要无路，吾奉太上老君急急如（律）令。

阴虎诀：……母虎一（只）一（支），邪神永不回头，口大含你神头，脚大踩你神头，手大扭你神头，人要扭得有路，鬼要扭得无路，吾奉太上老君急急如（律）令。

鬼尺诀

……鬼尺三丈，邪神要站远远站，要看远远看，东看五里，西看五里，南看五里，北看五里，共看二百二十五里，邪神永不回头，人要有路，鬼要无路，吾奉太上老君急急如（律）令。

五指大炮诀（图 5－12）

图 5－12　五指大炮诀

……五子大炮，邪神永不回头，一步火焰登天，人见鬼，鬼见哭，远消他乡，吾奉太上老君急急如（律）令。

铜板铁板诀

……铜板盖三道，铁板盖三道，上来有天罗网，下来有地虎关，左来有铜墙，右来有铁壁，吾奉太上老君急急如（律）令。

铜栏杆铁栏杆诀（图5－13）

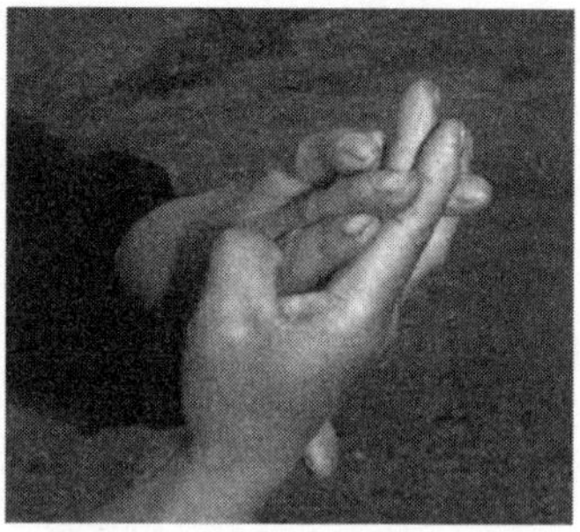

图5－13 铜栏杆铁栏杆诀

……左边打个铜栏杆，右边打个铁栏杆，邪神见了空空颤，七十二栏杆，邪神永不相见，人要有路，鬼要无路，吾奉太上老君急急如（律）令。

铜锁铁锁诀

……铜锁锁了，铁锁锁了，人要锁来有路，鬼要锁来无路，吾奉太上老君急急如（律）令。

以上从收影诀到铜锁铁锁诀，各诀开头均省略了“祖师诀”一段，念时须加上。

彭昌顺梯玛在户外户内踩刀，均得先将刀口封住，即通过咒、诀、符、水，把金刀化成泥刀，踩刀人踩着刀便像踩着泥地般，不会被锋利的刀口划开血口。现将封刀的程序录如后。

封刀程序：

（1）请师请水。（咒语如前）烧三根香、三撮纸（一撮三张）。

（2）封刀咒：

亲眼观青天，师傅在身边，呜呼，神通浩浩，求财有与，四官大帝，上央一品，天光大帝，下央一品，水官大帝，中央一品，灵官大将，上来有天落网，下来有地府关，左来有铜墙，右来有铁壁，观音老母赐法水，封金刀，封银刀，封铜刀，封铁刀，封木刀，封泥刀，金刀化为银刀，铜刀化为铁刀，竹刀化为木刀，木刀化为泥刀，吾奉太上老君急急如（律）令。

（3）画符。边念咒边画符，共画三个符。

（4）喷法水，封刀口，只喷一口法水。同时，先将两手交叉，再向刀门两边剪开。

（5）扫刀口。用三根茅草逐把扫刀口，每一把均要扫到。

（6）涂法水。上刀者赤足，足心涂法水即可上刀。

其六，煞铧术。这是一种与上刀同时进行的法术，即端铧口，为退煞而设，故又名煞铧。

煞铧分五个步骤：

（1）请师请水。（相关步骤略）

（2）造雪山水。念咒：

亲眼观青天，师傅在身旁，泥山童子浆，泥来泥大哥，泥二娘，三更下大雪，五更下大霜，霜山又加凌，凌上又加霜，鸡啼一更下大雪，鸡啼二更下大霜，霜上加凌，凌上又加霜，泥水童子浆，泥滑烂路，泥滑烂水，泥山挡火，泥水挡火，豆腐挡火，萝卜挡火，吾奉太上老君急急如（律）令。

（3）画符。画雷令斩煞符。

（4）造泥山水。念咒与画符同造雪山水。当念到“泥水童子浆”的“泥”字时，须蹲下，双手各拿三张纸钱，边念边画符。造成这两种水后，用钱纸盖住，在必要时使用。如端铧口前喷一口法水在火红的铧口上，便可用牙齿咬住铧口尖行走，或用双手端着行走。又如给被退煞的人打火印，可用手在火红的铧口上抹，用脚板踏，或坐在其上，既不烫，又不烧燃裤子。然后，将拍打过红铧口的手在被退煞的人手心、脚心、身上去拍打，如盖印般。

（5）踩铧口。赤足踩过铧，患者亦可踩过去而不被烫伤。

其七，打关度桥术。梯玛认为小孩夭折，不能养大成人的原因，除了遭到白虎的危害，还因为其他灾星的纠缠。这些灾星只要遇上一种便会一命呜呼。梯玛将其中的十二种绘制在桥布上，保护小孩逐关度过，此后便易养成人。

程序共有五道：

（1）祭鸡。掌坛师念咒：

岩上无桥造桥，水上无路造路，单板单桥双板双桥，怕得不洁之桥，弟子再用黄龙神水夜夜洗桥。放个乌龟桥上坐，孩童子宝你桥上过，三十六关桥下落。祖师替我桥上坐，孩童子宝桥上过，七十二煞桥下落。怕得桥头不正，桥尾不牢，八大金刚替我掌桥，再有桥梁土地，送上桥头送下桥尾。

再用鸡解煞。掌坛师抱一雄鸡念咒：

此鸡不是非凡鸡，王母娘娘抱雄鸡，大哥天上做天鸡，二哥地下做凤凰，只有三哥年纪小，拿到家中做家鸡，起屋上梁不用，何处请用何处去试，某某姓氏所寄孩童之宝，年犯三十六关，月犯七十二煞，今日向氏天门弟子，替他一重，度他一关。这有雄鸡一只，披红挂绿（咬鸡冠，向小孩额门上涂血），打了鸡冠头，邪神看见愁，打了鸡冠印，邪神看见满天飞，赐你灵符一道，星神高照，弟子再用黄龙神水，吃了一口，不得脚疼手软，不得身黄面黄。

（2）掌坛师在纸上洒鸡血。（接念）

一打二岁关涨落桥，二打三岁关水落桥，三打四岁关涨落桥，四打五岁关水落桥，五打六岁关涨落桥，七打八岁关水落桥，九打十岁关涨落桥，末年末月关水落桥，生疮生疱关水落桥，油盆四柱关涨落桥，蛤蟆跳井关水落桥，金盘木盆关涨落桥，铁盘铜盆关水落桥，喊爷不清关涨落桥，喊娘不明关水落桥，男儿将军箭关涨落桥，女儿四柱关水落桥，三十六关涨落桥，七十二煞关水落桥。

（3）小孩站在长凳（桥）上，由掌坛师重念前段咒语一遍。接念：

见关度关打关接桥，当为年到何年，月到何月，金鸡大具圭，湖南省龙山县某乡某村，土地之下姓氏某某所养孩童子宝，年犯三十六关，月犯七十二煞，替他一重，度他一关，见关度关，打关接桥，桥上千岁公，度得过度不过？（千岁公答道："度得过。"）父母手里得到，父母手里到了，打关脱关。弟子再有明星七斗，日招五男二女夜招七子团圆。请问主东要儿要女？"儿女都要。"请问主东要富要贵？"富贵都要。"要富者富发齐天，要贵者寿者寿比南山，弟子再有明星七斗，开关不开关？开关，连叫三声开关，度得过度不过？度得过。父母手里得到，父母手里到了。

掌坛师手捧公鸡念咒：

此鸡此鸡，做了背魂之鸡，野猪咬你叫三声回来，磨鹰打你叫三声回来，弟子再有五龙神水，吃了一口长生不老，吃了二口古老寿岁，做了背魂此鸡，左边叫我一声，叫得好应得好，右边叫我一声，叫得好应得好，背魂背魄背到老，地关度关打关接桥。桥上千岁公，弟子再有雄鸡一只，度得过度不过？（"度得过。"连叫三声度得过。）父母手里得到，父母手里到了。八个铜锣大金钱，前面打起思鹅嘴，后面打起凤凰尾，起屋上梁不用，八鼓禾苗山上不用，何处请用，何处请试，孩童子宝，年犯三十六关，月犯七十二煞，一心归明里，南天门喊天师，张果老随机师，李果老随机旺，若还不破，五百蛮雷得破，若还不退，五百蛮雷得退，先招杨氏大将军，身披金甲显威灵，日在阳间查善恶，夜在阴间点雄兵，若有邪魔变鬼怪，风行火速张寄生，吾奉太上老君急急如（律）令。

千岁公万岁婆同应：打关脱关，打关脱关。

（4）此时梯玛在室外东方搭桥。其巫辞摘录如后：

青天门上，神不乱请，香不乱烧。（此段同前面"请师"，下接）八宝真香，钱财奉请：东方来的桥梁土地，南方来的桥梁土地，西方来的桥梁土地，北方来的桥梁土地，中方来的桥梁土地，年到何年，月到何月，金鸡大具圭，湖南省龙山县某乡某村，土地之下姓氏某某所养孩童子宝，所犯三十六关、七十二煞，替他一重，度他一关，东度太阳山上，修桥一步，日不断桥，乱行乱走，夜不断路，无灾无难。怕的桥头不正，桥尾不牢，八大金刚，替我掌桥。桥梁土地，送上桥头，送下桥尾。弟子空来不请，晚来不喊，南落之日，斋言过供，你若是吃水连豆腐，不多敬酒刀头里肉，桥梁土地你们盘中请斋，杯中请酒，欢欢看要，欢欢领受。弟子无事不敢香烟奉请，有事才到尊乡请神，备办钱粮，打扮供果，年中选日，日中选时。选到×月×日，天开黄道，人好放纵，神好了愿。今到今日，姓×所养孩童子宝，娘犯三十六关，爷犯七十二煞，今到今日，向氏天门弟子替他一重，度他一关，日日伤寒未到，夜夜咳嗽未来，众人山河，帮忙哥哥，火中化钱，灰中认纸。弟子不必多言细语，日车河车，雅车父母。嗳嗳——（拖腔）

（5）祭师在帮师的协助下，将小孩端起从十二桥关上方移过，在甑口边（象征关口）停住，边念咒语，边将小孩从甑中递进，让蹲在火铺内房门口的千岁公、万岁婆双手接过，交给小孩家长。

至此打关渡桥之法事便告结束。

第六节　服饰、道具

一、服饰

按要求，祭师、帮师中的陪神人员，参加表演仪式有名有姓的角色都应穿着与角色相应的服饰。由于还土王愿系为户主单家举办的仪式，财力十分有限，掌坛师或户主均不可能为每个角色备办演出服装，坛班祭师们在20世纪40年代流行自带红法衣之类，50年代以后由于取缔封建迷信活动，服饰道具一律上缴，大都不再添置，仅掌坛师自己添置必要的衣裙冠扎。这是入地上天、与鬼神打交道的需要。其他角色均穿着平常服装，不作特殊规定。

祭师的法事服饰分为三大类：

（一）头饰类

五佛冠（图5－14）。居中绘有三元法主。其中者着红袍绿裙，左手端法水碗，右手捻着黑须，头后现祥光一圈。其左者，着黄衣红裙，白须白髯，持长柄扇，头后现祥光一圈。其右者，着黑衣红袍，黑须黑髯，持长柄如意，头后现祥光一圈。黑袍、黄色八幅罗裙、双手捧一令尺、黑须、头后无光圈者为梯玛祖师张天师。绿袍、黄色八幅罗裙、双手捧一朝笏者为本坛启教祖师。月左日右。每幅冠片顶端均呈弧形，宽7.5公分，长15公分，底部宽4.5公分，包以1.5公分宽的白布带。

图5－14　五佛冠

日月二冠片宽5.5公分，长10公分。

梯玛在做牛角场“立幡”一堂法事时，其法冠则为另一特殊样式，即头上戴着一只生铁三脚架（村民在火塘里架锅、架鼎罐用的生铁制品），三只脚朝天，表示长了三只铁角，用以震慑、哄骗凶神恶鬼。立幡撒完水饭，立即转过身，摘下铁三脚，戴上五佛冠，以表示自己并非戴铁三脚的魔师，让这些凶神恶鬼自寻魔师纠缠而离开灵堂。

（二）服装类

走阴用红色长袍法衣，法衣从胸前开口，胸前两衣边分别绣上“千千雄兵”、“万万猛将”字样，背心处印有太极图案。登天时改穿八幅罗裙，据说是八峒部落联盟的象征，梯玛被尊为联盟的使者与祭师。

从这两套法衣裙来看，后者当为更古老的巫师专用服。八幅罗裙需套紧在短的红法衣外。

（三）芒鞋类

这种鞋是用家绩布制作的，足前端高高翘起，留有两角。这是专用于骑马的鞋。

二、道具

还土王愿的道具分七种，用于不同的场合，具有不同的功能。

（一）法器类

法器指掌坛师祭祀用的器具，如前所述的司刀、竹卦、长刀、祖师印、令牌等。它们是执行法事时必备的专用品，分别具有斩邪、占卜、发文、行令等作用。

（二）代人道具

1. 粑粑儿子。用小米之类打制而成，盛于簸箕中，在求子的儿堂法事里用上。夹在梯玛腋下表示胎儿，渡桥过关时用则表示被退煞的小孩。

2. 纸钱伢。这是解给土王爷爷或家先们的纸钱，用衣服包裹如婴儿，祭师背着上天，作天赐小儿，又背回人间。“摆男”法事中，在祭师及帮师手中摆来摆去，从七姊妹堂摆下凡来，摆至户主的床上，象征得子。

3. 天梯上的梯玛。红纸剪成，左右两架，梯顶各有一位。左边的头朝上，表示上天；右边的头朝下，表示下天梯。这是祭师自己的影身。

4. 祖师铜像。请师时被供上祖师坛，表示祖师的存在。

（三）代神道具

1. 头钱。顶端的三角形表示土王的头，以下表示土王的身魂。

2. 七姊妹、五姊妹图。悬挂于祖师坛内，祭师表演过七姊妹堂、五姊妹堂用，具有直观审美效果。

3. 天门土地。位于挂图顶部，以敞开的南天门表示土地的存在。

4. 雄师猛将。以木升盛谷米、玉米代替。驱邪时掺以碎碗碴（阴弹）撒向各角落及五方五位。

5. 巴沙老母，红纸剪扎而成。

（四）代鬼道具

1. 猖鬼。以三根香插在神案下方表示，其中一根倒插，表两手倒走五猖。

2. 茅人。在梯玛做牛角道场时须用茅草或稻草扎制一人形，捆住手脚，表示将孤魂野鬼软禁，道场做完后收回。目连戏演出中要安排“找茅人”一段戏，由演员从观众席里找到，捆在台前，供以香米酒肉，演完四十八本戏后即放火焚烧。而还土王愿只放不烧。据说，老司的法术敌不过茅人，只好用一吓二哄的方式使之暂时就范。

（五）代物道具

1. 坐骑。梯玛用以走阴通神的马以一条长凳代替。它随需要而改变，走阴时为豹头海马，上天时为五爪龙马（或称为会飞龙马）。

2. 桥关。两条长凳铺上一条画有十二幅图即十二关煞的桥布便成，每一幅图表示一道关煞，关口则用一无底木甑表示。

3. 天梯（图 5－15）。红纸剪成九级梯状挂图，左表登天之梯，右表下凡之梯。

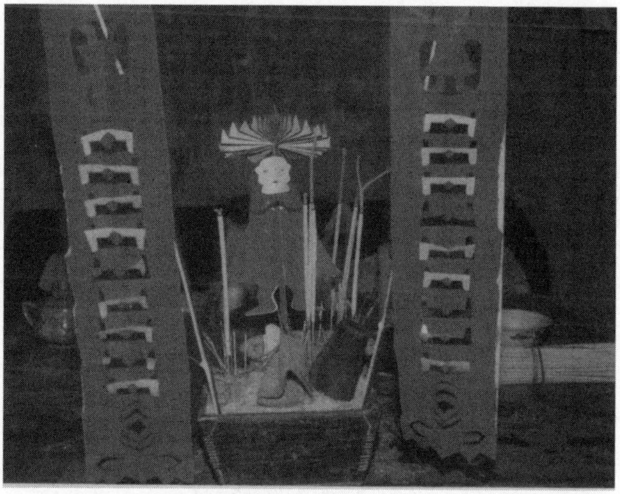

图 5－15 天梯

4. 祖师旗。以白纸一张剪成。

5. 八峒旗。红纸剪出八个首领的图案。

（六）供品

酒肉、纸钱、香米利什、斋粑豆腐等。

（七）其他实物

1. 吊斗木秤，挂在祖师坛上用于解钱量纸。

2. 擂钵，茶婆擂制神茶专用。

第七节　演艺实录

彭昌顺掌坛师择定1993年阴历九月十七至十九日为龙山县内溪乡岩力村田清富家主持还神愿仪式。笔者与该县文化馆干部刘能朴、该乡文化站辅导员米显美两位先生以户主朋友的身份登门送礼，观看演出。为了拍照，预先约请电影放映员供电照明，堂屋增设了两只百瓦灯泡，其余设施全照原始的面貌出现。下面是仪式表演实录。

一、报家先（序幕）

报家先土语谓之“送母突”，系第一天法事。

（一）讨筶

梯玛彭昌顺着生活装，手拿小竹筶，跪在户主家的神龛前，向户主家先禀报这次还土王愿的缘由。说是户主田清富之妻彭庆娥头痛五年未愈，今年正月向土王许愿，请求保佑病愈，今年二月中病情日见好转，半月内病已脱体痊愈。户主“宁肯欠人账，不肯欠神账”，今日设坛还愿，请家先也来“欢欢接钱，喜喜接纸”。此时连续打筶，得顺筶，表示这堂愿心还得顺利；得阴筶表示家先在阴间保佑户主平安无事；得阳筶，表示家先接受了阳人的愿心，动身（出发）前来户主堂前接受供奉并观看子孙后代还这堂愿。

（二）接家先

梯玛吹牛角三道，把家先从太平和事堂请来，以念唱方式报出沿途走过的阴路。由远而近，经过的路程有：第一段为水路。从第三十七万溪直到一万溪。第二段过各道门关，如从第十八道地狱门到一道地狱门，从第十二道鬼门关到一道鬼门关，从第十二道阎君殿到一道阎君殿。第三段为过扬州大坝坪，过十大杨氏将军。第四段路过十二月堂。第五段以后为阳路，是家先必经的凡间路线，如白虎司（湖北地名，泸溪坪，是进入湘西的第一站）、安抚司（保靖县境）、马司堡（距户主家四十里地），以后经冲鼻湖、塘口殿、百闹河，直到户主门前。

（三）再问筶

这段词用土家话演唱，因为祖先和户主都是土家族。若居于土家寨的汉民要还土王愿，则有一大部分须用汉语演唱。

（四）报供品

以下摘取一段巫辞对照列出。

（土家语）	（汉译）
翁席密惹巴不翁着，	请你们在铺锦挂彩的地方坐，
我洛欠杆巴不翁夺。	银戒指银圈子摆好了。
销屋此客踏巴不翁着，	簸箕里放的钱纸你们看到，
剃体密索巴不翁夺，	堂屋里点的香烛你们看到，
测尼次别布了，	小小的供猪杀了，
布布利利了。	修理得干干净净了。

（五）打富贵粑（图5－16）

在堂屋里放上粑槽，将蒸熟的小米倒进槽内由两青年举棰击打，做出五男二女的人形，表示性别的生殖器必须夸饰。另揉制出犁、耙、镰刀、猎狗等日常农耕与狩猎时必备的器物。用筛子装好，供在坛前。其余的全部揉成扁圆形盛于筐内。“赏兵”时供神，赏饭食时供阴兵阳兵与民众享用。

图5－16 打富贵粑

（六）移家先

将设在神龛上的家先神位移在伙铺边（即住户堂屋左旁设有火塘的房间）靠窗的矮靠背椅上。点上香烛、油灯，在其旁另一矮靠背凳上，设茶婆婆神位，供玉米一碗，插香两根，点一油灯，置一擂钵在凳下，此为茶婆婆常用的为土王擂制姜米茶的器具。

二、正堂法事戏

第二天法事神戏的演出包括请师酬神、走阴解钱、上天求子三大部分。这是还土王愿的核心活动日。

第一部　请师酬神

第一堂：设坛备牲

（1）扎神坛。这座土王拔帕的阴司由三张八仙桌搭成，上空悬有竹棚，横扎竹竿上吊有花花钱，供赏钱用。神位上垂一丝帕将两椅隔开，分为左右两神殿，左为八部大神，右为彭公爵主，又叫青大爵主。帮师呈供前将屠刀两把置于碗与木盆上，旁置盐碗。然后在木升里插香，立筶。升里插一纸人、打伞，这是从七仙台求下凡间的儿女。升子靠前方左右方，各插一天梯，天梯顶部剪一人形，即所有梯玛的身影。右为上天图，左为下界图。

桌下的竹筛里供的是十二瘟头神位。堂屋左中柱前置一桌，放两个酒杯、两双筷子，这是土王屠官、刀手的神位。

茶婆、热水婆的神位设在火塘边。她俩是土王生前专伺热茶热水（即烧开水）的女佣。

以上的茶婆、热水婆、屠官、刀手虽有神位，仍需有专人扮演这些角色。这些扮演者各自穿着自己平时的服装，在固定的法事中出来表演。

另外，大门右旁柱头上插一炷香，吊一坨钱纸，上涂猪血，土家语称之为“艺夫结”，是一群乐师的神位，扮演者亦不着特殊服装。

（2）动口吃素，主食只有斋粑豆腐。（清晨四点半）厨师们从厨房将蒸熟的斋粑、煎黄的豆腐供上神桌，让全屋的帮师人众取食。这一行为，犹如道场仪式中的“封斋”，是一种虔诚的表示。

（3）杀猪备牲。屠官们把供猪一一拖进堂屋内，放在桌上屠宰，以钱纸涂上鲜血供在桌上和各个神位前。将一大盆生猪肉，一大碗生血，供在中心神桌上作为生祭。

（4）切碗。将切碎的供肉分装成三十六个碗，这是供土王兵将食用的。

（5）打粑粑。

（6）敬老坛。

第二堂：敬奉土王

（1）交牲交熟。本为两堂法事，合在一道进行较省时。传说，土王生前一餐吃一头牛还不够，得再屠一头小猪才刚好吃饱。因而在明清各代，富户还这堂愿须杀水牛一头。如无牛，可以三头猪、两大一小抵作牛作祭。两头猪必得一起杀，表示敬了一头牛。以后便相沿成习。

（2）请土王吃上马酒。由掌坛师向土王诉说愿心与供品。

（3）传碗。将供肉之类预先搬上桌按次序摆好，再加盐、上筷、筛酒，另加斋粑豆腐，统一由掌坛师报菜，这是生祭、血祭。传说土王最喜欢生食。

（4）赞神。掌坛梯玛筛酒三巡之后，上一道火酒，然后讨筶，若得阴筶表示土王莅临户主堂前。此时梯玛端肉碗献肉，举酒杯献酒。接着端一盘酒肉放在门槛上，敬"艺夫结"，即鼓师乐神。此时的筶须压在神坛上的钱纸上面。

第三堂：请师逐瘟

（1）请师。由徒弟彭吉（掌坛师彭昌顺之子）边念词边烧纸作揖，请师傅派兵马护身。

（2）送十二瘟头。这须掌坛师主持。帮师们将户主的各房大门打开，由掌坛梯玛彭昌顺（以下简称彭老司）念"送瘟神"或称"牵瘟头"（图 5－17）巫词。讨得阴筶后，在右旁房门口的地面上放一筛子，上放一碗肉、一壶酒，将蜷伏在室内的瘟头神请到筛子旁边，引至户外路口，朝西方焚香烧纸、挽诀洒酒，送瘟神去扬州大坝坪。此法事的关键在讨筶，必须打得阴筶，（两块筶筶面扑地）表示瘟神出走，方可关门闭户，无是无非。若拗了筶，就得再

图 5－17　牵瘟头

查、再问、再讨。

第四堂：祈神安位

亦称“落神”，即请诸神各就各位。

（1）筛下马酒。可由帮师代祭。给土王敬酒，用筶向土王两兄弟询问吉凶祸福，求土王保佑户主平安无事。若得阴筶，则表示土王乐于保佑，收了钱纸，此时便烧纸撤案。帮师众人在坛前共进早餐。（上午十点半）

（2）安天子龙王。彭老司指挥帮师在屋檐口外摆一张八仙桌，设天子龙王神位。天子龙王，有的称之为向王天子、向老官人。传说因向老官人服下皇帝赐给有鸩毒的御酒死在屋檐洞前，属猖死者，所以不能进屋，只宜在屋外设坛。另一传说是向王天子身高八丈，进不得屋，因而在户外设坛。笔者以为前者比较接近史书和向氏族谱的说法。供猪不论大小，用羊代替也行，生祭完毕请他吃了上马酒之后，又向他讨筶祈福求保佑。绕桌烧钱纸后便撤神位。

（3）赏兵。请师傅们及其所带的兵马吃中饭。

（4）起祖师坛。这在第二天下午一时三十分左右开始，又叫起摆手堂（舍巴堂），此即土王和祖师共居的神殿。在大门坎内用一床竹垫围住靠左的一方，右方留一公尺宽的通道让人们进出。土王堂与户主神龛相对，悬挂“车嚓”（即七姊妹剪纸神图），前檐有神帐吊两边，左联写道：“堂门兴隆，午夜发旺，四方显应，行援男女，保佑太平”，右联写道：“公元1989年8月下浣，巫教堂兴”。神桌前垂联，左联写有“雄兵能援民间苦”，右联写有“猛将驱避邪魔精”，横批是“四方显应”。土王殿的右侧，靠近户主火铺房门外，立有祖师殿，上挂秤与装有香米的升子。秤是掌坛师用来给土王称纸钱的，升子是梯玛的兵马库，香米（多用小米）是梯玛的兵马。以上几个殿堂的起建撤换，均如同舞台上景片的迁换，是为表演故事建造一个特殊的环境空间。梯玛的表演大都在这个表演区内。

（5）梯玛摇响八宝铜铃，起堂安神即落神。烧香敬五方五位，化水洒五方五位，打得三副周全筶以后，便吹响口哨，请五猖兵马。经排定年号之后便发兵去土王堂、太平和事堂报信，预报今晚×时前来解钱。待各路神鬼禀报落实（称为“落神”），便借助神的力量，插进“打栏杆”、“绹手”两堂法事，为主人及其他亲友问吉断凶。此时出现了还愿法事中第一个高潮。

以上为第一部法事戏。掌坛梯玛与帮师梯玛通过独唱、独白、对唱、对白等艺术表演，在三个表演区（土王殿、祖师殿、天子殿）里进行时而肃穆、时而诙谐的歌舞降神、赞神、祈神的表演，创造一个酬谢土王的规定情境或说典型环境，犹如中国戏曲的开台戏，让各位角色陆续登场，纠葛出人物之间的关系。这第一部法事戏完成了户主因许愿如愿而请梯玛当面酬谢各位神灵的还愿仪式。

第二部　走阴解钱

对于三位主要神祇——八部大神、彭公爵主和向王天子则要另酬重金。这些巨额酬金又不宜让他们自己背回去（不礼貌），得由梯玛率众帮师帮着背运，于是安排了第二部法事戏——“走阴解钱”。下面是我们跟踪骑着豹头海马的掌坛师，去考察“三解钱”这部重头戏的经过。这部戏分五大段。

第一堂：敬财神土地

从总第十一堂法事“坐马”到第十五堂法事“交土地钱”，共演六堂。

（1）坐马（图5－18）。梯玛（未度职的帮师也行）表演造马的神圣礼仪：马无头生头，无尾生尾，无口生口、无毛生毛、无鸟（生殖器）生鸟……以长凳为马，再进行洗马、上马、遛马等身段表演。梯玛走阴全凭这匹坐骑，是故马上的行为表演得比较充分。梯玛将解送的钱纸用衣服包住，用一根丝帕穿过衣袖，捆成人形，系在马上。

图5－18　坐马

（2）敬四官老爷。这位被称为强盗菩萨的神祇，神位安在大门角。敬奉时，梯玛装作偷偷摸摸的样子，把口袋里装着的酒肉官盒悄悄取出，匆匆地躲在门角，轻唱赞诵神歌，烧纸化钱。

（3）交土地钱。土地公、土地婆各化一坨钱纸。交完后梯玛们即在土地堂前进晚餐，这是全堂法事中第三次餐会。酒肉即摆在堂中地面的竹垫子上，梯玛们均蹲在地上就餐，仿若在行军途中开饭的部队一般。接着，帮师端来茶水（由茶婆冲满一壶茶水交与帮师），由祭师托茶盘献茶。开餐的帮师大都要饮一杯，认为这是供神的茶，饮了可得福赐。

第二堂：解头钱

即给八部大王解钱。第二天晚上法事下午六点半开始。

（1）进十二重门，有问有答，有唱有白。

（2）到土王衙内，踩半边八卦。

（3）交钱、化纸、颂神、祈神。

（4）回程，沿路唱回。

第三堂：解二钱（图 5－19）

图 5－19　解二钱

即给彭公爵主解钱。路线、唱词与第二段戏同。踩八卦时舞姿优美。

第四堂：解三钱

即给向王天子解钱，过程同前，演法不变。得戴草帽、舞长刀。

第五堂：回程敬神

（1）托梦招魂。这是根据主人的需求灵活安排的“插戏”。其中有讲梦、招魂、造魂、解邪等情节。此段戏动作性、戏剧性特别强，家人、帮师均得配合。如“找魂”是在躺着的掌坛师腹上压上几百斤重的石磨，帮师一边推磨，掌坛师一边吹牛角。其后有鸡公背魂筒、下洞追魂、安魂、还魂、封赠等项表演。接下来是解邪。凌晨一点掌坛梯玛汗珠未干，率领他的所有帮师摇铃舞刀、吐火煞铧，围着户主及其亲戚的三个小孩作“解枷脱锁”的法事。一个帮师用被单将三个小孩的头盖住。帮师田志凤端一烧红的铧口，上置油纸，口喷白酒，在铧口上冒出阵阵熊熊烈火，他们边唱边舞，进至所有房间，驱逐厉鬼，叫“熛油火”。接着田志凤口咬火红的耙齿，绕小孩一周，又捏着红耙齿在二人头上绕动，作驱邪之术。继而，五人执法器复绕一周，发兵示威。

彭老司咬雄鸡鸡冠滴血于酒碗内，以令牌蘸血酒，在三人头、背、胸、手、足等五心处画符，逐一盖上法印。最精彩的是让三小孩穿刀、踩刀，以解除邪气的法术。其具体程序如下：

梯玛彭昌顺先用金刀（即巫刀）蘸净水在五方五位的空中画符。继而喷法水，以手拍打小孩头、身、四肢。将火红的铧口置于助手、帮师田志凤掌中，彭则快速以掌拍打铧口，再以掌打至小孩的身、胸、两手心、两脚板心和头顶部位，谓之“打火印”。之后，令小孩穿过金刀，赤脚踩在锋利的刀口上，再由两帮师从堂屋将那小孩抬到火铺房门口，使其步入房内，不准其向后观看，表示永远隔去邪祟。接着众帮师随着梯玛彭昌顺在每间房喷油火、去邪秽，火红的铧口一直端在手中。

此堂法事演出，是请师敬神戏的高潮。

（2）回兵敬拔帕。时至第三天上午凌晨一点左右，梯玛带着阴兵阴马回阳间，沿途经过水陆两地各个古老的地名，到贾家寨土地堂，上茶水，请兵马。然后去八面山恶公头的婆婆洞，敬向王天子的三娘子。掌坛师此时端官盒，进火铺给立在碗柜上的拔帕烧纸，并用粗鄙的歌话与茶婆、拔帕扯白、对歌，碰上歌声好的茶婆、拔帕扮演者，则可尽兴戏谑，借题发挥，使围观者笑得乐不可支。

（3）安家先。祭师手提钱纸法器，在火铺房家先寄居之神位处，吟唱打筶，说是已还神了愿，请求家先回归神龛，日后保佑子孙吉祥平安、百事顺遂。此时，打得阳筶，欢欢接钱；打得顺筶，喜喜接纸；打得阴筶，阴中保佑扶植。最后将捆在马上的和事钱焚化于神龛下。

（4）赏大兵。时至凌晨二点半，掌坛师将全部兵马带到扬州总码头（即堂内竹垫子上）就餐，五荤五素、茶饭酒食一盘。此时请师就位开餐，撤席之后所有帮师人众亦在此“总码头”宵夜，叫“赏阳兵”，是第四次戏剧性餐会，得在凌晨两点鸡叫之前完成。鸡叫之后，鬼路（即阴路）不通，故而这个坛班务必赶在鸡叫之前完成以上阴路戏的表演。

以上为第二部法事神戏的主要情节。最精彩的法事部分是“踩金刀”与舞蹈“踩八卦”。多种骑马身段表演、对唱、对白与科诨的运用等也都使得这堂还愿祭祀仪式具备了多种戏剧的因子。

第三部　上天求子

梯玛为户主马不停蹄地在阴司奔走，其目的除了给土王解钱还愿以外，还有一个重要的宗旨就是求土王保佑户主得子发旺。讨得保佑筶以后，梯玛便换马登天，去七姊妹堂、五姊妹堂求子（图 5 – 20）。这部戏分四段演出。

图 5 – 20　求子

第一堂：盘路上天

包括“盘路”、“摆男”、“过五姊妹堂”、“过七姊妹堂”等四堂法事戏。

（1）盘路。巫师以盘歌的形式相互答对，交代了上天所经过的各种路途，直到地与天的中界处——摆男坪。此段表演均在马上进行，神态悠闲，唱词风趣，曲调接近土家山歌。在内容上，搜集了土家民间的生产知识、生物知识和生育知识，使得法堂成了传承三种知识的田园式课堂。

（2）摆男。道具是衣服包裹着解给五姊妹、七姊妹的钱纸（称天钱），用头帕捆扎成伢儿的替身。头帕的两端穿过两只衣袖，由梯玛和一帮师各扭头帕的一端，来回摇摆，一直摆上天。其基本路线是从扬州大坝坪至天地公处，再摆回岩力坝田清富（户主）家的堂中火铺—房中—床上，这叫摆男回堂。然后摆到父母的怀抱里，封赠一番。

（3）过五姊妹堂。演唱的形式是出谜猜谜，道出桃源洞的来历和沿途所见，多与人类起源有关。

（4）过七姊妹堂。以出谜、猜谜、提名、选字的方式演唱。其目的是求儿女，求得身居仙境的生育女神七姊妹的同情与恩赐。

第二堂：选男选女

地点：选男坪。

人物：掌坛梯玛与众帮师。

主要方式：对唱、伴唱、化身表演。

目的：把六根（或称六骨）不全的一十二丑选掉，把十二游手好闲的二流子和十二匠人选掉。过去认为百艺百穷，无艺一条“龙”（农），因而希望选出阳春汉和读书人。

选出理想的“人种”后，掌坛师装女儿哭嫁、夫妇拜堂，表演十月怀胎、生育婴孩、取名讨亲等一个人成长的各个重要阶段。

表演产子，掌坛师将摆男用的纸钱伢儿塞在怀里，装着步履维艰的样子唱“十月怀胎”歌。分娩时的阵痛呻吟、洗婴剪脐细节都表演得十分逼真，常逗得观众捧腹大笑，称赞掌坛师惟妙惟肖的演技。据说民国初年，还表演新婚如何进行交媾的玉房秘法。这是为谋求子嗣繁衍而公开在神堂这么肃穆庄严的地方进行的性教育。

彭昌顺当晚表演产子是把伢粑粑夹于腋下，演唱十月怀胎，临盆时蹲着产子，用镰刀割断脐带，这是土家妇女的普通分娩方式。婴儿生出后，户主虔诚地跪在彭老司跟前讨儿女，有对白对唱，户主的唱白概由帮师替代，只需在彭老司问到“要儿还是要女”时，必由他亲口答说“儿女都要”，并且扯开衣襟接住。彭老司将净水洒点在户主身上，表示土王已赐予他及他的后代以旺盛的生育力。在场的人，特别是没有生育过的育龄夫妇，均要求接受净水的点洒。

第三堂：打关渡桥

地点：火铺房内外。

人物：掌坛师、帮师、千岁公、万岁婆、户主、被度的小孩。

神堂布置：一条长凳直对火铺房门口，其上搭着绘有七组仙人图的桥布，梯玛坛班均谓之“七仙桥”。每组图上放一个粑粑，统称七子。分别插上油香，为七关照明，亦为敬那一堂菩萨用。一个无底甑子直放在门外桥上，象征关煞。

演出过程：

①掌坛师（或帮师）立于房门外七仙桥边，做造桥法事，被度的小孩立于身旁。

②掌坛师讨筶，度男孩须讨得阳筶或顺卦，度女孩须讨得阴筶或顺卦。得筶后，帮师抱着小孩从桥布上逐一越过关口，再从甑内穿过，递进房门内，打伞的千岁公、万岁婆立即伸手接过，以伞遮住。便表示此孩童已平安过了阎王关、鸡叫落灰关、烫火关、水火关、痘麻铁蛇关等五关，易养成人。这堂法事待度完在场亲友求度的男女小孩后便告一段落。

③化钱。掌坛师把七姊妹钱、五姊妹钱从衣服包里拆下，放在簸箕里烧化，边筛边念唱，一直团到火铺内角的碗柜前拔帕的神位下，倒出热灰。此处又称“团七姊妹”。

④去八十八坝坪，从那里以十匹豹头海马（只能走阴、不能上天）换天老子一匹五爪龙马，又叫会飞龙马。掌坛师骑上这匹飞马后，唱出沿途所见，飞过黄河岗，直抵南天门——土地住处。向天地公、天地母禀告情由，接拔帕（纸人）降临户主家，保佑小孩长大。

⑤度拔帕，即度纸人。为迎接这位养育孩童的女神，祭师先得在火铺门外再搭一座九十九板桥，从选料、拖料造桥、锁桥、立桥、洗桥到试桥、掌桥，都详尽吟唱、辉煌铺陈。讨筶后，亦如度小孩一样，将拔帕渡

过七仙桥，度过五道关煞，送至碗柜上的神位。

此时天已拂晓，祭师们撤席回坛，见桥收桥，烧“车嚓”（即七姊妹剪纸神图），将其灰烬撒向甑里，用衣角煽三次，催她快过桥去，表示交了拔帕。

第四堂：交钱回程

这次交的是天钱，给天门土地交的纸钱，感谢他打开天门，让拔帕去户主家护孩。祭师将三根白香、三根油香、三坨钱纸捆在一丈多长的竹篙上，户主头戴草帽，举起竹篙，让天钱在屋檐口上烧完。回程，即掌坛师将随他上天的众人的魂魄从天门接回到主人家里，采用摆男的方式沿途唱摆，通过沿路关卡，交纸、销票。

最后，掌坛师解下身上背着的包小孩（纸钱）的衣服，退给主人，并封赠道：“有身上身，有步上步，穿了这件衣（必须是女式的上衣）就会生儿育女……”上天求子法事戏在此结束。

第四部　尾声（或称“赶白虎”）

这实际上是第四堂法事神戏，是一堂十分神秘的哑剧，须由掌坛师亲自表演。户主和观众都非常紧张地注视着这堂法事的进行，盯着静静地垂吊在大门外白虎坛桌边竹竿上的公鸡。掌坛师更加紧张，额上渗出了细微的汗珠。户主紧张，是怕公鸡不惊飞，白虎赶不出，小孩有灾难；看客虽属旁观者，大都系户主的亲朋好友，谁也不愿这家出现“遗留问题”。掌坛师虽然几十年屡试不爽，但亦担心哪里会出娄子。如供鸡有病，白虎不受或者万一师傅不在身旁，法术失灵，则户主家办这堂愿近千元的开销均得由他一人赔偿。笔者此时紧握着照相机，靠在大门外左旁边的柱头上，从相机观景器上盯着掌坛师的挽诀的手。笔者的助手——内溪乡文化站辅导员米显美则握着另一部相机，对准静垂着的公鸡，等待它惊飞时抓拍。

此时梯玛彭昌顺在静穆中挽出开门诀，将阴门打开，将白虎请出户主家门。若遇较为晓事或怕事的白虎，便会窜出门去，白虎坛上的雄鸡便会在静垂中、在没有任何惊扰的情况下突然拍翅惨叫。如果白虎请不出门，便轰出门去。于是彭梯玛挽出了大炮诀，雄鸡竟突然拍翅惊叫了，静候其旁的帮师立即挥动砍刀，将竹篙砍断，销掉了白虎坛。彭梯玛立即抓五谷碗碴，撒向各房四角，呼啸着驱瘟收煞。于是，这堂还土王愿便功果圆满，顺利收煞。（中国戏曲称收场为“收煞”，是否由还神愿的这一术语演化而来，似可考究。）

大约上午八点钟，我们离开户主家时，彭梯玛背着一腿供肉和一个回坛的伢粑粑，同笔者一道向户主告别。彭梯玛在和笔者挥别时说，他回家后的第一件事便是谢师傅，于师傅堂供上供猪后腿及伢粑粑。

第六章 特征与价值

第一节 基本特征

龙山县中部有一道无形的还愿形式分界线，线以南包括内溪乡所处的里耶区，只还土王愿，不还傩愿；线以北包括县治所在地新城，兼有两种还愿形式：但还傩愿之地域仅限于汉化较早的乡镇。这表明还土王愿是土家族特有的传统事神活动。那么，这种仪式的生存条件是什么？土家族先民为它提供了何种生态环境与文化背景？这是摆在民族学者、人类学家面前的一个未解之谜。笔者认为：这恰恰标识出还土王愿具有深厚的民族根基。其基本特征体现在下列五个方面：

一是浓重的崇祖意识

土家先民对于祖宗的信赖与膜拜已经到了无以复加的程度。他们主持各个隆重的年节，供养祖神。就春节而言，除了每个家庭各自朝祖，村寨同姓氏人家要联合举办舍巴日，少则三日，多则十余日。笔者调查的二十余个村寨均组织毛古斯演出活动。一种粗糙而单一的原始戏剧竟绵延了数千年而不衰，这不但反映了土家人的崇祖习俗具有深厚而广泛的社会基础，亦提供了还土王愿的社会环境。愿堂神坛中供奉的不是三清，而是在土家族历史上曾经作出过重大贡献，为土家后代所景仰的八部大神、彭公爵主、向老官人等。他们“在世为人王，殁后为神王”，永远是土家人的保护神，没有任何“引进”的外族神能够取代他们。他们还傩愿供奉的始祖神不是伏羲女娲，而是他们自己的始祖神雍尼补所。在梯玛坛上悬挂的神图中，雍尼补所被尊称为天地公、天地母，处于与三清、日、月同级的至尊位置。

二是浓烈的轮回观念

土家先民认为人的灵魂永存，可转二世投胎。凡是村民遭到瘟疫或某户人家有病厄，都被认为是某某恶鬼作祟或是某人前世作恶遭到的报应，得延请土巫给土王许愿解钱，行法事追解。于是，以还愿作终结、以解钱为手段、以巫师为介媒的事神活动纷纷兴起，以至于成为土家人生存哲学中的一项重大课题。人殁之后，为了让亡魂在阴司中得到安宁，户主亦托梯玛在还土王愿的法事中列出一堂给祖先解钱去和事堂（祖先阴司居所）的法事。其他一些法事可增可减，可根据当时的条件作出调整；然而“解和事钱”却不能省略或更易。

在土家族跳丧仪式中，“萨尔荷”（汉语谓之跳丧）是耗资较大、持续数个日夜的大型超度仪式。它亦是由梯玛主持，不延请汉族地区的道士，没有念经拜忏的仪式，但有绕棺歌舞、打丧鼓等祭祀活动。《隋书·地理志》载魏晋南北朝时，在贵州清江郡一带“蛮左，族人始死，置尸殡舍，邻里少年多持弓箭，绕尸而歌，以箭扣弓为节，其歌词说生平事，以至终卒……歌数十阕，乃衣衾棺敛，送往山林……”《夔府图经》载：“土家人父母死，打鼓踏歌，亲属饮宴舞戏，一月余日也。”跳丧歌舞如果加以发掘整理也是独具一格的民俗资料。就“跳丧鼓歌”的种类而言，便有待尸、援丧、拽丧、穿花、退丧、犀牛望月、耍五中、幺女嘀、怀胎歌、幺姑筛锣、长声号等曲牌。其内容是叙述民族起源，赞扬祖先业绩，弘扬死者功劳，赞颂生平事迹。亦有反映远亲近邻对死者后裔美好的祝愿。① 借此可以管窥土家民俗为还土王愿提供的文化背景之一斑。

三是频繁的坛班活动

如前所述，龙山县地处湘鄂川边陲，巫风尤盛。仅内溪乡境内便有十余个坛班，每年八月十五开天门以后便被远近村民邀请，登门举行还愿仪式。直到腊月三十以前，约四个半月为旺季。平日追解、赎魂、跳丧鼓、赶白虎，乃至正月间的舍巴日、毛古斯等群体性或单家独户的巫祀活动亦需由梯玛主持。连青年男女成婚，也得请梯玛带着他们去土王庙或舍巴堂敬祀土王，供上新娘的露水衣（婚礼服）做出献身、赎身的象征性敬奉，梯玛祈祷土王接受初夜权。还有一种群体性的献身活动。每年正月舍巴日姑娘们着嫁衣、捧红伞，环佩叮当，结成长队，行进在千百人游行队伍的前面，跳着摆手舞，随梯玛们到土王堂前和土王庙里去敬奉，祈求赐福赐子。

---

① 张世炯：《土家风情集锦·丧鼓歌》，中国文史出版社，1991 年 5 月版，第 122 页。

四是土司的大力提倡

持续了八百余年的彭氏土司制度很重视民心的统治，很欣赏神权的凝聚力。梯玛的祭祀，一方面宣扬了祖神的灵威，一方面维护了土王的权益，是关乎民心向背、维系土王地位的特殊工具，因而受到历代土司的重视与提倡。梯玛在村民心目中成了举足轻重的人物，其坛班活动受到了社会的尊重与保护。这是还土王愿一直在土家山寨世代传习、经久不衰的重要缘由。

五是封闭的地域环境

龙山境内山势陡峭，道路崎岖，交通不便。明清以前许多村寨属化外之所，开发颇迟。村民缺医少药，遭灾患病请梯玛“神药两解”，间或奏效，因而产生信仰。这种信仰一直延续至今，在经济条件、医疗卫生工作尚未跟上发达地区之前，可能难以完全改变。

第二节　保护价值

如前所述，梯玛跳神包括“还土王愿”、“追魂”、“解邪”、“求雨”、“度关”、“找亡”、“跳丧”、“赶白虎”等大小法事数十种。其中还土王愿、跳丧（土语：萨尔荷）、大追解（即大型的追魂解邪仪式）等费时均在三五天以上。这些仪式从内容到形式都与其他民族迥异，其保护价值概括起来有以下五个方面：

一、民族学价值

“还土王愿”，这一部法事科仪的完整总汇足以概括土家民族的基本内容，它真实地记录了土家族的远古迁徙史、民族语言的演变以及民族生存的哲学思想等，是研究土家族古代历史的不可多得的口碑资料。

二、民俗学价值

它荟萃了土家族古典民俗文化，从民俗学方面记录了家庭婚姻、风土人情、年节禁忌等方面的原生状态及其发展与演变，也是土家民俗的基本概括。土家族的梯玛文化与苗族的巴代文化一样，具有丰富的民俗内涵和深厚的民族根基。

三、宗教学价值

还土王愿真实而详细地记录了土家族不同历史时期的信仰、文武内坛的分工，及其与儒、释、道三大门派的渗透与融合；其巫歌、巫祠、巫舞乃至坛班支系、源流沿革以及上刀梯、熛油火、咬铧口、踩地刀等表演，为研究者提供了较为广泛的研究层面。从它的生态环境与文化背景，以及对土家、苗、汉三族愿堂所反映出的民俗事象的横向比较，可去探究三者的个性、共性与融合变异的规律。

湘西境内土家、苗、汉三族杂居，还土王愿、椎牛祭、还傩愿这三宗愿堂法事相互融合，相互借鉴，丰富了本坛的法事内容，又确立了各自的技艺特征，三者从内容到形式小同而大异。

相同之处有六点：其一，同向祖神许愿。土家族向三位土王、全族的祖神许愿，汉族向傩公傩母许愿；苗族向本族祖神、七个索戎索夔、七个索如索妹及柳斗柳庆许愿。其二，祈求祖神保佑的内容大体相同。求神内容不外乎求子、求寿、求财、求官、求病愈、求五谷丰登、求六畜兴旺等。其三，还愿方式相似，均设神坛，请神降临接受供奉，且以巫师为介媒，酬神谢神娱神，“还神了愿”。其四，坛班皆具有职业性质。每个坛班有自己的“香脚”（行坛区域），徒弟满师都得度职方可设坛开业。掌坛师辞世，都得举行“度亡师”仪式。其五，部分法事过程相似。如都需请神请师、酒肉供奉，最后送神归去。三种仪式均有踩八钋、封禁、讨筶、化财、挽诀画符等。其六，所请祖师中皆有张天师。苗族巫教中的“客老司”，苗语称之为“巴代扎”，扎即汉族，巴代即巫师，意为学习和从事汉族法事的苗族巫师。巴代扎所奉请的亦是张天师。但“巴代雄”（苗老司）则还另请苗族的师尊。这三种仪式毕竟是三个民族的历史文化产物。

其相异之处是十分显见的：

其一，所请祖神不同。还土王愿请的是土著先民的酋长、八部大神等；还傩愿在汉族地区请的是傩公傩母；椎牛祭请的是柳斗柳庆，苗族远古第一位驯养水牛的祖先，以及奶棍、玛苟、索戎索夔、祝融等。

其二，所行法事绝大部分不同。还土王愿三十四堂法事，除了咒语中使用“吾奉太上老君急急如律令”字眼、梯玛法冠上有三清、圣图上有三清外，其他法事内容与用语全与土家族生活习俗有关。每堂法事名称很独特，如安土王位子、牵瘟头、落神、问栏杆、坐马、解头钱、托梦、敬拔帕、摆男、过五姊妹堂、过七姊妹堂、过选男坪、搭七仙桥、交天钱、团兵、赶白虎等在法坛上没有一个汉族的神灵出现。苗族椎牛祭共九堂大法事，全系苗语苗神苗法事，例如开天门（苗语：不车耸）、吃猪（苗语：农巴）、请神（苗语：稀响）、请祖先（苗语：球布）、椎牛（苗语：闹头业）、合牛（苗语：虎业）等。在法器上，除了大印上刻有“福法三宝”四字，其他处无汉字出现。有的名称的译文接近汉族还傩愿，如请祖师、交牲、上熟、扫瘟、送神，但其内容全为苗族风俗文化。

其三，请神、送神的路线与方式不同。还土王愿请送祖神的路线是从户主堂内的梯玛神坛出发，一条路线通向阴间，途经家先和事堂，到起虎槽、三位土王阴司。另一条路线通向天堂，途经黄沙岗、天星桥、扬州大坝坪、七贤台、天桥关、天地公天地母居地等。其路线全画在圣图上，分层以神灵形象体现。还傩愿二十四戏神往返路线系起于桃源洞，途经各处由远及近，逐一由戏神登场后唱出。椎牛祭请送路线即由柳斗柳庆的居所林兄林借至户主坛堂。途经南天门、当坊土地关。往返均由苗巫唱出，并由苗巫在他的左手掌上画出。掌心为户主堂屋中设立的神坛，右手以拇指食指捏拢从掌心向下画，绕过手腕至手背虎口处，再由手板之中指第一关节（家先居所），到第二关节（当坊土地关），再到第三关节（南天门），然后到达中指尖（索戎居所）。送牛上天后，苗巫要由左手腕画至左脚跟，表示送到柳斗柳庆或索戎的牛圈里。可见三种仪式请送神灵的路线是迥异的。

其四，所请祖师不同，湘西还傩愿老司主要搬请湖南祖师，土巫梯玛搬请的是本族的诸位祖师，启教祖师为张赵二郎。苗巫巴代雄请的是表辈老枪、人才老东、老郭光雄、财顾日多等。

其五，教派不同。还傩愿老司属汉族道教；土老司属土家族原始巫教；苗老司中的巴代雄属苗族原始巫教（文教）；巴代扎（客老司，武教）则融合了汉族道教中的精华，创立了介于苗汉之间的教派，他们既可还傩愿，又可做苗教中的武法事，如追魂解邪等。

三个民族所信奉的教派相互融合，苗族的巴代扎所行法事是一种极明显的例证，从土巫梯玛的法事中亦可找到融合点。例如，将汉族道教的三位尊神引进本坛神图；造水画符则运用一些客老司的技法与口诀；法冠上画有三清圣像，称五佛冠。苗族的巴代雄不戴五佛冠，只包黑头巾，或戴马尾编织的法帽，也不穿红法衣（只穿黑袍）。法事内容全然不同，但引进了踩八卦这种法事。法印采用汉篆“福法三宝”。这是三族巫傩千百年来的文化交流相互吸收的历史现象。

三族巫师都使用绺巾、法器，但样式不同。土老司使用之绺巾，装系在八宝铜铃木柱之末端；苗老司之绺巾则单列出来，分四层排列在一根木条上，且创造了一套驱秽娱神的舞蹈，名为“绺巾舞”。客老司之绺巾与苗老司的相同。族巫师都使用筶作占卜。客老司用一种小型的竹篼筶；土老司则多备一副特大楠竹筶，专用于解钱；苗老司虽备有筶但几乎不用筶，只把一副牛角制成的角筶系在绳子上，置于坛面，类似于装饰物。三族巫师坛头供神的方式也有差异。傩愿老司将祖神傩公与傩母列于傩坛前的桃源洞中；土老司将祖神画在圣图上；苗老司则是扎一纸人骑马，立在坛上。三族巫师所行法事之名称都有请神请师、封禁扫邪、上牲交熟等，但内容变异颇大。

值得一提的是：有些特殊仪式可供重点发掘与整理。例如赶白虎，体现了湘西土家族与川东土家族对于“白虎”的相反态度。梯玛在仪式堂的请师、团兵、驱邪、解煞、挽诀、驱赶等全部仪式，只作哑剧表演，不准念出声来。作者在补充调查时特地作了录音拍照，将秘而不宣的内坛绝密法事（如符、箓、咒、诀、水）作了重点采访和记录，并首次做出了解读。

四、巫傩文化研究价值

土家族巫傩文化源远流长，《十道志》载：“秦灭巴后，巴子弟兄五人流入黔中。汉有天下，名曰酉、辰、巫、武、沅，各为一溪之长，号‘五溪蛮’。”① 这是“巴渝巫舞”随之流入楚地的史料之一。据龙山县、保靖县、永顺县等多处古遗址考证，在巴人入楚之前，土家先民便在湘西繁衍生息。“摆手歌”、“梯玛歌”中记录了远古土著先民迁徙的历史，也表述了在舍巴表扮演原始戏剧毛古斯、进行跳神等巫祀活动。在巫傩文化的长河中，巫为源头，继之以傩，巫傩交会，形成了土家愿堂中巫傩并存的格局。主要有舍巴堂、毛古斯、还土王愿、还傩愿以及由梯玛承办的大追解等巫祀活动。前二者，自成一系，少有“傩印”，保留了远古时期的品格。

---

① “酉、辰、巫、武、沅……号‘五溪蛮’。”其中酉为酉水；辰为辰河，源于湘西；巫为巫水，系湘西辰溪县所傍之河；武为武水；沅为沅水，源于湘西。

此外包括还土王愿、大追解等梯玛主持的祭祀，皆带有明显的“傩迹”。这是梯玛随时代进化，博采众长而传承的实录。

从傩的本源上看，它应是中华各民族共同拥有的文化现象，不为汉族所独有；但能在傩堂中出现完整的傩戏，那实在应归功于汉族傩巫的艺术创造。清代改土归流之后，为傩戏传入土家地区提供了路径。有的梯玛兼习巫傩双重功能与技艺，土家坛堂出现了巫傩并存的局面。交融与传承是民族文化顺应时代潮流的客观现实。基于这个观点，便不难解释这些奇怪的现象：土巫梯玛为何要戴五佛冠扎，挂三清圣像，念太上老君咒语，却进行纯土语的跳神活动？舍巴日、毛古斯何以独处僻乡、不沾傩气？龙山中部为何横贯一条巫傩文化分界线？

五、艺术发生学价值

其模拟的原则与中国戏曲相似，从戏剧发生学方面，记录了原生状态戏剧的因子在神堂祭仪中的聚散与存亡。

一是写意性。梯玛走阴登天，都是去冥冥的世界，要表现它的存在一种方法是诉诸词曲，描绘那光怪陆离的异域，让人们在脑海里建构出仙境或阴司的环境。另有一种简易而有效的手段，那就是用种种实物在户主的堂中装点出殿堂与阴司。这种实物具有某种特征，可以触发某些联想。例如：土王阴司是梯玛为户主解钱必须抵达的地方。梯玛除了演唱下阴的各段路程与地名，这些都是观众不可见到的，还得在户主室内起土王殿，或称摆手堂。梯玛只用两种实物标识，一种是衣物首饰，一种是吊在坐椅上、将两把坐椅隔开的头巾：两座殿宇就此落成。祖师殿不见片瓦寸墙，只在坐椅上挂一杆秤，吊一个升子（代斗），村民们熟知土王生前不识字，习惯用秤称串串钱（打有钱形的纸钱），祖师便是辅助祭师用此物解钱去，观众由秤会联想到用以解钱的梯玛祖师。又如茶婆神位只用一个擂钵来标志，这是她生前为彭公爵主擂制苜蓿姜茶的工具。再如白虎坛，只在户外檐前的神位旁立一竹竿，挂一只祭祀白虎的公鸡。

二是虚拟性。无法在堂内体现的，梯玛就把它抽象化，用其他手段来比拟或描写。

例如梯玛的骑马走阴，用铜铃的声音模拟出奔驰的豹头海马。当梯玛换了五爪龙马时，飞翔而无蹄声，梯玛便以手快速掀动衣角和马的长嘶来表现天马行空之速。又如对神鬼的意愿、许诺、去留及求筶者将会出现的吉凶祸福，梯玛用竹筶与司刀的种种卦象来表现，如阴筶、阳筶、顺筶。立筶，是土老司占卜中出现的一种很凶的卦象。两块筶竖在地上，如灵牌状，故又称“灵牌筶”。据说出现此筶，则求筶者必然戴孝——两块并立者表示犯重丧。司刀呈现出七十二种卦象，各有不同的含义。

其虚拟的手法有以下五种：

1. 音响虚拟法。以八宝铜铃有节奏的震响表示坐骑的存在，不同的节奏表示不同的行走与腾飞的速度、态势。舒缓的节奏加上轻微的音量表示豹头海马或五爪龙马的缓缓而行；急骤的节奏加上强烈的响声，表示马在地面（人间或阴间）奔驰；而连续轻盈的声响，而无马蹄着地的踏蹄之声，则表示在天际飞行。此时祭师须双腿夹紧坐凳（马），身体后仰，口里不断发出嘘嘘的声音。

2. 手诀虚拟法。两手十指相绕，呈现不同形态，表示不同的人、神、鬼、物、兽、鸟、道等的存在。例如：

拟人的有防身保身诀：两小指被其他相绞的指头包围，两大拇指并拢指向前方，表示两门大炮护住自身；铜钟铁罩诀：被其他相绞的指头护着的中指表示另一位同行的人，如其他祭师、帮师等。

拟神的有五雷诀、灵官诀、祖师诀、师傅诀、五路梅山诀等。

拟鬼的有鬼王诀、鬼尺诀、五猖诀，其中分东路五猖诀、南路五猖诀、西路五猖诀、北路五猖诀、中路五猖诀等。

拟物的有阴炮诀、五指大炮诀、五子大山诀、阴剪诀、铜栏杆、铁排山、金刀诀、捆铁链、连环诀等。

拟兽的有阳虎诀、阴虎诀、九龙诀等。

拟鸟的有磨鹰诀等。

拟道的有坦坦平洋、铁板桥铜板桥、阴路诀、阴门诀等。

3. 人体虚拟法。以人体的某个部位，状拟其形。（例略）

4. 物体虚拟法。以相似的物体虚拟出另一种人或物的存在。例如以牌位拟出人的魂体，以头钱拟出土王的影身。

5. 图形虚拟法。以具有某种特殊形态的图或画，拟出某种人、兽、物或环境来。例如在毛边纸上打出有眼的图表示古代阴币。关煞图铺在长凳上，十二幅图表示十二道关、桥。悬挂的圣图，从下至上的十一层表示梯玛全堂法事所经过的地点和主要的神鬼。

以供品白公鸡的存在虚拟出白虎，当白公鸡惊飞拍翅，帮师砍掉竹篙时则表示白虎已被赶走。封禁法事则以一碗净水上盖一张钱纸虚拟出一个已被净化了的祭祀圣地。

三是写实性。在堂坛内再现真实的生活。例如打粑粑时现场表演，真实场景；呈牲时在堂内杀猪；上熟供猪肉块和血盆屠刀；赏兵时祭师、帮师在堂内进餐，此时无象征意义，而是要饱餐一顿，法事中赏兵的时间与现实生活中的时间是一致的，祭师们与阴兵阴将，同在清晨、中午、下午开早、中、晚餐。

附录　还土王愿全堂法事科仪译本（节录）

演　　唱　彭昌顺
录音整理　张子伟
记词注音　彭秀檠　彭延媚
翻　　译　彭秀檠　张伟权
刊　　校　张子伟　张伟权

（以下科仪文中唱、念皆由掌坛师一人担任）

第一堂　敬家先

（师）哎——我们这里带着真诚的心，来敬祖先，来敬祖神。

我们端了两碗鸡肠人肚片，还有两碗人肝鸡肝。

祖先打来的江山，像井水一样流长源远，岩头都像玉石一样发光闪闪。

你的眼睛可曾看见？你的耳朵可曾听清？

（白）平民小于，大名国号书名田清富。他妻彭氏身体患病，像是撞见了邪神野鬼。田见无法，只好烧香纸，给阴曹地府许钱，给祖先菩萨许纸。许愿之后，病情好转，行步坐卧，如同以前。一家大小高兴，商量给菩萨还愿。

（唱）铺帐挂彩来迎请，天地君亲众神灵。

去去来来由你们，水牛角上站得人。

响器嘹亮不断鸣，乐器、唢呐好动听。

旗帜蓝伞多如云，高粱穗子笑盈盈。

（白）张先生，李外郎，你铜盘上錾字，铁盘上錾名。还账要写字条，欠的账要勾掉。还愿后，六畜要兴旺起来，家业要发达起来。还神了愿后，邪神野鬼再也不敢冒犯了！

（众答）不敢冒犯了。

（白）野鬼不敢在路上找麻烦了！

（众答）不敢找麻烦了。

（白）还愿之后，要一刀两断，像锄头挖断树根，快刀斩断葛藤。你们一辈子莫讲陈话烂话，千万年莫讨陈账烂账。梯玛弟子的言语说到了，你儿郎子孙给你的钱粮也交足了。弟子只会给你们交钱，有多你们就多分，有少你们就少分。请你们到火中认钱去，灰中认宝去。

第二堂　敬土王（八部大神）

（唱）哎——我的屋在振动，龙凤在这里腾飞，龙凤在这里显威。

地方上的头人来了，我们一家要向他诉说。

我的屋多美啊，有龙凤格丫，龙凤藏在这里。

头人（即酋长，对八部大神的称谓）啊，你看威风不威风，我们一家都有福气。

（以下演唱从户主家出发到八部大王的住处首八峒之往返经过，词略。）

（唱）哎——（供品）一样一点，样样都有。

尊敬的八部大王，在生你是人王，殁后跟官成了神王。

过去你在阳间管人，现在你在阴间管神。

吃山管山，吃水管水。天管了四方，地管了八面。

红土管了三丈，黑土管了三尺。

雍正七年（1729），改土归流。

大地名田家管了，小地名岩力坝管了。①

我们梯玛父子，给你们敬酒做饭。

敬鸡肉、鸭肉、羊肉、猪肉。

放飞石，放箭竿，黄篾的斗篷有了，大刀长矛拿了。

把邪神野鬼一个个杀了，一切污秽都扫掉了。

锣鼓敲响了，精神焕发了。

丰盛宴席准备了，你们享受吧。

（白）啊，弟子替天行道，给前辈师傅和后辈高手经常缴粮解钱。由于你们保佑，口和手都和师傅们的那样灵验。如今田清富家还神了愿了，你们要帮助他勾销阴司所欠的钱财借据，销毁账目。男的是四处借贷得来的钱，女的是卖帐房被盖首饰得的钱。钱都交给你们了，再无第二批钱

---

① 户主田清富家住岩力坝，属土王管辖的地域，故请土王降临堂中，接受供奉，勾销愿簿。

了，弟子也不说第二次话了。钱由祈祷仙姑和打卦老妇清点的，一文没差你的，一文没挪你的。把张氏李氏的旧钱推开放到一边，把田清富的银钱入库，陈账烂账莫讨了，田家给你的钱米交足了，你们各自到火中认钱去，灰中认元宝去。

第三堂　迁瘟头

（唱）烧香奉请何神？奉请十二瘟头老爷。

烧了金香银香，烧得烟雾冲天，上烟冲开天门，下烟冲开地府。

上天有神、神道虚空，不敢乱请。地下有仙，仙道无踪，不敢乱请。

来这多久，坐这多时，人堂不是鬼堂，人殿不是鬼殿。

上级瘟头，头闷眼花神头；中级瘟头，皮少摆子神头；

下级瘟头，你屙痢屙血神头。

十二瘟官老爷，前房不准你多神，后房不准你多鬼。

两面化为悬崖陡坎，中间化个大路好过。

十二瘟官老爷，无桥搭桥，无路给你开路。

（以下诉说还愿缘由与备办实况，词略。）

（白）你们有堂归堂，有殿归殿，名扬四海，回堂转堂。（打三卦，得阴、阳、顺三卦即表示瘟神被迁出户主家门，词略。）

第四堂　筛下马酒

（一）敬酒饭

（唱）一天一夜，还神了愿。

弟兄二人[①]喝酒吃肉了，吃菜吃饭了。

求神过后，（田清富）一家人要百做百利，百事顺心。

行东利东，行西利西。前仓得满，后仓得存。

喂牛得犁，喂马得骑。养女成女，养儿要抱孙子啦。

他们命中注定，不会遭受风吹雨打，太阳曝晒。

长大后替娘长志气，替父亲理家事。

---

① 指被供奉的八部大王和彭公爵主。

成人俊读书用功，学业大有长进，去县里府里考试名列前茅。
习文当官，要做到六部尚书；习武要建功立业，官封侯爵。
一年四季，要保佑他人命清净。
只准添人进口，不准漏落掉他的一条人命。
开笼放鸟，揭网放鱼，一家人平安无事，两下无亏。
你们在阴中保佑，暗中扶持。
（打三卦）

（二）交钱

（白）祈祷仙姑、打卦老妇、厨房刀手、开水冲茶姑娘、热水婆婆、三位老司、满堂香火、看神哥哥、望神姐姐，铁箩搬钱去，铜箩搬纸去，从金库给你们解钱，从银库给你们解纸。操铃给你们报信呀，钱纸一堆，伸手可得。肉饱酒醉，还要收钱，收了钱纸，我再回还。

第五堂　安天子龙王

（一）禀天子龙王

（唱）戴金盔银盔的爷爷，天子龙王。
我们梯玛父子给你敬酒，酒肉你要吃够。
你在前面走，南京城里那地方坐不得了，站不得了。
那个地方你跑上跑下吃人肉，人肉很苦哇。
喝了冷冷的人血，大蒜火葱下吃了。
（以下唱出从天子龙王的宫殿请神回到户主家沿途所经地名，词略。）

（二）下马

（唱）哎，天子龙王，铺堂铺殿。
你头戴铁盔铜盔，身穿铁甲铜甲。
脚穿铁鞋铜鞋，手拿铁刀铜枪，骑匹豹头海马。
（以下唱出天子龙王的身世，词略。）
（唱）天子龙王啊，头大像个铜盆，脸大像个铜盘。
身大吓人样，脚大踩人样。
身高三丈，腰大十围，龙山坐龙，虎山骑虎。
你左边有将军五营十哨，右边有元帅三军六号。
你们举目细看供品，侧耳倾听禀言。

我敬酒敬肉，你们美美饱餐。

鼻子血流出来了，五猖鬼放了，箭杆也放了，五笮纸烧了。

要杀人就要开水，用人骨头烧屋，用人皮子蒙鼓。

（陈述古代人祭的场面，词略）

（三）吃上马酒

（白）诚心诚意欢迎你们。那前颊后颊、前腿后腿、硬腰方软腰方、肚里的下水、猪脚也煮好了，牙齿不好砍细点，尾巴也让你吃了。给你敬酒敬肉，敬菜敬饭。现在要勾销他的欠条，勾销账簿上的欠账。先用红笔写的，现在用黑笔涂掉：先前用黑笔写的，现在用红笔勾掉。欠条要抽出来销毁，还要勾账，陈账烂账再不要去讨了。回头不要看了，转头莫要望了。（以下唱天子龙王的封赠话，词略。）

第六堂　赏兵

（一）请师

（唱）弟子烧香请动何神？天扯天教师，地扯地教师，阴扯阴教师，神扯神教师。

火是大教场的张天师，张天师的兵符啦；

瞎主二教场的李天师，李天师的兵马啦；

天府天门土地，地府地门土地。

阴兵土地，阳兵先神，大教场东拔师，小教场东由师。

十起兵符，十路兵马，九十九教场天教师傅，三十六教场地教师傅。

请来凤仙娘，九十九天门看男选男师傅，三十六天门看女选女师傅。

敲岩打洞，十崖九洞，东坝里求凤师师傅。

腾云驾雾，搬天动地，乌云四扫。

张氏堂里还钱老司，李氏堂里给纸老妇。

天瘟曹破了金刀在前，地瘟曹破了金刀在后。

左脚习呼师，右脚罗罗神，纳木金定师傅。

（以下请地方祖师、老司，词略。）

（念咒）师傅天谷，师傅地谷，岩鹰、磨鹰，野猪、泥猪，啸天狮子、麒麟狮子。东路五陀，西路五陀，南路五陀，北路五陀，五方五位五陀，五五二十五个五陀。东路五猖，西路五猖，南路五猖，北路五猖，五方五位五猖，五五二十五个五猖。杀猪吃肉五猖，吃酒带糟五猖，头上生角五猖，脸上长毛五猖，口里衔刀、脚上踩刀五猖，翻仓倒斗、翻精倒怪、查魂得到、查魂得返五猖。

（以下请本堂本殿法师，词略。）

（唱）天地药王公，药公药母，药子药孙。

东边路旁扯草的草药先生，西边道上扯药的药匠师傅。

南斗六神，北斗七星，四大元帅，八大金刚。

酆都十殿阎王啦。千里眼的兵符，顺风耳的兵马……

人请得满堂了，神也请得满殿了。四马都齐了，九马团圆了。

赏兵一道，赏马一栏。无堂要起堂，无殿要起殿。

请祖师爷要设堂铺殿，要铺峨嵋西殿。

世人老司，头戴白纸凤冠，久等南京，在这里恭候迎接。

（以下铺祖师殿）

（二）排年号

（唱）古王国号，改朝换代。

神王管了二府，永顺管了龙山，外五里、大剌里管了一十二里。小地各管了岩力坝田氏门中。

（以下述说还愿缘由、择日，词略。）

鸡公打鸣，东方刷白。

我们进到堂屋，无堂就要扫堂，无殿就要铺殿。

上摆红漆桌子，下摆黑漆交椅。

上了肥猪三头，拿起尖刀杀死，抬到沙坝坪里，开膛破肚，刀刮水洗。

洗得干干净净，抬回屋里，交与厨房刀手，煮得皮烂骨熟。

抬盆端盘哥哥，抬到金子堂屋。男的没敢先吃，女的没敢先尝。

金刀切菜，切了三碟满碟，银刀切肉，切了三盘满盘。

两边安了陪神把总，站着劝酒。

有名望的师傅，跪着劝肉。讲情告苦，告苦告难。

三级官府，四路衙门，欢欢接受钱财，喜喜接受纸火。

世人老司，头戴白纸凤冠，左手八宝铜铃，右手提刀望神。

（三）交钱

（唱词同前，略。）

第七堂　起堂起殿

（一）盘古

（唱）哎，太公太婆啦，讲起古来哟。

很早很早以前，天地混沌一片，上面没有天，下面没有地。

人不知道有天，也不晓得有地。

出了两个神仙，想法辟地开天。

上面无天，张古老织天，下面无地，李古老织地。

勤奋的张古老，把天织得平平坦坦，嵌上星星月亮。

懒惰的李古老，把地织成一巅一湾。

万国织了九州，五湖织了四海，南北织了两京，一府织了四县。

永、保、龙、桑、外五里、大剌剌里，织了一十六里。

（以下是男女盘歌对唱，兹录一段。）

（男唱）天上梭罗树是谁栽？九曲黄河是谁开？

（女唱）天上梭罗树是张古老栽，九曲黄河老龙王开。

（男唱）两个神仙辟地开天，天地又是怎么变迁？

（女唱）两个神仙辟地开天，天垮西北角，地上洪荒一片。

（男唱）天上垮了半边，何人又来补天？

（女唱）女娲娘娘挖泥巴拿到这里来补天。

（男唱）辟地开天，又若干年。什么人来制八卦？哪个手里定圣贤？

（女唱）文王演八卦，周公订周礼，周礼定圣贤。

（掌坛师唱）破开神门破得好，敞开鬼路敞得好。土老司解钱解得到，三请神就到，四马都请齐，九马团圆了。

（二）排年号

（同前法事，词略。）

（三）发兵

（唱）……一打一更天，土王爷爷（八部大王）在堂里，

亲眼相见，龙眼相会了……

二打二更天，青天爵主爷爷（彭公爵主）在堂里，

亲眼相见，龙眼相会了……

三打三更天，天子龙王（一说是向王天子）在堂里，

龙眼会，龙眼相见了。
见官命官，见府命府。正月门前土地堂发令去。
打开二月堂二月殿，二月桃李花开土地堂发令去。
（以下唱完十二月土地堂发令，词略。）

（四）回兵

（词略。）

第八堂　落神

（请众神一一就座，词同请神，故略。）

第九堂　打栏杆

（唱）哎，前辈师傅，后辈高手，
弟子的口像师傅的口，手像师傅的手，
这是入口传授法术的灵验，中请彭法头，正请彭老司。
香炉弟子，头顶你们的香火，脚踩你们的香炉，
弟子行一处你要保一处，行一家你要保一家。
师傅拿着卦头，弟子抓着卦尾，
行法事来祭师傅，赶快来到杨河堂（户主居住的小地名）。
只有真传，莫有假传，只有真保，莫有假保。
你给他要破开神门，铜栏杆也好，铁栏杆也好，
七十二凶煞栏杆，你要保佑他平安越过。
要保他与凶煞断绝，吉祥如意。

（以下由祭师根据司刀上十二铁环组成的卦象为户主或其亲友占卜吉凶，词略。）

第十堂　绹手

（唱）弟子的口是师傅的口，手是师傅的手，
百请百灵，百做百顺。
弟子在×年×日×时，给×××家捆神捆鬼。

如今要他千年无灾、万年无难。
老人捆了这根线，头发白了要转青，
牙齿落了又重生，添福添寿，发子发孙。
东去遇财，西去遇宝。

第十一堂　坐马

（一）坐马

（师诵）我马是个骡子马，牵到神王堂里，几位老司得马骑。马儿没有头，我们给它生头，无尾生尾，生了五色鬃毛。马无耳给它生耳，耳听号令。马无口给它生口，给它生个八寸宽的老虎口。马儿无眼生眼，生一对铜铃般的凸眼。马儿无毛给它生毛，生个五色鬃毛。马儿无脚给它生脚，生得四蹄圆圆脚。要扣紧肚带，踏镫两边挂好。祖师爷爷骑马去，男兵女兵骑马去，客兵土兵骑马去，十万雄兵骑马去，九万猛将骑马去，祈祷香官骑马去，打卦老妇骑马去，看神哥哥骑马去，望神姐姐骑马去。世人老司，几堂香火骑马去。

（师唱）杀个牛来祭祀，屋场生得几好，
诚心诚意来敬，我把油灯点好。
田氏门中还神了愿，铁罐不准煨药，铜罐不准煎药。
白天不准锁男，晚上不准锁女。

（白）太公父公坐堂上，亲眼相见了，龙眼相会了，退得朝了，下得马了，该交送你们钱财了。

（二）交钱

（请神词略）

（唱）哎，八宝铜铃、八幅罗裙，
爷爷呀爷爷，我多也不敢长说，短也不敢长言。
话说多了，言语粗糙；话说少了，诉情不到。
三步四步，进跪台前，大请给你磕头，磕头得到，礼拜得来。
弟子上了金香，化了银锭，
交送你们钱财，递送你们纸币。
功果圆满，收兵回殿。

（三）存钱

（白）娃娃你莫哭，背到神王堂里吃肥肉。娃娃你莫喊，背到神王堂里吃猪肝。祈祷仙姑奶奶三尺长，你看到奶奶没得尝。打卦老妇奶奶长，你看到奶奶没得尝。娃娃没像娃娃，蛤蟆没像蛤蟆，大没像个冬瓜，小没像根××。懒婆娘计谋多，不会绩麻会唱歌。一天只接二两麻，一天要吃半斤茶。屙尿像放坝水响，打屁好像吹海角。系腰带给你捆三圈（和事钱），黄腰带捆三层、包三层，青布包袱包三层，黄布包袱包三层。到哪里给你寄个名去？到哪里抱养去？哎，官府堂给你过堂去，衙门堂给你过殿去。九曲黄河岗过河去，三十七遍坡上坡去，太平和事堂寄名去，五位五姊妹过殿去，天地公朝里进香去，金香银香拜庙去。

（师问，下同）哪个不种地，屋梁上面耍三年？

（众答，下同）老鼠不种田，屋梁上面耍三年。

（问）哪个不种田，屋檐上面打锣打鼓玩三年？

（答）麻雀不种田，屋檐上面打锣打鼓玩三年。

（问）什么不种田，岩板脚下玩三年？

（答）螃蟹不种田，岩板下面玩三年。

（问）什么不种田，泥里土里藏三年？

（答）泥鳅、黄鳝不种田，泥里土里藏三年。

（问）哪个不种田，五谷满仓吃三年？

（答）老司不种田，五谷满仓吃三年。

（唱）你头上有束什么钱？

（答）头戴一束白纸凤冠钱。

（问）手中有束什么钱？

（答）手中有束见官见府的见面礼钱。

（问）腰中有束什么钱？

（答）腰中有束打平伙的钱。

（问）你裤裆里有束什么钱？

（答）有束小伙子嫖婆娘的老本钱。（下略）

第十二堂　敬事官老爷

（一）敬事官老爷

（唱）事官老爷堂的神，慈祥无比的神。

大哥坐镇金州府，金州金殿上去请。

二哥坐镇银州府，银州银殿上去请。
三哥坐龙山。
四哥坐隆头，隆头大刺江口。
（以下演唱从四个地方请事官老爷的来回路程与经过，词略。）

（二）马上交钱

（白）田清富给你做了一餐酒，准备了一餐肉，给你点了亮，给你敬了香。小米高粱猪脑壳，粑粑糖馓给你煮了。你们要保佑他一家人，老的要添福添寿，小的要发子发孙。（下略）

第十三堂　出门

（唱）诚心的神，正直的神，祖师一直敬奉的神，一贯骑马的神。
祖师骑马去，办事的骑马去，男兵女兵骑马去，客兵土兵骑马去，
十万雄兵骑马去，九万猛将骑马去。
（问）马上齐人了？
（答）齐人了。
（问）地上无人了？
（答）无人了。
（以下从祖师出门直唱到巫师的各种法器、祭品出门。词略。）
（师唱）我们去不成了，前面五龙盘山拦路了。
（众答）那是香炉伙伴，现在不拦路了。
（唱）去不成了，水里牵藤岸上开花拦路了。
（答）那是明灯亮火，现在不拦路了。
（唱）去不成了，那花花绿绿一片山，三条岗岭伸中间。看见没有？
（答）那是老司戴的白纸凤冠、蓝巾，不挡路了。
（唱）还是去不成。青一片又蓝一片，风吹背后四面烂。看见没有？
（答）那是八幅罗裙，现在不拦路了。
（唱）还是去不成。拿起来是死的，吹起来是活的。看见没有？
（答）那是吹的牛角，现在不拦路了。
（以下唱出李天师去取马槽取王马之经过，发兵。词略。）

第十四堂　团兵

（请师，词略。所团拢的兵符兵马系各堂各殿师傅的，祭词略。）（白）人请得满堂，神也请得满殿。千千雄兵要变身，万万猛将要变身。千千兵符，万万兵马，屯兵号起，收兵锣响，回堂归殿。（余略）

第十五堂　交土地钱

（唱）哎，第一道的土地，第二道的把总，我做法事要从你们前面经过。

请你们用眼看清楚，用耳听明白。

（以下禀报户主还愿的相关事宜，词略。）

打卦交钱词："啊，此卦不是非凡卦，是鬼谷仙师制作的周文王的卦。白天决断阳间事，晚上决断阴间事。断阴得阴，断阳得阳。你是当家的主人啦。神灵面前好打卦，明人面前好说话。三伏和你讨三泽，三元和你讨三卦。八八有六十四卦，弟子只讨三卦。头卦打得顺卦落地，田家求过神后，百事顺心。二卦元中打开，你要高高兴兴领钱，愉愉快快领纸。三卦打得阴良铺地，你要阴中保佑，暗中扶持。"

第十六堂　解头钱

（一）上马、下马

（白）当坊土地堂，一不是屯兵之处，二不是歇马地方。我们给土王土主土王爷爷铜箩搬钱去，铁箩搬纸去。

（唱）正直的祖先，十五的老祖啊，
背柴爬高山的祖先，翻高山割茅草的祖先，
骑骡子过河的祖先，将军上龙门的祖先，
将军打龙旗的祖先，三月采茶去的祖先，
四月刮麻皮的祖先，族内族外的祖先，
落内落外的祖先，未归屋的祖先，
包堂包殿上的祖先，招兵买马的祖先，

打花鼓的祖先，长刀杀人的祖先，
马刀砍人的祖先，祖师起虎曹到了。
（以下打开土王八部大王的十二重门，让解钱的人众进殿。）

（二）交钱化纸

（唱）哎，坐到的要站起来，站到的要围拢来。
左有祈祷仙姑抬铜钱，右有打卦老妇抬纸币。
屋里火场上的开水伯娘，你把擂钵擂起来。
我们老司吹三声牛角，给官厅堂解钱去。
（三请各位神灵，词略。）
土王呀，你头戴金顶乌纱帽，身穿丝绸绣龙袍，
脚穿麂皮朝靴，手拿羊毫毛笔。
一张虎皮交椅，土王爷爷上坐。
龙山坐龙，虎山坐虎。
念小弟子呆板，一步进跪台前，
大请给你磕头，磕头得到，礼拜得来。
（禀告还愿缘由，词略。）
菜饭端进堂屋，整齐摆在桌上。
男的不敢先试，女的不敢先吃。
金刀切菜，切了三个满盘，
银刀切肉，切了满满三碟。
陪神把总，站着劝酒；有名望的师傅，跪着劝肉。
讲情告苦，告苦告难。
感动三厅官府，四路衙门长官，
高高兴兴接钱，喜喜欢欢收纸。
（余略）

（三）踩八卦

（请神请师，词略。）
（唱）头顶太公香火，脚踩父公香炉。
日不停兵，夜不歇马。
百讲百灵，百做百顺。
天高水深，路程遥远。
三级朝阶当一级，三步朝堂当一步。

一步五步，进跪台前，大请给你磕头。

（四）喊师傅当面交钱

哎，张老司解钱，铁扫帚不敢扫堂，李老司解纸，铜扫帚不敢扫殿。上面扫来灰灰尘尘，下面扫来灰灰尘尘。挖高填低，低处不能挖。我们千千兵符，万万兵马啦。一打一更天，土王爷爷差下来的兵符，二打二更天，青天爵主爷爷差下来的兵马。三打三更天，天子龙王堂差下来的兵符。左边请来排兵，右边请来排马。排兵一道，排马一栏。香供一炉，水供一碗。（念咒）请了主教，日管八命。香烟弟子，头顶你们香火，脚踩你们香烟，香中敬香，水中敬水，把你们请来，排兵排马，请到弟子身前身后，身左身右，隔山叫来隔山应，隔水叫来隔水应，千叫千应，万叫万应，不喊自应，吾奉太上老君急急如律令。

（五）回兵

（词同前堂（回兵），词略。）

第十七堂　解二钱

（一）起程

（白）土王爷爷，你自己收金银财宝，空堂空殿，千兵万马我要收。爷爷堂、爷爷殿回，龙山坐龙回。（以下唱回兵到起虎曹途中经过的地名，与解头钱同，词略。）

（唱）起虎曹，养马坪。

人到堂前要下马，马到堂前要取鞍。

快丢三把马料，好帮青天爵主爷爷铁箩搬钱去，铜箩搬纸去。

（以下颂扬各位祖先和进土王堂经过，唱词同前。）

（白）千余年坐堂，万余年坐殿，青天爵主爷爷亲眼相见了，龙眼相会了。退得朝了，下得马了。停兵一道，歇马一栏，再给他解钱解纸去啦！

（二）解钱

（唱）奉请我土司爷爷、青天爷爷。

隆头的水上土地、看水把总、管河爷爷，

在生都是人王，殁后跟官都是神王。

头戴挽龙帽子，身穿青蓝布鞋，手拿羊毫制笔。

（礼拜，词略。）奉请南京城里夫人，北京城里奶奶，

奶公奶娘，贡上美女，伺候娘娘。

在生你是人王，殁后跟官当了神王。

头插金簪银簪，耳挂十绺钗环。

身穿锦缎衣裳，脚穿银雀花鞋，手拿绣顶纸扇。

高来高坐，低来低坐。

（礼拜。以下诉说还愿原因、请神排场，词略。踩八卦，与前同。）

（三）给青天爵主爷爷交钱

（唱）哎，敬爱的青天，青天爵主爷爷，

你头戴金盔银盔，身穿金甲银甲，

脚穿金鞋银鞋，手拿金刀银枪，

骑匹豹头好马，龙上坐龙，虎上坐虎。

（礼拜，以下奉请神明，师名同前，词略。）

青天爷爷，你亲眼要看过，龙眼要望过。

那么多的钱财，就放在你的面前。

不需用戥子秤，足足有五百斤纹银，

官秤也不需称，足足有五百斤。

祈祷仙姑点过，打卦老妇数过。

一分没差，一毫没失落，共是一万个工的工钱筹办的酒礼。

他男的无钱，到东坝坪里找钱，

女的没有纸币，到西坝坪里去找。

男的是到亲朋好友处借贷得的钱，女的是卖了帐房被盖金银首饰得的钱。

他们再没第二个钱了，弟子的话也不能重复。

一张钱不是闲钱，一张纸不是闲纸。

不是风吹来的，不是雀鸟搬来的。

是辰州码头上的船装上来的，在隆头里耶起岸的钱票子。

从桐林麦子坪用细篾背篓背起来的，用桑木扁担“吱呀、吱呀”挑起来的。

弟子把话讲清了，田清富把钱财交足了，

铜盘上錾字了，铁盘上錾字了。

还账字据要写清楚，原来的借据要勾销。

锄头挖断根了，不要再讨陈账烂账了。

田清富只愿欠人账，不肯欠神账。

他交的钱财，你们弟子亲自清点过，没一点差错。

个别票面不对的，是打纸的钱凿出的问题，

纸钱不对的，是打纸的钱凿出的差错。

我们世人弟子。没有点滴过失。

（赞卦打卦，词略。）

（四）回兵

（所唱的回兵路线同发兵，师接唱）到这儿是屯兵驻马之处。茶铺里端茶，酒饭铺端酒。

渴了给你们传茶，饿了给你们斟酒。

上有三十三重天，请都请不来的兵马。

下有五十五重地，哄都哄不来的兵马。

千神共掌神堂，万神共守神堂。

我左手端茶，右手斟酒。

吃一盅天旋地转，吃二盅地转天旋。

男人吃三盅沉沉大醉，女人吃三盅要卧床几天不醒。

祖师爷吃在前，弟子吃在后。

先敬你们神，再赏我们人。

远处的伸手，近处的张口。

请来的是兵是马都到齐了，都在堂中喝酒吃菜。

酒足饭饱，清茶献上。

那么收兵回堂，背财回殿。

好帮天子龙王用铁箩搬钱去，铜箩搬纸去。

第十八堂　解三钱

（一）盘查

大炮连天要起兵，三眼铳连天要起马。我们老司吹三声牛角，起兵曹要起兵，起马曹要起马。（以下唱述沿途所经过的土地堂，词略。）

（二）传酒

（请各路师傅与各坛班已故掌坛师饮用供酒。本坛班成员饮酒后，土老司便端着酒盘向户主及其亲友逐一敬酒，以酒歌讨打发。）兹摘录部分唱词如下：

（唱）啊，主人奠了这杯酒，黄包红包盘里丢，

不要伸下手又缩下手，开一下口又闭下口。

丢得快来发得快，荣华富贵滚滚来。

丢了这个利什钱，荣华富贵万万年。

我们得点利什钱，传科演教要做完。

谢你金来谢你银，给你屋前华表立两根。

一根立的摇钱树，一根立的聚宝盆。

摇钱树呀聚宝盆，早落黄金晚落银。

初一早晨捡四两，初二晚上捡半斤。

初三初四不去捡，碗大金子真吓人。

（接下来为祭师与帮师盘歌，词略。再然后唱出坐船路经的地名，词略。）

（三）交钱

（唱）天子龙王呀，你是执掌生死大权的人啦。

身高三丈，腰大十围，身大吓人，脚大踩人，手大扭人。

脸像一个铜盆，眼像一对铜铃。

龙山坐龙，虎山坐虎。

金盔爷爷，天子龙王，

你左边将军，五营十哨，

右边元帅，三军六号。

念小弟子痴呆，匆匆三起三拜。

你那清水溪的大娘，黄水溪的二娘，

桐油壳的三娘，惹巴业亏的四娘，杉木树的五娘。

在身跟官都是人王，殁后跟官都是神王。

头插金簪银簪，耳垂石榴钗环，

身穿绸缎衣裳，脚穿金雀花鞋，

手拿绣面纸扇，高来高坐，低来低坐。

念小弟子痴呆，匆匆三起三拜。

（白）金盔爷爷呀，钱财都放在你的堂上，纸钱都放在你的面前。你亲眼要看过，龙眼要望过……你要帮助主人家，金银要入库，铜盘要錾字，铁盘要錾名。还账字据要写，欠账字据要勾销。（求保佑，词同前。）

第十九堂　托梦招魂

（一）请师

（词同前，略。）

（二）托梦

（白）大名国号，书名田清富，屋里人掉了三魂七魄。头代祖师，万古传名，后辈高手要真传真教。神有神的保法，灵有灵的保法，你们要下洞，保我捉回失去的魂魄。

（以下对失魂的人说出失魂的梦，梦中的时、地、人、事如与失魂人的梦相符，则被认为找到了魂魄的失落处，词因人而异，故略。以下为做招魂法事的词。）

（唱）千魂万魂，莫化假魂，

千名万名，莫化假名。

真有真传，不能假传，

真有真保，不能假保。

阴传阴教，阳传阳教。

祖师爷讲的话，弟子相信，

法事本是传科演仪，你怎么教，我怎么保。

现在啊，神王堂里招魂去，鬼王堂里招魂去。

药王公堂里，你要把魂放出来，神王仙灵，别挡回路。

（白）三更天里得一梦，四更天里梦一回，梦到柑子园里，手上抱个伢，肩上背个伢，那是药王菩萨附身，他教你东边路上扯草，西边路上扯药，你就要成草药师傅了。现在日夜都给别人治病。

（唱）观魂堂里来过堂，祖师堂里来过堂。

一打一更天，土王爷爷堂差下来的兵符，

二打二更天，天上请来的青天爵主爷爷堂里差下来的兵符，

三打三更天，天子龙王堂差下来的兵马。

你们来了后，请给我查魂去，赶魂去，你要赶到药师堂里查魂去。

祈祷仙姑，打卦老妇，

高举灯笼火把，捉拿三个魂去，解到祖师堂来。

过了地洞，上了树洞，

一屋人等，都要回来。

（问）田清富一家老少大小的魂魄都回来没有？

（答）都回来了。

（问）回堂转堂了？

（答）回堂转堂了。

（问）没失落他们的三魂七魄吗？

（答）没有。

（问）他家中都安宁了？

（答）安宁了。

（以下用雄鸡背魂筒做法事。）

（唱）此鸡不是非凡鸡，身穿五颜六色衣，王母娘娘孵的鸡。

爷娘养你五姊妹，又生五兄和五弟。

大哥有毛不会飞，飞到天边成雁鹅。

二哥有毛不会飞，钻到岩山成岩鸡。

三哥有毛不会飞，落到田里成田鸡。

四哥有毛不会飞，歇到竹园变竹鸡。

五哥有毛不会飞，飞进田氏堂中成家鸡。

你前听师傅口，后听我们匠人言。

左边给你打竹卦，右边给你打木卦。

灵宝大法师，方印供在桌中央。

（寻得魂之后唱）大雄鸡呀大雄鸡，田氏（户主）家中一千年，你也一千年。

田氏家中一万年，你也一万年。

天上飞的岩鹰磨鹰不敢吃你。它们吃了你，要烂它的嘴壳翅膀。

地上狐狸野猫不敢吃你。它们吃了你，要烂它的牙框骨、脚爪爪。

玩蛇的叫花子、讨米的叫花子也不敢吃你。他们吃了你，都要在外面抛尸露骨，不得好死。

田家的亲戚朋友也不能吃你，吃了你要发病痛，自讨苦吃。

我们最有名望的师傅，头顶太公香火，脚踩父公香炉，

吃了你我们神堂兴旺，八方来迎，法事兴隆，日夜不停。

行一处保一处，行一家保一家，

百做百顺，百讲百灵。

明朝鸡啼天明，我们就倒堂谢天，倒盆谢地。

桥梁白虎，飞梁白虎，

若干白虎来抓人，四大门口都有神来守护，

现赠雄鸡一只，好马一匹，你们就高飞远去，

有堂归堂，有殿归殿。

魂归田家，送到楼上，行像往日，坐像往时，我功成圆满，法事告成。

第二十堂　回兵

（词同前，略。）

第二十一堂　敬拔帕

以下唱出途经的各个土地堂，依次为两岔路、神堂堡、东土坪、冬瓜坪、红岩河、两乜河、老寨河、头道河、通河桥、岩拱桥、小马坳、马鞍山、凉水井等处，敬香烧纸后回兵太平和事堂。（词略）

第二十二堂　交和事钱

（唱）千兵莫回头，万兵莫转家，到太平和事堂搬钱搬纸去。

没有肉要送肉去，没有供品送供品。

马儿无毛要生毛，马儿无翅要生翅，大家腾云驾雾去啊。

（以下唱出去和事堂途经地名）阴间的土地堂有扬州下街河、麻阳河中路土地堂。

十二道泸溪坪，十二道阎王殿，

十二道鬼门关，十八道地狱门。

［张五哥、李豆子（渡船老板）学鬼叫。］

（掌坛师白）张五哥、李豆子，你不是官来不是鬼，半夜三更学鬼叫什么？你日渡千军，夜渡我的万马。船头破了给你船头补，船尾破了船尾补。（此时作摆渡表演，词略。以下是上三十六道坡，喝三十六碗水，到达田氏门中太公的家先堂，唱打开十二处门进堂，然后交钱化纸。）

第二十三堂　回程赏兵

（唱）太公父公的钱财你自己收，纸钱也要收，

这里一不是我们屯兵处所，二也不是歇马地。

我的千军万马，就各自带回，回堂转堂来呀。

（以下唱出各路兵马名、回归路线地名。唱词与去时相对应。词略。再下面接神、请神、供神，请师赏兵。词略。）

第二十四堂　盘路过天河

（一）盘路

（在扬州大坝坪四处寻找上天求男求女去的路，词略。）

（白）土老司吹三声牛角起兵了，三眼铳冲天起兵，爆竹声连天起马。起兵曹来起兵，起马曹来起马。“轰轰轰——轰！咚咚咚——咚！”一个将军匆匆放炮，河边路中都听到。二个将军匆匆打炮，五权公堂里都听到。三个将军匆匆鸣炮，七姊妹堂里都听到。又一个将军匆匆打炮，岩子天地公堂听到了。

（唱）太公堂里兵符我们发兵了，父公曹里兵马我们发马了。

撞着坪里碰到了，会着坪里相会了。

去有接兵钱，来有接兵纸。

野猪大坝坪里求男去，一步一步进堂殿。

铜瓢舀男去，铁瓢舀女去。

（请指路公婆指路，词略。）

（接唱）三厅官府指了，四路衙门指了。

指了旗号绕绕，指了锣鼓喧天。

指了兵马开拔，整整齐齐队伍。

前面指天子龙王堂，这里指九曲黄河岗。

抱着小孩，要过五权公的神堂，要过七姊妹的神殿。

到了天地公神堂里，进堂求子去，行香拜庙去。

（下面是一大段戏谑之词，故略。）

（唱）正月开的什么花？二月开的什么花？

三月四月开的什么花？五月六月开什么花？

七月八月开什么花？九月十月开什么花？冬月腊月开什么花？

（答）正月开团散花，二月开羊奶花，

三月开三月泡花（即草莓），四月开龙船泡花，

五月开空洞泡花，六月开谷米花，

七月八月兰草花，九月十月雪凌花，冬月腊月吓人的冰凌杆花。

（以下盘答雷、草、泡、虫、鸟、笋，词略。再下面是砍竹制卦，均为唱答方式，并述说神竹根、中、尾三截的用途。祭师扮削竹神、弹墨线师、锯竹神等表演制卦过程，词略。接着唱出栽麻、织布、造纸、造钱纸的经过，演唱方式同前。词略。）

（二）过河

（唱）我们骑的豹头好马，上不得坡，登不得天。

娘娘呀，你们的五爪龙马，会飞龙马，上得坡登得天啦。

那我用十匹换你一匹，十马换你一马啊。

（白）你听什么喊呢？

（答）是娘娘从天上牵来的马喊。

（白）恶恶沙沙什么响了？

（答）是天河涨水波浪撞响的。

（白）天河潭过不过得？

（答）过不得。

（白）天兵天马呢？

（答）也过不得。

（白）泅河岗过不过得？

（答）过不得，要泅兵泅马。

（白）绕河岗过不过得？

（答）过不得。要绕兵绕马。

（白）泡河岗过不过得？

（答）过不得，要泡兵泡马。

（白）那泅水沿河上，过不过得？

（答）过得。但要路口小心，注意点啰！

〔师徒俩做换马、骑马（坐在长凳上）动作〕

（唱）哎，八十八河岗飞过去，九十九河岗飞过去了。

过了呰呰咚咚桥，摇摇摆摆桥，
铁心木心桥，铜心木心桥。
（此时师傅背徒弟作飞过黄河岗河桥表演，以后进九十九处门。）
（唱）天地公天地母啦，金台银台上，亲眼相见了，龙眼相会了。
（余略）

第二十五堂　摆男

（表演去摆男坪求子，唱出从人间到天上各处摆男的地名，直到五位五杈公堂、七姊妹堂及天地公的金台银台上。然后摆男回堂，抵达户主家的地名路线与去的地名路线相对应。词略。）

（唱）进到堂屋内摆男回堂，五男二女的摆进来，
八子成双的、九子成器的、
五男二女的、七姊妹团圆的摆进来，
靠得成器、长得成材、养得成人的摆进来。
娘不要操心的、爷不要费力的、
长大替娘长志气的、替爷理事的摆进来。
读书用功的、县里有名的、
府里有名的、好上加好的摆进来。
文到尚书、武到侯爷的摆进来。
金锁银锁摆进来，
男进脱鞋摆进来，女进解衣衫摆进来，
围布帐房摆进来，八步雕花牙床摆进来，
疲劳睡觉上摆进来，怀抱儿郎孵种鸡摆进来。
（白）现在交送你的爷娘，递送你的父母了。（学婴儿啼哭）

第二十六堂　过五姊妹堂

（此堂表演向五姊妹求子）

（唱）哎，我们到造子房去，摆男坪不是停兵之处，也不是歇马的地方，

先用铜瓢舀男去，后用铁瓢舀女去。

许愿堂里许愿去，解愿河里解愿去。

要上天去，求男谋女去。

（白）打开五龙净水，五龙圣水，五龙神水，到许愿河里许愿，大家许愿许得利利索索，不得拖泥带水。

（唱）左边七个兵许了，右边八匹马许了，

官兵官将许了，旌旗招展许了，

骑兵队马许了，军鼓军锣许了。

哎，量豆大斗许了，称米吊秤许了。

一升白糯香米许了，一窠鸡子许了，

一匹白马许了，水磨豆腐许了，糍粑米粮许了。

桂竹筶子许了，神眼鬼眼许了，神衣鬼衣许了。

啊，茶壶酒壶许了，明灯亮火许了，香炉火盆许了。

啊，土老司的八宝铜铃、八幅罗裙和神刀、令牌都许了。

牛角三声许了，打开五龙净水，许得干干净净。

我一步一步往前行，一步一步进堂去。

（以下到一地点，出一谜语，破一谜语。）

（唱）何物叫作两头溪？何物叫作簸箕溪？何物叫作犁湾溪？

（答）泥鳅、黄鳝叫两头溪，团鱼叫作簸箕溪，虾子就叫犁湾溪。

（唱）你拨开神门剖得好，土老司解钱解得到。

那崖上走的什么肉？崖下走的什么肉？

河里走的什么肉？田里走的什么肉？

茅草窠里是什么肉？你堂里走的什么肉？

（答）崖上走的麂子肉，崖下走的麋子肉，

田里走的蚌壳肉，茅草窠里野猪肉，堂屋里走的是家猪肉。

（以下盘唱桃园洞等，词略。）

（唱）刚才到了白鹤岗，要把山歌唱一唱。

白鹤岗上好留恋，又要忘记爷和娘，

忘记爷娘不要紧，忘记妻子断肝肠。

（以下十四段系唱答谜语歌，破解沿途地名，词略。）

（唱）我去五位五权公堂里，寄名抱养去。

前面好个七仙台，七仙台上求男去。

（上七仙台的唱词略）

（白）我们要提个名，想个字。

（唱）一根树子高又高，树腰上面结个苞，
苞苞上面长皮皮，皮皮上面生毛毛，
毛毛下面有籽籽，那是什么看清楚了吗？

（答）五杈公的苞谷，大娘看见了。

（唱）一个脑壳八十八，背起锄头满屋啄。看见没看见？

（答）那是五位五杈公的鸡公，大爷看见了。

（唱）岩上蹲个老婆婆，翘起屁股等你戳。看见了没有？

（答）那是五位五杈公的金锁银锁，看见了。

（白）五位五杈公的四大火铺上，我提个名，想个字。

（唱）什么是个四四方？什么架中央？
什么架上面？什么叫作翻天睡？什么叫肚内捣？

（答）火坑是个四四方，三脚架架中央，吊炕架上面，鼎锅翻天睡，煮饭就要肚内捣。那是五位五杈公的鼎锅，大娘看见了。

（唱）一白白如雪，一硬硬如铁，
一天三个澡，躲在楼上歇。看见了没有？

（答）那是五位五杈公的瓷器碗盏，看见了。

（白）再来提个名，想个字。

（唱）两个母猪不吃糠，屁股眼里杀杆枪。看见没有？

（答）那是他房门上的金锁银锁？看见了。（其余词略）

第二十七堂　过七姊妹堂

以下用出谜破谜的方式唱出去七姊妹堂所经路程及所见物像，兹举几例：

（唱）什么叫作大肚皮？什么又叫二肚皮？
什么又是乌漆漆？什么又是倒蜕皮？什么又是癞气宝（癞蛤蟆）？
什么开花打灯笼？什么开花细绒绒？

（答）七位姊妹种的冬瓜叫个大肚皮，黄瓜喊个二肚皮，
丝瓜又叫乌漆漆，茄子就是倒蜕皮，苦瓜就是癞气宝，
南瓜开花打灯笼，韭菜开花细绒绒。

（唱）小是青疙瘩，老是红疙瘩，

越老越是麻，胯裆里夹个黑疙瘩，看见了没有？

（答）那是七姊妹种的花椒，大娘看见了。

（以下进七十七处门，到达金字堂屋。再对所见物像出谜破谜，词略。）

（唱）七姊妹啊，亲眼一起相见了，龙眼一起相会了，

我们今天到这里来，选郎坪里选男选女。走啊！

第二十八堂　选郎坪

（唱）哎，千千雄兵，万万兵马，

我们得去七姊妹堂里的选郎坪里选郎，选女坪里选女。

你上送个真男，我下接个真男来，

你崖上送个真女，我崖下接个真女。

要养得成人，长得成才，

风来不吹他，雨来不打他。

我们金手捧男，银手捧女。

（白）癞子儿要不要？

（答）癞子儿不要。

（唱）不要就莫要他，神王堂里退了他。

哎，男的搬钱去，女的搬纸去。

男的女的两边排，好男好女选个来。

（以下选掉瞎子儿、聋子儿、塌鼻子儿、哑巴儿、大脖子儿、麻风儿、跛子儿、驼子儿、气卵泡儿、癫子儿等，又选掉十二游手好闲堂里的儿子，如打金钱板儿、赌博匠儿等，词略。再下挑选十二匠人儿子，如岩匠、木匠、雕刻匠、泥水匠，将杀猪匠、和尚、道士儿子，一一选掉。）

（唱）做阳春的选一个前仓得满的选一个，后仓得存的选一个。

（答）选得这个是好男，选得这个是好女。

（白）张天师呀，和你们找块地落脚，好砍点火畲。

（答）你自己砍去吗？

（唱）要撒三升小米种，现在我们砍起来。

（接下来表演砍荒、烧荒、掀渣子、撒小米、间苗、扯草等农活，唱词略。再下面表演教读书，考秀才、举人，考进士。最后进行结婚、哭嫁、迎亲、拜堂等表演，词略。）

第二十九堂　打关渡桥

（唱）哎，掌坛师傅哇，前朝太公、父公、太婆啦，千千兵符，万万兵马。

掌桥师傅请来掌桥，试桥师傅请来试桥。

（白）田清富的子子孙孙我们抱回来了，七仙七板桥搭得稳稳当当，结结实实。桥是他本桥，路是他本路。阳中一卦打开，二卦顺卦落地。他的桥是百事顺心了。（开始渡桥）

（唱）哎，男怕将军箭给你度过，女怕四柱关给你度过。

水火关度过，阎王关度过。

短命揽命关度过，痘麻铁蛇关度过。

男有三十六关度过去，女有七十二煞度过去。还有落魂关度过去。

（白）那千岁公万岁婆，你要男还是要女？

（千岁公、万岁婆答）男要女也要。

（问）要富还是要贵？

（千岁公、万岁婆答）富要贵也要。

（唱）要福如东海，寿比南山。

哎，在祖师神坛下面，天实试水去，地实试水去。

祖师保的十二岁孩童点卯去，娘就不要操心，爷不要卖力。

祖师坛下面，千千兵符，万万兵马，

奶公和君子怀抱，度男结束要回去。

啊！一镶的五板桥，度男结束回堂了……

二镶的一板桥，度男结束回堂了……

我要交送他的爷娘，递送他的父母。

认堂认殿去，认姊认妹去，认兄认弟去。

打关度关去，打关歇关去。桥头大娘、二娘也呀其。

第三十堂　去八十八坝坪

（唱）哎，不是坐场铺莫坐，不是歇场铺莫歇，

我们到岩力天地公堂里，铁箩搬钱去，铜箩搬纸去。

（以下表述经过九十九条路、九十九道坡、八十八坝坪的情况，

词略。）

（唱）我们都骑匹豹头海马，上不得坡，登不得天啦。

（白）那我十匹换你一匹，十马换你一马，你的五爪龙马，会飞龙马，上得坡登得天。去时有笔借兵钱，转来有笔借马纸。

（问）听，“咿咿吭吭”是什么喊？“恶恶沙沙”是什么响？

（答）“咿咿吭吭”是牵来的马喊，“恶恶沙沙”是天河涨大水响的。（换马毕）

（白）一十一河岗我飞过去……五十五河岗我飞过去，八十八河岗我飞过去。

（唱）“哨哨咚咚”桥求男，摇摇摆摆桥求男，铁河木心桥求男，纸心木心桥求男，明早月亮铺求男去。

（以下过十道岩路槽，回大坪，词略。）

（白）天地公呀天地公，金门你要打通，银门要打开。男的都给你搬钱搬纸来了。我们世人弟子为你真正苦。（打开九十九处门）

（唱）泥蜂墙上飞求男去，雷蜂盘子样求男去，喜鹊孵蛋上求男去，天狗青蛙上求男去。

（白）天狗青蛙到这里被铁钉钉死了，铜钉钉死了。

（答）都钉死了。

（白）如今不准天狗吃男了。

（答）不准吃男了。

（白）不准地狗吃女了。

（答）不准吃女了。

（白）喜鹊孵蛋上，过去讲孵七个蛋出七个儿，空蛋、寡蛋都孵。个个靠得成器，养得成人。

（唱）一步一步进堂进殿去，岩力天地公的金台银台上求男去。

（白）金台银台上，天地公亲眼相见了，龙眼相会了。交得钱了，交得纸了。

第三十一堂　搭九十九板桥

（唱）哎，做阳春我砍木，砍木神在这里砍木。

我砍了黄杨桅子，我接张天师来拖木，接李天师来拖木。

（合唱）哎呵，呵来，唆呵！

（唱）我们要崭劲拖啦！

（合唱）要崭劲拖来。

（唱）拖到田家有酒喝呢！

（合唱）嗨呵，呵啦！

（唱）拖得九十九板，好做九镶九板桥。拖得干干净净，放得整整齐齐。

（白）板子拖拢地了，我们就开始搭桥。千岁公呢，万岁婆呢，我是要窸窸窣窣搭起桥来了。

（千岁公、万岁婆答）搭嘛！（做搭桥表演）

（问）桥头动没动？

（答）没动。

（问）桥尾摇没摇？

（答）没有摇。

（白）啊，桥头没动，桥尾没摇。这是田清富这小子积阴德啦！

（答）哦！

（白）他为儿为女啦！

（答）也为儿为孙呀！

（白）这个婴儿就请奶公的金子怀抱抱回去。桥是木桥，路是木路。啊！单板就搭单桥，双板就搭双桥。我搭了一十一板、搭了九十九板桥。九镶九板桥，我搭得干净利索、漂漂亮亮的。现在我用岩墩来顶桥，金钉钉桥，银钉钉桥。钉得稳稳当当、牢牢固固的。还打了铁杈铜杈来叉桥。叉得稳稳当当、坚如磐石。

（唱）我们用铁锁锁桥，用铜锁锁桥，锁得桥头不动，桥尾不摇。（问答略）

（白）把那石灰拿来，把这些木缝、石缝子都填满，让桥身混成一体。

（唱）我铺得一十一块桥板……铺满九十九块桥板。

铺得平平坦坦、光光滑滑。

（以下是盖桥、晒桥、试桥，词略。）

（唱）桥是本桥，路是本路，那掌牌掌卦师傅来掌牌掌卦来呀！

千千兵符，万万兵马啦，前辈师傅，后辈高手。

田清富他为子孙积阴德，奶公的金子怀抱给他要抱个小伢回去。凶煞清除啦！

九镶九板桥给他渡得干干净净。大胆走得，大胆行得，大胆过得。

你给他阳中打开，二打顺伏落地。

（打得三副周全筶以后便渡小伢过桥）

（白）千岁公，万岁婆！

（千岁公、万岁婆接筶）哎！

（问）打得过关打不过关?

（答）打得过关。

（白）我要给他打过关去!

（唱）哎，男怕将军箭打过去，女怕四柱关打过去，

断桥关打过去，烫火水火关打过去，

阎王取命关打过去，痘麻铁蛇关打过去，

鸡叫落魂关打过去，男有三十六关打过去，女有七十二煞打过去。

（问）千岁公万岁婆，男有三十六关打不打得过去?

（答）打得过去。

（问）女有七十二煞打不打得过去?

（答）打得过去。

（问）男怕将军箭打不打得过去?

（答）打得过去。

（问）女怕四柱关打不打得过去?

（答）打得过去。

（问）烫火水火关打不打得过去?

（答）打得过去。

（问）阎王取命关打不打得过去?

（答）打得过去。

（问）痘麻铁蛇关打不打得过去?

（答）打得过去。

（唱）啊，打得过就打过去，打不过就蒙混过去。

交送你的爷娘，遣送你的父母。哎!

第三十二堂　度纸人

（唱）哎！纸人①过河，纸人过河啦。

你是千人爷娘，万人的父母啦。

---

① 这里指小孩的哺育神拔帕。

九镶九板桥给你搭得整整齐齐的。桥头没动，桥尾没摇。

掌桥师掌桥，试桥师试桥。

你娘到那里看娘去，爷到那里看爷去，

认堂认殿去，认姊认妹去。

（白）金子火铺的碗柜上面，你要站或要坐，给你点亮，烧有纸和香。

（唱）啊！纸人哥啊①，你是聪明的根富贵的种了。

你认娘认爷去，认兄认弟去。

啊，我们土老司为你苦是真正苦，口讲话来口也干，

手摇铃来手也酸，嘴巴讲冒烟，

脚板皮跳翻，膝盖跪破了皮啦，

你可以过桥了，我可以回堂转殿了。

（白）纸人哥啊纸人哥，在祖师神堂下我给你寄名去，抱养去。祖师爷的神堂下，天宝是水，地宝是你呀！保你十二岁童限得满。（又打关渡桥问答，词略。）

（唱）啊，九十九板桥，度男结来回堂去，

四镶三板桥，二镶一板桥，

度男完毕回堂去，收拾回殿去。

（以后是收桥）见桥收桥了，桥上无人了，桥下没人了。

功果圆满，回堂转殿了。

第三十三堂　交天钱

（唱）千千兵符，万万兵马。

天地公天地婆，你的金银财宝你自己收拾，我的千军万马我自己安排。

弟子要收兵回头，赶马回原地了。

［以下表演回堂回殿的经过。词与来时对应，故略，仅列出所经之地名如下：八十八门讲男找男地、九十九道岩路槽、铁河木心桥、石心木心桥、八十八坝坪、九十九道坡、无兵借兵山（交借兵借马钱纸）、平天登天坡、岩峯大刺山、四柱坡、七仙台高望男、青鸡黄鸡洞、桃源洞、八道流沙溪、金匠银匠铺、千花万花山、雷公大坝、二坝坪、指路公、引路使

① 这里的纸人指被拔帕抚育的小孩。

（交钱），撞着会着坪、扬州大坝坪，酆都七门（销票）、十二月土地堂、搓劳湖司、白虎司（已到龙山县境内）、杨家寨、马鞍山、咱竹坪、白闹河、神堂堡、洗车溪、黄土堡、十里坪、岩力坝的石拱桥、祖师寄虎曹、寄马骑马坪。]（祭师办事人员、男兵女兵均到此处下车下马。）

（白）事官老爷堂的金子屋啊，大家都功果圆满，各归各位了，回堂转殿去。

（问）你们大家没有掉落三魂七魄啊？

（答）没有掉。

（问）都回堂转殿了？

（答）回堂转殿了。

（问）阴兵阳兵，客兵土兵，男兵女兵，十万雄兵都进到了堂里吗？

（答）都进堂了。

（白）阳回开天，阳中在前。（打卦，若得阳卦则白）那我们阳兵已在前了。（打得阴卦则白）阴连铺地，你阴兵在后啦，阴兵回来了。我们再打顺卦落地，百事顺心了。行东利东，行西利西。（三副周全卦已打得）田家屋里还神了愿了，功果圆满了，众神请各归原位。户主人家，我给你背钱背纸上天，给你背儿背女回来，放到你金子堂屋里面，就到家了。

（唱）啊，在火场上交送你的父母，遣送你的爷娘了。

七姊妹团圆，八子成活。

空蛋莫孵，寡蛋莫坏。

靠得成器，养得成人。

风来不吹，雨来不打。

财源附身，百事顺心了。呵喂！

第三十四堂　赶白虎

（一）请水

（念咒）抬头看青天，祖师在身边，隔山叫隔山应，隔水叫隔水应。弟子奉请何神？奉请火主大校场张氏张天师啊，张师罗罗兵符。瞎主二校场李氏李天师，李师罗罗兵符。天府天门土地，地府地门土地，阳兵土地啊，阳兵先生，祖师祖爷，沿河大校场东游师傅，三十六校场金木师傅，骑龙师傅，骑凤仙女，洞府仙人，八位仙女。左叫护法师傅，右叫戴云师傅。搬云驾雾，搬天动地。扯风叫风师，扯雨叫雨师，阴传阳教师，梦传梦教师。有太公朝兵符，父公朝兵马。龙亏彭法头，廷转父子沼本彭法头，三原丙彭法头，热底向法头，阿里向老司，五品二拐彭法头，三拐彭老司，四拐河南端公师兵符。本堂本殿，堂赶太公元首彭法头。你的香炉弟子，头顶你的香火，脚踩你的香炉，给你香中敬香，水中敬水。弟子行一方保一方，行一乡保一乡。全靠祖师神通，望靠祖师香火。祖师在前，弟子在后。再又奉请何神？奉请何位？奉请十万兵符，九万兵马。九旗一十八庄。敲岩打洞师傅，十崖九涧兵符。一打一更天，土王堂宰人的兵符。二打二更天，青天爵主爷爷宰人的兵符。左边金校场，金师罗罗兵符。右边银校场，银师罗罗兵马。打得杨泗大将军，李纳杨王二将军。铁将军，铜将军，三十六将军。金将军，银将军，七十二将军。辰州府务人溪，出神里火王大神兵符，龙王二神兵马。乌龙三宝，黑龙四宝，飞龙旗神。岩鹰、磨鹰、罗天界主，野猪野狗兵符，水獭鸟雀兵马。上洞门上赵大王，下洞门上李大王，中洞门上胡大王。上洞门上东路五猖，西路五猖，南路五猖，北路五猖，中路五猖，五五二十五路五猖。吃肉连毛五猖，喝酒连糟五猖，口里含刀五猖，脸上长毛五猖，头上生角五猖，翻箱倒柜、翻仓打庙、见了大神磕头礼拜、见了小神拳打脚踢五猖。扬州大坝坪，日管七魂，夜管八命。东路的五陀，南路的五陀，西路的五陀，北路的五陀，中路的五陀，五五二十五路五陀。男兵女兵，客兵土兵，十万雄兵，九万猛将。头坪五鬼彭法头，断国彭法头，几可祖师彭法头，阿里向老司，贾家塘大哩贾法头，胡老司兵符，金老司兵马。铁锅煮药师，铜锅煮药师。癞子坡，六法另兴彭法头，龙头两河两岸，河上兵符，道上兵马。铁检六神，法检六神。八大金刚，四大元帅。太公曹破了金刀在前，父公曹破了银刀在后。太公有钱共使，有马共骑，千叫千应，万叫万应。祖师爷爷在前，弟子在后。哎，再来奉请何神？奉请何位？请动东海，请动南海，请动西海，请动北海，请动中海。天上弯弯，龙头金中，金中弯弯，龙头桃中，桃中云雾，龙头沙中，沙中云雾，龙头碗中，碗中弯弯，落在弟子手中。一更下玲珑，二更下大霜，三更下大雪，四更下得马牙霜，五更金鸡来报晓，龙来龙退足，虎来虎蜕皮，山中百雀脱毛衣，山中树木响叮当，鬼怪火中不坐，快如飞，无神无道永无踪。吾奉太上老君急急如（律）令。

（二）请太上老君

（念咒）抬头看青天，祖师在身边，隔山叫隔山应，隔水叫隔水应。

弟子奉请何位？奉请原发老君，八十二岁才见星辰，太白凌空，午月，午日，午时生下李老君。生我之日无神过，后有山林见清灯。各路邪神，大鬼捉来抬三斋，小鬼捉来任灰尘。无极风，单打北方九千年。天连地，地连天，我要和天地头相连。若有邪神来冒犯，我把邪神颠倒颠。一点一横长，二字四四方，两边丝绕绕，中间夹个马大王。黑黑扬扬如东方，何神子孙在前？何神子孙在后？三杯神水在前，祖师子孙在前，弟子子孙在后。吾奉太上老君急急如（律）令。

（三）赶白虎

（第一套咒语，念）弟子亲眼观青天，祖师在身边。左有青龙山，请神得到，奉神得来。右有白虎山，请神得到，奉神得来。椽角夹檩上，请神得到，奉神得来。丝茅盖瓦上，请神得到，奉神得来。大一七筒坡，小一七八坡，请神得到，奉神得来。头梁二梁上，请神得到，奉神得来。头灶二灶上，三十六灶上，请神得到，奉神得来。金罗火场上，银罗火场上，请神得到，奉神得来。十九碗场上，隐杀白上，请神得到，奉神得来。金锁银锁上，铁锁铜锁上，请神得到，奉神得来。皮箱板铺男的脱鞋上，女的脱衣上，请神得到，奉神得来。八步牙床上，围布帐房上，海水龙王簿，请神得到，奉神得来。响水塘请神得到，奉神得来。接步上场土地堂，荣华富贵马六田地上，请神得到，奉神得来。千军灶王公，一府栏杆二府栏杆，三府四府栏杆，五府朝阳山，请神得到，奉神得来。是人是神山，事官老爷堂，请神得到，奉神得来。禾主禾西山，禾主河叫化子，请神得到，奉神得来。鸡栏鹅圈上，猪栏羊圈上，牛栏马房上，请神得到，奉神得来。青布黄布，五包花布，桥梁白虎，飞梁白虎爬坡。母子门中，功果圆满，你们各归原位啊！有堂归堂，有殿归殿。无堂无殿，归到乐园大道。回头莫看，转头莫望。千家万家要离开，八宝田氏门中屋里一家，千虎万虎离开。

（第二套咒语，念）噢，跟官吃官的游师，跟府吃府的游师，无游倒游的游师，五百闲游师，有能有干的游师，有牌有票的游师，有青布黄布啊，有五色花布。桥梁白虎啊，鬼脸白虎，叼人白虎，迷人白虎，五更没到白虎。白虎当堂坐，无灾必有祸。田氏门中，功果圆满，各归原位，四大门前高台两桌，上斋下荤呀，雄鸡一只，好马一匹，打发你的脚步鞋钱。有堂归堂，有殿归殿，无堂无殴，归到乐园大道。（挽诀、赶虎、驱邪，词略。全堂法事至此结束。）

参考书目

[1] 王炬堡．土家族简史．长沙：湖南人民出版社，1986.

[2] 罗士松．土家族风情集锦．北京：中国文史出版社，1991.

[3] 湘西州图书馆资料室编．土家族研究论文选集（内部版）．1985.

[4] 佚名．永顺司宗图（内部版）．1992.

[5] 永顺县文化馆编．永顺县民族民间艺术资料本（内部资料油印本）．1968.

[6] 佚名．向氏族谱（现藏保靖县档案局）．民国初年.

[7] 自治州资料编写组编写．湖南民族民间舞蹈集成·自治州资料卷（内部版）．1984.

[8] [清] 符为霖．龙山县志．光绪戊寅七月刊本.

[9] 龙山县修志办公室．龙山县志（内部出版）．1985.

[10] 刘能朴．龙山县傩文化普查资料（内部资料油印本）．1986.

后 记

这是本人主持文化部审批的“中国地方戏及仪式之研究计划”项目所完成的第三部书。

1994年6月这部书的初稿寄出不久，我收到了王秋桂先生的修改意见。我遵照他的提示做了补充探访。两月之后在云南澄江“中国傩文化国际学术研讨会”中，我有幸拜晤他，聆听修改这部书稿的宝贵意见，获得从事田野调查及撰写报告的实际教益，算是那次会议的意外收获。

我带着他的提示再访土家梯玛彭昌顺等，补采补拍相关图文资料，对初稿进行增删修改。1998年12月，这部书终于有幸获得施合郑民俗文化基金会的支持，在台湾民俗曲艺杂志社出版。由于出版经费较紧，印刷册数很少，这部调查报告未能在内地发行，确实令人遗憾。

值得庆幸的是，近些年来国家文化部大力实施“非遗”（非物质文化遗产）保护工程建设，湘西州成为全国的六个综合试点单位之一。州委、州人大、州政府、州政协把这项工作纳入了重要的议事日程。州人大常务委员会确立了本人领衔提出的《湘西州“非遗”保护工程议案》，州人民政府公布实施了《湘西州“非遗”保护工程条例》，州财政每年划拨两百万元专项资金并列入预算。笔者在组织国家级“非遗”名录项目申报的同时，对本书进行补充和修改。州委宣传部、州文化局将本书纳入“湘西非物质文化遗产丛书”，并经过湖南省出版局、湖南省民委的审查批准，由湖南师范大学出版社出版。这无疑是湘西州非物质文化遗产保护工程的一项重要举措，也必将扩大它在海内外的影响。为此，我们谨向上述部门或单位的领导及同志们深表谢意！同时，衷心感谢施合郑民俗文化基金会、台湾民俗曲艺杂志社，他们热诚授权并积极支持本书在湖南师范大学出版社出版。

担任土家语翻译的彭秀盘、张伟权先生，为了完成译稿、记音，夜以继日地工作；吉首市文化馆肖幼林先生克服不懂土家语的困难，认真记谱；龙山县文化馆刘能朴先生、内溪乡政府及文化辅导员米显美先生热情协助田野调查，并提供诸多方便。本人也借此机会，向他们一并致谢。

张子伟

图书在版编目（CIP）数据

湘西土家族还土王愿／张子伟著．—长沙：湖南师范大学出版社，2015.6
（湘西非物质文化遗产丛书）
ISBN 978-7-5648-2127-2

Ⅰ．①湘…　Ⅱ．①张…　Ⅲ．①土家族—祭祀—民族文化—介绍—湘西土家族苗族自治州　Ⅳ．①K892.22
中国版本图书馆 CIP 数据核字（2015）第 099720 号

湘西土家族还土王愿
◇ 张子伟　著

◇策划组稿：李　阳
◇责任编辑：颜李朝
◇责任校对：蒋旭东　张晓芳
◇出版发行：湖南师范大学出版社
地址/长沙市岳麓山　邮编/410081
电话/0731.88873071　88873070　传真/0731.88872636
网址/http：//press.hunnu.edu.cn
◇经销：新华书店
◇印刷：长沙超峰印刷有限公司
◇开本：710mm×1000mm　1/16
◇印张：14.5
◇字数：240 千字
◇版次：2015 年 6 月第 1 版　2015 年 6 月第 1 次印刷
◇书号：ISBN 978-7-5648-2127-2
◇定价：39.00 元